中国自贸区建设带动下的国际贸易与投资增长研究

■金钢 著

中国商业出版社

图书在版编目（CIP）数据

中国自贸区建设带动下的国际贸易与投资增长研究 / 金钢著. — 北京 : 中国商业出版社, 2019.4

ISBN 978-7-5208-0736-4

Ⅰ. ①中… Ⅱ. ①金… Ⅲ. ①自由贸易区—影响—国际贸易—研究—中国 ②自由贸易区—影响—对外投资—研究—中国 Ⅳ. ①F74 ②F830.59

中国版本图书馆CIP数据核字(2019)第071697号

责任编辑：王静

中国商业出版社出版发行

010-63180647　www.c-cbook.com

（100053　北京广安门内报国寺 1 号）

新华书店经销

定州启航印刷有限公司印刷

*

710 毫米 ×1000 毫米　16 开　12.25 印张　223 千字

2019 年 4 月第 1 版　2019 年 4 月第 1 次印刷

定价：59.00 元

*　*　*　*

前 言

中国自由贸易区是指设立在国境之内海关之外的，以税收优惠、海关特殊监管政策等为主要手段，以贸易自由化、便利化为主要目的的多功能经济性特区。原则上是指在没有海关“干预”的情况下允许货物进口、制造、再出口。中国自由贸易区是政府全力打造中国经济升级版的最重要的举动，其力度和意义可与20世纪80年代建立的深圳特区和90年代开发浦东两大事件相媲美，其核心是营造一个符合国际惯例的、对内对外的投资都要具有国际竞争力的国际商业环境。

自2013年我国成立了第一个自由贸易实验区——上海自由贸易试验区之后，又于2015年挂牌成立了广东、天津和福建三个自由贸易区，并取得了令人惊叹的成绩，我国的自由贸易区现已达到12个。由于自由贸易区的开放、互利和多赢的特点，其在扩大进出口、稳定国际贸易、扩大国际投资、促进地方就业、降低商业成本等方面具有突出优势，为此世界各国都把建立自由贸易区作为本国经济发展的重要战略之一。

自由贸易区的建设促进了我国对外贸易和投资的增长，加快了我国企业走出去与世界接轨的步伐，也促进我国世界经济地位的提升。21世纪，我国经济进入了新常态，“一带一路”倡议的提出为我国自由贸易区的建设增添了助力。

本书以自由贸易区建设为重点，着重分析自由贸易区对我国国际贸易和对外投资增长的推进作用。首先，本书总结了我国国际贸易与对外投资的发展现状以及现今我国国际贸易所面临的挑战与机遇，并对新时代国际贸易的理论依据做了简单介绍。其次，对自由贸易区的内涵与特征、国内外自由贸易区的对比分析、我国自由贸易区建设发展实践等做了介绍。再次，基于自由贸易区的制度、影响等方面的论述，对自由贸易区建设给我国对外贸易与投资带来的影响做了分析。最后，基于以上内容对我国自由贸易区建设的意义与建议做了分析和阐述。

在撰写本书过程中，笔者参考了一些学者的研究成果和著作，在此表示感谢。由于时间和经验所限，本书存在的不足之处，敬请读者批评指正。

（本书作者：金钢，男，1977年8月生，湖北黄冈人，广西民族师范学院教师，长期从事国际经济与贸易研究。）

目 录

第一章　新时代中国国际贸易发展现状

第一节　当前中国国际贸易的现状概述

2017 年，中国经济交出了一份很提气的“年报”：经济增速一枝独秀，就业目标超额完成，企业景气度多项指标创近 5 年新高，国际货币基金组织一年内 4 次上调中国经济增长预期……在世界经济舞台的聚光灯下，中国经济正在释放满满的正能量。

党的十八大以来，面对世界经济复苏乏力等外部环境，面对我国经济发展进入新常态等一系列深刻变化，以习近平同志为核心的党中央坚持稳中求进工作总基调，坚持新发展理念，审时度势、科学决策、真抓实干、迎难而上，推动我国经济发展取得历史性成就、发生历史性变革。经济实力再上新台阶，经济结构出现重大变革，经济更具活力和韧性，成为世界经济增长的主要动力源和稳定器。

党的十八大以来，中国 GDP 年均增速超过 7.2%，远高于同期世界 2.5% 和发展中经济体 4% 的平均增长水平，在世界主要国家中名列前茅。2017 年前三季度，中国 GDP 增速 6.9%，不仅远高于欧美日等发达经济体，也超过了其他金砖国家。

联合国发布的《2018 年世界经济形势与展望》认为，2017 年全球经济增长的 1/3 依仗中国。5 年来，中国对世界经济增长的年均贡献率达 30.2%，超过同期美国、欧元区和日本贡献的总和。2017 年，中国经济总量占全球的比重达 15%，比 5 年前提高 3.5 个百分点。

2017 年 1—11 月，全国城镇新增就业 1 280 万人，同比增加 31 万人，再创历史新高；全国城镇调查失业率和 31 个大城市城镇调查失业率都保持在 4.9% 以下，创下近期最低水平。全国居民消费价格同比上涨 1.5%。前三季度全国居民人均可支配收入同比实际增长 7.5％，比 6.9％的 GDP 增速高 0.6 个百分点，居民收入增速再次“跑赢”GDP 增速。

一、进出口实现较快增长

全球贸易复苏带动我国出口超预期增长，数据显示，2017 年前 11 个月，我国对欧、美、日、东盟等市场进出口均实现了较快增长。中欧贸易总值 3.78 万亿元，增长 16.2%，占我国进出口总值的 15%；中美贸易总值为 3.58 万亿元，增长 16.5%，占我国进出口总值的 14.2%；中国与东盟贸易总额为 3.15 万亿元，增长 18.4%，占我国进出口总值的 12.5%；中日贸易总值 1.86 万亿元，增长 13.8%，占我国进出口总值的 7.4%。

与此同时，国内经济稳中向好也有效带动了进口持续增长。2017 年以来，我国经济稳中向好、稳中有进的态势持续发展。国内生产总值保持中高速增长，1 至 10 月固定资产投资同比增长 7.3%，11 月制造业采购经理人指数（PMI）为 51.8%，国内经济稳中向好带动进口需求增加。根据世界贸易组织（WTO）的数据，我国进口增速明显高于全球平均水平和美国、德国、日本等贸易大国。

商务部外贸司负责人认为，中国企业自身结构调整也是进出口实现较快增长的重要原因之一。一大批企业从供给侧发力，坚持创新驱动，加快转动力、调结构，着力培育以技术、品牌、质量、服务、标准为核心的外贸竞争新优势，企业创新能力和国际竞争能力增强，产品附加值和品牌影响力进一步提高。此外，一系列促进外贸发展的政策进一步落实，切实为企业减负营造了良好的发展环境，提振了企业进出口信心。

二、外贸亮点纷呈

在进出口双双实现较快增长的同时，外贸发展也呈现出新亮点。

从贸易方式看，一般贸易占比进一步提高。2017 年前 11 个月，一般贸易出口 7.53 万亿元，增长 12.4%，占全国外贸出口总值的 54.4%，较上年同期提高 0.4 个百分点。此外，2017 年前三季度，跨境电商、市场采购贸易等外贸新业态新模式继续保持较快增长，成为外贸发展的新亮点。

从经营主体看，民营企业在外贸发展中的地位进一步提升。2017 年前 11 个月，民营企业出口 6.46 万亿元，增长 13.8%，占出口总值的 46.7%，较上年同期提高 0.8 个百分点，继续保持出口第一大经营主体地位。外资企业出口 5.96 万亿元，增长

9.7%，占出口总值的 43.1%，较 2016 年同期下降 0.7 个百分点。

从商品结构看，我国积极主动扩大进口，优化进口结构，先进技术、关键零部件和重要设备等高新技术产品进口较快增长。

从国际市场看，随着发达国家经济全面复苏，我国对传统市场进出口回升。此外，对巴西、俄罗斯、印度、南非、马来西亚等金砖国家和“一带一路”沿线国家出口也快速增长。

三、外贸回稳态势有望延续

展望未来我国外贸走势，业内专家普遍认为，2017 年全年外贸进出口能够实现回稳向好的预期目标，外贸结构将会进一步优化，发展质量和效益将不断提升。并且，随着世界经济稳步复苏、中国经济平稳增长，外贸面临的需求环境和发展条件总体是有利的，2018 年，贸易有望延续增长势头。

数据显示，2017 年前三季度，出口对 GDP 拉动大幅增强，从 -0.5 个百分点升至 0.3 个百分点，即在前三季度 6.8% 的经济增速中，有约 0.3% 的贡献来自出口。

我国出口始终是全球贸易的一部分，在已经深入融入全球链条后，我国出口状况也不可能脱离全球形势的变化。相关专家对 2018 年全球经济增长保持乐观的态度，预计发达国家相对平稳，新兴市场将继续展现出更强的活力。同时，随着全球性的经济复苏，全球贸易的结构性因素也出现积极变化。在需求上升后，与自由贸易相悖的逆周期调控政策将放缓，贸易摩擦有望减少。

随着一般贸易进出口增长及所占比重提升，贸易方式日趋合理，外贸结构优化转型将日益深化，并且随着民营企业进出口占比提升，外贸行业内生发展动力将进一步增强。

四、2017 年前三季度中国外贸运行特点

2017 年前三季度，以人民币计，中国进出口总值 20.29 万亿元，同比增长 16.6%。其中，出口 11.16 万亿元，增长 12.4%；进口 9.13 万亿元，增长 22.3%；贸易顺差 2.03 万亿元，收窄 17.7%。以美元计，中国进出口总值 2.97 万亿美元，增长 11.7%。其中，出口 1.63 万亿美元，增长 7.5%；进口 1.34 万亿美元，增长 17.3%；贸易顺差 2 956 亿美元，收窄 25.4%。

（一）进出口实现较快增长

2017 年前三季度，中国月度进出口保持稳定增长态势，以人民币计，各月进出

口均实现两位数增长。进出口持续回稳向好主要得益于以下因素：一是外部需求回暖。2017 年以来，全球经济回暖，国际市场需求持续回升。10 月，国际货币基金组织（IMF）预测，2017 年世界经济增长 3.6%，增速较 2016 年提升 0.4 个百分点。全球经济向好带动国际市场需求回暖，为中国外贸增长提供了有利的外部条件。二是国内需求平稳增长。中国经济保持了稳中向好、稳中有进的发展态势，带动了大宗商品进口需求，前三季度原油、铁矿砂、天然气、钢材、铜精矿等 10 类大宗商品进口数量增长 3.3% ～ 25.6%。国际市场商品价格在 2016 年末快速上涨的基础上，继续保持稳中有升走势，抬高了中国进口商品价格。前三季度，10 类大宗商品进口价格上涨 9.7% ～ 75.3%，因价格上涨因素拉动进口增长 6.3 个百分点，数量和价格合计拉动总体进口增长 8.5 个百分点。三是政策效应持续显现。2013 年以来，中国政府出台了一系列促进外贸稳增长、调结构的政策文件。商务部会同各地区、各有关部门狠抓政策落实，切实为企业减负助力，营造良好的发展环境，提振了企业进出口信心。四是企业转动力、调结构步伐加快。随着外贸领域供给侧结构性改革不断深入，外贸企业积极培育以技术、品牌、质量、服务、标准为核心的竞争新优势，创新能力和国际竞争力持续增强，产品附加值和品牌影响力进一步提高。一大批外贸企业主动适应市场多元化需求，探索外贸新业态新模式，国家积极完善相关管理制度和支持政策，跨境电商、市场采购贸易、外贸综合服务企业等新业态新模式快速发展，外贸新动力培育初显成效。如图 1-1 所示。

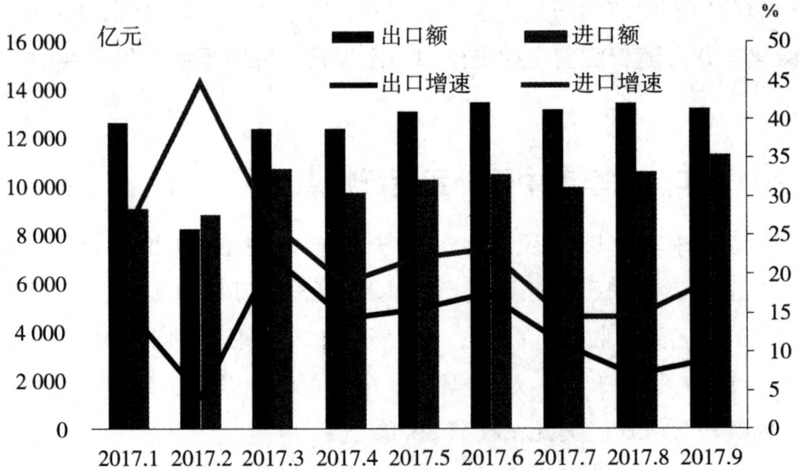

图 1-1　2017 年前三季度我国对外贸易情况

数据来源：中国海关统计数据

（二）一般贸易占比进一步提高

2017 年前三季度，一般贸易进出口 11.49 万亿元，增长 18.1%，占全国外贸总值的 56.6%，较 2016 年同期提高 0.7 个百分点。其中，出口 6.10 万亿元，增长 12.0%，占出口总值的 54.6%；进口 5.40 万亿元，增长 25.8%，占进口总值的 59.1%。

2017 年前三季度，加工贸易进出口 5.81 万亿元，增长 12.7%，占全国外贸总值的 28.6%。其中，出口 3.70 万亿元，增长 11.2%，占出口总值的 33.1%，与 2016 年同期基本持平。加工贸易梯度转移取得初步成效，中西部地区加工贸易出口增长快于东部地区。加工贸易进口 2.12 万亿元，增长 15.5%，占进口总值的 23.3%，较 2016 年同期下降 1.4%。

2017 年前三季度，跨境电商、市场采购贸易等外贸新业态新模式继续保持较快增长，成为外贸发展的亮点。

（三）民营企业在外贸发展中的地位进一步提升

2017 年前三季度，民营企业进出口 7.81 万亿元，增长 17.8%，占进出口总值的 38.5%，比重较 2016 年同期提升 0.4 个百分点。其中，出口 5.23 万亿元，增长 14.6%，占出口总值的 46.9%，比重较 2016 年同期提高 0.9 个百分点，出口第一大经营主体的地位进一步巩固；进口 2.65 万亿元，增长 24.4%。前三季度，外资企业出口 4.78 万亿元，增长 10.5%，占出口总值的 42.8%，比重较 2016 年同期下降 0.7 个百分点；进口 4.28 万亿元，增长 17.4%，占进口总值的 46.8%。国有企业出口 1.15 万亿元，增长 10.0%，占出口总值的 10.3%；进口 2.20 万亿元，增长 30.1%，占进口总值的 24.1%。如表 1–1 所示。

表 1–1　2017 年前三季度中国进出口贸易方式和企业性质情况

项目		出口			进口		
		金额（万亿元）	同比增长（%）	占比（%）	金额（万亿元）	同比增长（%）	占比（%）
总值		11.16	12.4	100	9.13	22.3	100
贸易方式	一般贸易	6.1	12.0	54.6	5.4	25.8	59.1
	加工贸易	3.69	11.2	33.1	2.12	15.5	23.2
	其他贸易	1.37	14.2	12.3	1.62	19.1	17.7

（续表）

项目		出口			进口		
		金额（万亿元）	同比增长（%）	占比（%）	金额（万亿元）	同比增长（%）	占比（%）
企业性质	国有企业	1.15	10.0	10.3	2.20	30.1	24.1
	外资企业	4.78	10.5	42.8	4.28	17.4	46.8
	其他企业	5.23	14.6	46.9	2.65	24.4	29.1

（四）机电产品、高新技术产品出口增长快于劳动密集型产品

2017 年前三季度，中国机电产品出口 6.41 万亿元，增长 13%，高于整体出口增速 0.6 个百分点，占出口总值的 57.5%。其中，汽车、船舶、手机出口分别增长 28.5%、12.2% 和 10.8%。高新技术产品出口 3.15 万亿元，增长 13.7%。中国积极主动扩大进口，优化进口结构，先进技术、关键零部件和重要设备等高新技术产品进口较快增长。

2017 年前三季度，中国七大类传统劳动密集型产品合计出口 2.31 万亿元，增长 9.4%，占出口总值的 20.7%。其中，玩具、塑料制品、箱包及类似容器出口分别增长 49.2%、15.2% 和 14.7%。如表 1–2 所示。

表 1–2　2017 年前三季度中国出口主要商品数量、金额及增速

商品名称	计量单位	数量	同比增长（%）	金额（亿元）	同比增长（%）
服装及衣着附件	—	—	—	8 057.0	4
纺织纱线、织物及制品	—	—	—	5 518.9	7.6
鞋类	万吨	345.3	9	2 514.9	9.8
家具及其零件	—	—	—	2 493.7	9.9
塑料制品	万吨	858.4	12.7	1 941.3	15.2
箱包及类似容器	万吨	232	13.3	1 359.1	14.7
玩具	—	—	—	1 223.2	49.2
钢材	万吨	5 960.3	–29.8	2 824.4	4.9

（续表）

商品名称	计量单位	数　量	同比增长（%）	金额（亿元）	同比增长（%）
自动数据处理设备及其部件	万台	11 2671.8	-1.9	7 671.4	20.5
手持无线电话机及其零件	—	—	—	7 015.3	10.8
集成电路	百万个	14 9654.3	13.5	3 217.8	12.7
汽车及汽车底盘	万辆	72.7	44.6	640.9	28.5
船舶	艘	6 086.0	8.7	1 107.5	12.2
液晶显示板	百万个	1 379.2	-1.5	1 299.6	7
农产品	—	—	—	3 627.6	6.3
* 机电产品	—	—	—	64 143.6	13
* 高新技术产品	—	—	—	31 516.2	13.7

注：*“机电产品”和“高新技术产品”包括部分相互重合的商品。

（五）对“一带一路”沿线国家进出口快速增长

“一带一路”建设加强了中国与沿线国家的贸易联系，2017 年前三季度中国对沿线国家进出口增长 20.1%，高出进出口整体增速 3.5 个百分点。其中，对东盟进出口增长 19.2%，对印度进出口增长 25.9%，对俄罗斯、中亚进出口分别增长 27.7% 和 23.6%。

随着发达国家经济全面复苏，2017 年前三季度中国对传统市场进出口回升。其中，对欧盟、美国和日本进出口分别增长 16.4%，18.7% 和 14.9%，三者合计占中国进出口总值的 36.8%。

近年来，进出口企业积极开拓新兴市场，市场多元化取得新进展。前三季度，中国对拉美、非洲国家进出口分别增长 23.4% 和 19.7%，分别高于进出口总体增速 6.8 和 3.1 个百分点。其中，对巴西和南非进出口分别增长 34% 和 21.3%。巴西成为中国第九大贸易伙伴。如图 1-2 所示。

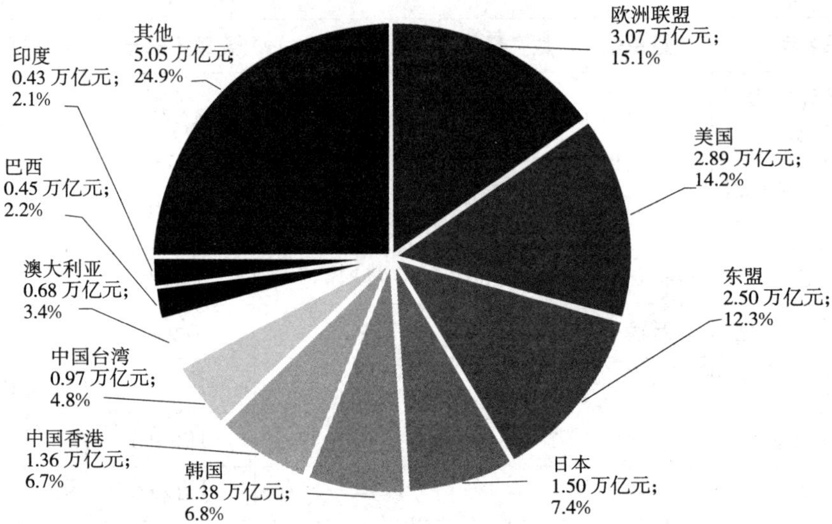

图 1-2　2017 年度前三季度中国与主要贸易伙伴进出口情况及所占比重

（六）中西部地区进出口发力增长

在开放型产业梯度转移等因素作用下，中西部和东北地区进出口增速高于东部，外贸发展的国内区域布局更趋协调。2017 年前三季度，中西部地区进出口增长 24.7%，增速高于全国 8.1 个百分点；东北地区进出口增长 18.5%，超过整体进出口增速 1.9 个百分点；东部地区进出口增长 15.3%。

（七）大宗商品进口量价齐升

在国内工业生产增长的拉动下，中国大宗商品进口稳步增加。2017 年前三季度，进口铁矿砂 8.17 亿吨，增加 7.1%；原油 3.18 亿吨，增加 12.2%；大豆 7 145 万吨，增加 15.5%；天然气 4 838 万吨，增加 22.3%；成品油 2 241 万吨，增加 4.2%；铜 344 万吨，减少 9.4%。受国际大宗商品价格上涨拉动，中国进口价格总体上涨 10.6%。其中，铁矿砂、原油、铜、成品油、天然气和大豆的进口均价分别上涨 38.4%，33%，29.2%，27.5%，13.9% 和 9.7%。如表 1-3 所示。

表 1-3　2017 年前三季度中国进口主要商品数量、金额及增速

商品名称	计量单位	数　量	同比增长（%）	金额（亿元）	同比增长（%）
大豆	万吨	7 145.1	15.5	2 028	26.7

（续表）

商品名称	计量单位	数　量	同比增长(％)	金额(亿元)	同比增长(％)
铁矿砂及其精矿	万吨	81 671.6	7.1	4 002.9	48.2
铜矿砂及其精矿	万吨	1 256.8	3.2	1 240.6	27.9
煤及褐煤	万吨	20 485.5	13.7	1 162	99.4
未锻轧铜及铜材	万吨	343.7	−9.4	1 513.6	17.1
原油	万吨	31 805.8	12.2	8 155.1	49.2
成品油	万吨	2 240.5	4.2	723.4	32.9
初级形状的塑料	万吨	2 111.7	12.9	2 421.5	23.8
钢材	万吨	1 001.0	1.8	762.1	18.8
自动数据处理设备及部件	万台	36 987.9	−8.9	1 376.2	8.9
二极管及类似半导体器件	百万个	382 261.9	9	1 010.8	8.5
集成电路	百万个	277 917.5	12.7	12 486.3	18.4
汽车及汽车底盘	万辆	90.9	20	2 508.4	19.6
液晶显示板	万个	177 007.5	2.6	1 540.8	4
农产品	—	—	—	6 363.7	18.3
* 机电产品	—	—	—	41 827.8	15.3
* 高新技术产品	—	—	—	28 416.3	15.8

注：*“机电产品”和“高新技术产品”包括部分相互重合的商品。

第二节　当前中国国际贸易所面临的挑战

一、绿色贸易壁垒

随着现代工业的发展，大气污染、水污染、资源枯竭等方面的环境问题日益严重，受到了越来越多的关注。发展中国家早期的发展不太注意环保等方面的问题，在废气排放、污水处理等方面的技术远不如发展成熟的发达国家。工业发达国家就以生态环保为借口，凭借其在经济和技术领域的强大优势，制订一系列严苛的环保条例和措施以及高于发展中国家技术水平的环保标准，并将此作为市场准入的门槛，以保护本国的工业。绿色壁垒像一条绿色的屏障阻断了发展中国家的海外投资进程。新形势下的贸易壁垒主要包括绿色标志、绿色包装和环保成本。

其一，绿色标志。绿色标志是指国际上拥有绿色认证资质的机构根据有关规定，对商品进行绿色认证并颁发证书的一种制度。在美国，对于未取得绿色标志的商品，无论是在商品的进口数量上，还是商品的价格上都会大打折扣，而拥有绿色标志的产品则被认为是可信赖的“绿色产品”。但是各国制订的环境标准存在很大的差异，发达国家经济发展成熟，又拥有技术优势，往往制订较高的环境标准，使发展中国家的商品处于十分不利的地位。客观上来说，这是发达国家针对发展中国家的市场设置的贸易壁垒，违背了公平贸易的基本准则。

其二，绿色包装。发达国家通过立法对本国商品的外包装的安全性、卫生性、环保性提出了强制性的高要求，同时也强制外国的进口商品必须满足所谓“绿色包装”的要求。“绿色包装”主要包括在设计环节减少包装材料的使用，重复利用包装材料，并且包装材料必须达到可再生、可降解的要求。发达国家经过长期的发展和摸索，已经形成了新的产业链，不仅能够满足环保的要求，也能够促进经济发展。而对于发展中国家来说，由于技术水平的限制、环保观念的落后以及行政管理等方面的滞后，商品的外包装还无法达到发达国家的水平，这就使蓝白色包装成为中国进入发达国家市场的绿色障碍。

其三，环保成本。新贸易保护主义者认为，任何产品都应该将环境费用和资源成本计入商品的生产成本，并且应当按照国际标准进行科学的核算；忽视环境质量和资源保护，其出口的产品就会拥有价格方面的比较优势，这对于执行高环境标准的产品是一种不公平的竞争；如果发展中国家在出口贸易时，未将环保成本计算在内，就构成了环境倾销。这是针对发展中国家而精心设计的贸易壁垒，抓住了发展中国家在环保方面的漏洞而故意的“刁难”。

二、技术贸易壁垒

随着各国科学技术与管理水平的提高，各国在产品的技术规范、产品标准和合格评定方面都已经渐趋成熟，发达工业国家凭借其经济和技术优势制订了更高要求的技术标准，并且在产品的技术认证、科技评审等方面制订了名目繁多、复杂多变的认定标准。这些技术标准往往是市场准入的最低标准，但是对于发展中国家来说，又是十分严格，甚至苛刻的标准和规范，主要涉及产品的安全性、使用性、健康和卫生等方面。

1994 年，以德国为首的发达国家相继制定了偶氮染料禁止令，在印染产品上禁止使用含有偶氮的任何染料。这对中国的纺织品、服装等轻工业品的出口产生了极为不利的影响，使国内不少小型的纺织品企业损失惨重。虽然中国目前已经攻克了此项技术难题，但是也为此付出了高昂的代价。此外，国际 HACCP（Hazard Analysis and Critical Control Point，危害分析和临界控制点）准则规定，食品包装上必须标明营养成分，这无疑增加了中国食品制造商的技术成本。对于缺乏此项分析的食品，禁止出口，直接影响了中国食品产业的贸易和生产。

技术认证、认可制度是另外一种形式的贸易保护政策。虽然说，技术认证和认可具有广泛的适用性和机会均等性，对于经济的长远发展、社会进步以及环境保护都具有积极的作用。但是这种技术认证和认可制度只是同一经济发展水平以及同一技术发展水平的国家之间享受的福利，而发展中国家未经认证和认可的产品则被排斥在市场之外。这种形式的技术认可制度，实际上形成了针对发展中国家的市场壁垒，因而贸易保护的色彩更为浓厚，使发展中国家的产品很难进入发达国家的市场。

三、贸易管理

贸易管理是基于市场的不完全竞争提出的一种政策分析理论，是发达国家对其战略性产业的保护。广义上的贸易管理是指，国家通过各种手段和政策对贸易运行实现宏观调控。狭义上的贸易管理则包括对商品流通的过程、贸易主体的经济行为以及贸易活动的协调、控制和监督。在贸易保护的背景下，贸易管理主要是指政府通过对贸易活动的干预，改变本国的市场结构或经营环境，从而提高本国企业的竞争力。

在政策上，大多通过限制出口、出口补贴和国家贸易垄断的形式进行贸易保护，尤其是反倾销措施，具有极强的贸易保护色彩。美国、欧盟不承认中国市场经济地位，最直接的影响是反倾销调查。采取反倾销调查的前提条件之一是：从反倾销发起国的角度来说，是其进口商品的价格低于“正常价值”。在进行反倾销调查时，由于不承认中国市场经济地位，发起国并非以中国国内价格作为参考，而是选择其他“替代国”作为参考，来认定是否为“正常价值”。由于中国劳动力、原材料等生产要素成本较低，而这些被选作“替代国”的国家在生产要素成本方面往往高出中国很多。

这样一来，中国就很容易被扣上“倾销”的帽子。数据显示，2016 年，中国共遭遇来自 27 个国家（地区）发起的 119 起贸易救济调查案件，其中反倾销 91 起，反补贴 19 起，保障措施 9 起。中国已连续 20 余年成为全球遭遇反倾销调查最多的国家，WTO 成员在对华反倾销案例中曾选用新加坡和美国国内的价格作为中国商品的定价评价参考，认定中国产品存在倾销行为，并据此对所谓的“不当倾销”征收高额“反倾销税”。

尽管新贸易保护主义的历史并不长，但是由于其形式多变，效果显著，并且又具有合理性，因而受到各国政府的青睐。随着“逆全球化”思潮的发展，贸易保护措施还将继续变化，并且有愈演愈烈之势。

“逆全球化”说到底是一种贸易保护主义的延伸。以新兴经济体为例，2017 年，中国前三季度整体保持 6.9% 的增长，超出预期。净出口对中国的贡献由负转正，三驾马车同时拉动中国经济增长。而从增速来看，2017 年前 11 个月，中国货物贸易进出口总值同比增长 15.6%。其中，出口和进口增速分别超过 10% 和 20%，特别是对欧、美、日、东盟等市场的进出口均呈较快增长。俄罗斯和巴西则得益于全球需求回暖，大宗商品价格高企，使本国的经济与贸易得到提振，均已经走出经济衰退。特别是俄罗斯，2017 年前三季度出口增速达到 25.7%，进口增速达到 24.7%，一改 2016 年同期 −23.4% 和 −4% 的较差表现。

在这种情况下，欧美等发达国家的贸易逆差不断扩大，给发达国家带来了巨大的贸易赤字积累，而巨大的财政赤字则令政府背上沉重的债务包袱，日积月累将不可避免酝酿成为债务危机。西方经济学家苦思破解之道，最后的解决方案就是终止这种不对称的贸易结构。具体来讲就是政治上逆全球化，经济上施行贸易保护，让制造业回流本国，从而减少对新兴经济体进口依赖，缩小贸易逆差的同时，提高本国国民就业率。2017 年 12 月 2 日，美国参议院以 51 票对 49 票通过新一轮的税改法案。作为 30 年来规模最大的税改方案，引起了全球关注。这是美国又一次大规模扩张性的财政政策，主要做法是为企业和个人减税，简化税制。同时，该法案鼓励海外企业回流美国，进行本土投资，增加本土就业岗位。

在经济全球化的竞争中，国家行为在经济竞争中的参与程度越来越深，加上全球全行业产能结构性过剩和全球经济失衡，贸易保护主义抬头，特别是美国从单边主义出发对迅速崛起的中国采取遏制态度，在全球范围内营造政治、经济、军事和科技等全方位壁垒，发展中国家面临着无法回避的地缘政治挑战。

四、人民币国际化对我国国际贸易产生的消极影响

（一）削弱中小企业短期竞争力

实现完全可兑换和资金跨境自由流动是人民币国际化的前提之一。但新一轮的经济改革刚刚开始，过多依靠劳动力的低端制造业企业依然占据着大半的市场，我国的经济结构以及不成熟不完善的金融体系尚未优化到使中小企业迅速接受人民币国际化后带来的冲击。一旦人民币国际化的步伐过快，这些小企业跟不上步伐就会让这些企业的出口产品价格相对上升，成本提高，其盈利空间和制造业水平竞争力受到威胁，打压企业的发展前景，同时会让更多的外国资本和商品涌入国内，外国产品因人民币国际化价格相对降低，让本就热衷国外品牌的中国消费者更多地购买外国商品。因此，我国的外贸企业无论在国内还是在国外的生存空间都受到挤压。在这样的情况之下，过分地追求人民币国际化发展的速度，不给中小对外企业进行自身变革喘息的机会，必然会让这些中小企业的发展受到严重打击，大大削弱其制造业水平在国际上的竞争力。

（二）威胁中国对外贸易经济安全

人民币国际化的过程中绝对不可能一帆风顺，这与我国自身经济结构不完善、金融体制不健全有一定的关系。同时，诸多的外部因素同样会在货币国际化过程中威胁经济安全性及对外贸易的顺利开展。一方面，人民币国际化促成资本的迅速流动，金融市场要逐步打开，风险同时涌入国内，在没有做好充分应对的情况下无疑会对比较孱弱的中国资本市场带来冲击。近代史上的金融危机每一次爆发都是没有硝烟的战场。当年的东南亚金融危机让几个国家国库空虚，极大地消耗了人民的财富，威胁着本国的实体贸易经济，这些国家通过多年的积累才恢复元气。因此，人民币国际化带来的资本开放风险不可小觑，很有可能因为忽视风险而给外贸发展带来危机。另一方面，人民币国际化的广泛使用，“一带一路”倡议的逐步实施让人民币的使用率和使用范围越来越广，交易方式越来越多样化虽然必然让人民币的国际地位提高，让企业的交易更加便捷，但其中同样因为支付体系的纷繁复杂、金融工具的选用等诸多问题容易造成一些虚假交易、假币产生、投机行为、贸易纠纷等问题。这些问题在今后极有可能会威胁到对外贸易的正常开展，威胁到我国对外贸易的安全性，需要谨慎对待，防微杜渐及早做好应对之策。

（三）导致我国出口增速放缓

长期以来，中国的对外贸易在国际上处于重要地位，除了我国低廉的劳动力因

素，还有之前政府对人民币汇率长期干预的重大影响，这些干预让中国同世界多国，尤其是同美国这样庞大的贸易伙伴进行博弈时占据了重要优势。但是现在情况发生了变化，一方面，我国国内大环境发生变化，劳动力成本大大提升；另外一方面，受到人民币国际化飞速发展的影响，人民币升值让中国出口商品的相对价格优势在全球贸易市场上逐渐减弱，利益空间日趋狭窄。虽然我国的贸易增速在同世界上很多国家横向比较时仍然处于比较高的水平，但和中国以前的纵向数据比较来看结果却不尽如人意。近几年，中国已经出现出口增速为负数的情况，这和国内劳动力和原材料价格上升有关系，但同时近两年人民币国际化导致的汇率因素肯定也是出口增速放缓的一个重要原因。失去了这两个促进中国贸易发展的重要因素，在未来很容易让我国的贸易出口增速持续放缓，那么作为推动需求的重要组成因素必然会让中国的整体经济发展速度放缓。

第三节　新时代中国国际贸易发展的机遇

一、贸易摩擦高频化

2017 年 11 月 15 日，欧洲议会通过欧盟反倾销调查新方法修正案，引入“市场严重扭曲”的概念和标准，并考虑环境和社会倾销的影响。根据该修正案，如果确认欧盟进口产品的原产国存在“市场严重扭曲”情况，欧盟对其进行反倾销调查时，将参考国际市场价格或具有同等经济发展水平的第三国产品价格和成本来计算倾销幅度。

尽管欧盟多次明确表示，修改反倾销法是为了履行世贸组织协议下的义务，将以往针对个别“非市场经济”国家的“替代国”做法，变成不设黑名单、不专门针对个别国家、具有普遍适用效力的规则，但业界普遍认为，所谓“市场严重扭曲”的标准与原“非市场经济”标准实质内容没有根本性改变，可以说是“新瓶装旧酒”。

在符合所谓“市场严重扭曲”的情况下，欧盟可以弃用出口国的价格，而选择使用第三国或国际价格来确定出口产品是否存在倾销。欧盟此举没有全面地遵守有关国际规则。世界贸易组织规则既不存在“市场严重扭曲”的概念，也没有社会和环境倾销的规定，欧盟反倾销调查新方法缺乏世贸组织规则依据，增加了法律适用的不确定性，将对世贸组织反倾销法律体系造成严重破坏，已经受到包括中国在内的多个世贸组织成员的质疑。欧盟作为世贸组织的重要成员，应尊重国际规则，只有维护多边贸易体制的权威性，才有利于各国的共同利益。中方敦促欧方严格遵守世贸组织规则，善意、全面地履行国际条约义务。中方保留在世贸组织争端解决机制下的相关权利，将采取必要手段维护中国企业的合法权益。

除了欧盟，中美贸易摩擦也时有发生。美国政府于 2017 年底向 WTO 总部提交了一份长达 40 页的法律申请，反对中国自动获得市场经济地位，理由包括制定不利于外国企业的产业政策、以非市场方式运作的巨额出口信贷等。而这是美国政府首次正式公开亮明立场拒绝承认中国的市场经济地位。在此次正式表态前，近些年美国频繁挥舞的“双反”大棒已经对中国很多行业造成了不小冲击。2017 年 2 月，美国商务部对中国不锈钢板材反倾销和反补贴调查做出终裁，裁定中国企业 63.86% ～ 76.64% 的高额反倾销税率和 75.6% ～ 190.71% 的高额反补贴税率。中国光伏产品也在美国市场上大受打击。资料显示，美国分别于 2012 年、2014 年宣布对华光伏发起“反补贴”调查并做出裁决，并于 2017 年 9 月就光伏电池及组件全球保障措施调查做出损害（“201”调查）裁决，这造成的直接后果是，2017 年前 8 个月中国光伏产品对美出口额同比下降 91%。

二、主要发达经济体收紧货币政策将产生重大影响

随着世界经济复苏步伐加快，主要发达经济体央行开始逐步退出刺激经济的量化宽松货币政策，这将对金融市场、通胀走势和经济增长前景造成重大影响。据国际金融协会估计，到 2017 年年底，各大央行对国债及抵押债的新增购买额将缩减至相当于全球 GDP 总额 2.4% 的水平；到 2018 年年底降至 0.8%；到 2019 年年中，发达经济体央行将实现资产净收缩。与此同时，发达经济体央行加息步伐也在加快。自 2015 年以来，美联储已经四次提高利率，市场预计 2017 年 12 月将再次提高利率，加拿大、澳大利亚也都先后实施加息，进一步显现全球货币政策的紧缩趋势。

2017 年 10 月，美联储启动缩减资产负债表，在紧缩货币政策的路上又迈出了重要一步，这对于抑制经济过热是未雨绸缪，但若节奏把握不当，主要发达经济体政策分化，也可能扰乱全球经济复苏进程。特别是美国收紧货币政策可能导致的美元升值和新兴市场资本外流，将给高杠杆、资产负债表错配、汇率与美元挂钩的经济体带来压力。当美国经济由于自身通胀或资产价格过高等问题不得不由扩张周期转向紧缩周期即采取加息缩表和减税等政策，存在资产泡沫的新兴市场国家金融政策也很难同步改变，导致新兴市场经济出现萧条。只有经济或金融周期完全与美国同步才有可能

避免出现危机。对我国而言，当前我国与美国金融周期相反，美国在金融危机后实现了非金融企业和居民的去杠杆，处于金融周期底部向上区间，而我国资产价格特别是房地产价格处于高位，对应金融周期处于顶部向下区间，在美国减税及加息频率不断增加、缩表的三重叠加作用下，对我国经济将产生较大影响。

三、保护主义仍将威胁全球经济复苏进程

世界经济呈现复苏态势，但贸易和投资保护主义并未彻底消退，一旦出现恶化，可能导致世界经济复苏进程停滞甚至再度出现危机。目前，一些国家除继续使用传统的“本国优先”、提高壁垒、滥用国际规则等保护手段外，开始转向对其他国家边境后措施的监督以及重新制订更加符合自身利益的经贸规则。例如，美国退出跨太平洋伙伴关系协定（TPP）、与加拿大和墨西哥重谈北美自由贸易协定（NAFTA）、与韩国修改贸易协定等都给全球贸易环境带来新的不确定性。此外，投资保护主义沉渣泛起，多国出台限制外来投资的法律、收紧并购政策、加强有针对性的审查制度，这有悖于全球化发展趋势，将阻碍世界经济复苏进程。IMF 认为，维持全球经济增长需要政策制定者避免保护主义措施，并努力确保更多人从经济增长中受益。

四、跨境金融犯罪风险增加

据汤森路透估算，全球范围内洗钱活动总金额已相当于全球 GDP 总值的 2% 到 5%，已成为一个棘手的世界性问题。当前反洗钱工作形势依然严峻复杂。一是金融风险总体仍有上升压力，反洗钱工作面临严峻挑战。二是金融制裁合规风险凸显，我国金融机构海外反洗钱合规风险上升。三是反洗钱国际标准趋严，我国面临相互评估压力。

除监管机构监督反洗钱外，企业本身也要注意跨境资金流动中隐藏着的洗钱行为，避免因工作失误和审查不严格而导致的违法风险。金融机构因为自身对客户审核不严导致的违规事件时有发生。比如，信托因为具有风险隔离作用，容易成为跨境洗钱的渠道之一。信托机构在为客户设立信托计划的同时，一定要对其资金来源进行严格的审查，避免合规风险。

在中国经济去杠杆和防范系统性金融风险、一些国家和地区贸易保护主义等抬头的背景下，国内外对跨境交易的审查都在日趋严格，中国企业海外经营的合规性显得越来越重要。目前，已有 72 家中国企业（含分公司）上了世界银行黑名单，在一定时期内被禁止承接世界银行资助的项目，原因主要涉嫌腐败、行贿、不正当竞争等。

此外，国外监管部门也多次以合规性和国家安全为由，拒绝中国企业的海外并购交易。例如，2017 年 9 月美国特朗普政府直接驳回了中国私募基金对于半导体公司莱迪斯的收购案，也有不少中国企业因此而被迫支付高额的反向分手费。

因此，企业在进行对外投资前，就应该充分地对可能面临的法律风险和所在国家的安全审查进行评估，避免并购失败损失；在交易过程中，要充分地从雇员、第三方服务提供者、继受者等多个角度进行尽职调研，并且设立有效的企业合规制度，避免因为贪腐、不当竞争、垄断、欺诈、泄密、洗钱、内幕交易、职场性骚扰而产生的合规性风险。

第二章 新时代中国国际贸易的理论依据

第一节 全球价值链理论

一、全球价值链理论的发展

全球价值链理论的兴起是国际学者对经济全球化研究不断深化的结果，起源于20世纪90年代国际产业研究者提出并发展起来的价值链理论。1985年，迈克尔·波特在《竞争优势》一书中指出："每一个企业都是在设计、生产、销售、发送和辅助其产品的过程中进行种种活动的集合体，这些互不相同但又相互关联的生产经营活动，构成了一个创造价值的动态过程，即价值链。"

企业不是孤立的，它与外部环境有着紧密的联系，因此波特又指出，任何企业的价值链都存在于更广泛的价值系统中，这个价值系统由供应商、制造商、分销商和消费者的价值链相互连接组成。由此价值链有内外之分，内部价值链是企业自身创造价值的一系列活动，外部价值链则是企业价值链与供方价值链、买方价值链共同组成的价值体系。波特的理论不仅解释了单个企业内部的价值流，而且从系统论的角度完整地展现了整个价值链的全貌；揭示了企业与企业之间的竞争，不只是企业内部价值链或企业外部价值链某个环节的竞争，而是整个价值链的竞争，整个价值链的综合实力决定企业的竞争力。波特关于价值链概念的阐释形成了全球价值链概念的基础。

科古特在《设计全球战略：比较与竞争的增加链》中用"价值增值链"来分析国际战略优势。国际商业战略的设定形式是国家的比较优势和企业的竞争能力相互作用的结果。国家的比较优势决定了整个价值链条各个环节在国家或地区之间如何配置，企业的竞争能力决定了企业应该在价值链条上哪个环节和技术层面上确保竞争优势。他指出：“价值链基本上就是技术与原料和劳动融合在一起形成各种投入环节的过程，然后通过组装把这些环节结合起来形成最终商品，最后通过市场交易、消费等完成价值循环过程。”这一观点比波特前进了一步，反映了价值链的垂直分离和全球空间配置之间的关系，对全球价值链观点的形成至关重要。

全球商品链（Global Commodity Chains，GCC）这一概念由格里芬提出。格里芬通过研究一些跨国公司主导的价值链发现，这些价值链都是由某个支配型公司起支配作用，支配者对国际价值链的各个价值环节在业务和商务上的互动和运作起着指挥、直接或间接地监管和推动的作用。根据不同类型的支配结构，他称之为“生产者驱动”的全球商品链和“购买方驱动”的全球商品链。格里芬等人认为全球商品链应该包括以下内容：“通过一系列国际网络将围绕某一商品或产品而发生关系的诸多家庭作坊、企业和政府等紧密地联系到世界经济体系中，这些网络关系一般具有社会结构性、特殊适配性和地方集聚性等特性。任一商品链的具体加工流程或部件一般表现为通过网络关系连接在一起的节点或一些节点的集合；商品链中任何一个节点的集合都包括投入（原材料和半成品等）组织、劳动力供应、运输、市场营销和最终消费等内容。”GCC 的局限性就在于突出商品概念，没有强调价值链中的企业在价值创造和价值获取方面的重要性。

格里芬在全球商品链基础上提出了全球价值链（Global Value Chains，GVCs）的概念。该概念的提出提供了一种基于网络的、用来分析国际性生产的地理和组织特征的分析方法，揭示了全球产业的动态性特征，考察价值在哪里、由谁创造和分配。Kaplinsky 和 Morris 指出，GVC 中并不是每一个环节都创造价值，价值链上的战略环节才是最重要的环节。因此，一旦厂商抓住了战略价值环节，也就控制了该产业的 GVC。这一观点在全球价值链研究中起到了里程碑的作用。

联合国工业发展组织（UNIDO）指出：“全球价值链是指在全球范围内为实现商品或服务价值而连接生产、销售、回收处理等过程的全球性跨国企业网络组织，涉及从原料采集和运输、半成品和成品的生产和分销，直至最终消费和回收处理的过程。它包括所有参与者和生产销售等活动的组织及其价值利润分配，并且通过自动化的业务流程和供应商、合作伙伴以及客户的链接，以支持机构的能力和效率。”该定义强调不同国家和地区在全球业务活动中的价值链环节间的关联互动和博弈。

英国萨塞克斯大学将全球价值链定义为产品在全球范围内，从概念设计到使用直至报废的整个生命周期中所有创造价值的活动范围。各种活动可以包括在一个企业之内，也可以分散于各个企业之间，可以集聚于某个特定的地理范围之内，也可以散布于全球各地。表 2-1 对全球价值链理论的演进过程进行了归纳。

表 2-1　全球价值链理论的演进过程

价值链理论	代表人物	提出时间	主要观点
企业价值链理论	波特	20 世纪 80 年代中期	企业与企业的竞争，不只是某个环节的竞争，而是整个价值链的竞争，这是全球价值链概念的基础
“片段化”价值链理论	科古特	20 世纪 80 年代中期	生产过程的“片段化”，价值链组成环节在全球空间范围内的配置，对全球价值链观点的形成至关重要
全球商品链理论	格里芬等	20 世纪 90 年代中期	围绕某种产品的生产形成的一种跨国生产组织体系，在全球价值链研究中起到了里程碑的作用
全球价值链理论	UNIDO、英国萨塞克斯大学等	20 世纪 90 年代末	以产品为轴线的全球性跨企业网络组织。看重研究产品的增值环节、价值链内企业关系与利益分配

二、产品内分工和全球价值链

产品内分工理论从比较优势和规模经济两个方面探讨和分析其产生并日益发展的理论，有利于从多方面理解全球价值链这一新型的产业组织形式。通过全球价值链网络，不仅可以利用各国的比较优势，还能在同一产品的不同工序上更好地实现规模经济，通过生产工序在空间上的可分离性、投入品比例差异、有效规模差异、运输成本不同、跨境经济活动的交易成本变化等五个方面实现产品在全球范围内分工的广度和深度。就跨国公司而言，遍布世界各地的各个分支机构的国别归属已不再重要，重要的是各个分支机构在跨国公司全球价值链中的确切位置。正是由于这种一体化的生产体系，使国际分工超越了产业和国家的边界。

在这一过程中，当地方比较优势决定了整个产品国际分工网络中各环节在全球的空间配置时，就决定了地方应该在相应的环节和技术层面上倾其所有，以便确保竞争优势。

Dicken 认为，在考虑全球化进程的时候，要认识到全球化是一个涉及方方面面的动态过程，不是静止不变的。并且，全球化过程也不是一个线性过程，而是一个各种因素相互作用、互相影响的过程。单个产业的生产链或价值链可以被认为是一种分布于不同地理单元中的垂直组织结构，与这一产业垂直分离组织结构相契合的是一个在空间上拓展开来的全球地理或区域地理空间。其他众多研究也都表明，全球价值链的片段化导致各个价值环节在全球空间上呈现离散分布的产品内国际分工格局。如表2-2所示。

表 2-2 全球价值链的空间分化和组成

名 称	地理范围	学术上相似的其他称谓
全球价值链	全球范围，至少两个大洲之间	全球生产网络等
跨国价值链	多国之间，至少两个国家之间	跨国生产网络、跨国营销网络等
国内价值链	一国	国家生产系统
地方价值链	国内某一地域，如城市、市郊等	产业区、地方产业集群和区域经济等

在科技革命的推动下，生产工序的细分、运输条件的改善、通信网络平台的推广，使跨国企业很容易在发展中国家使用非熟练的劳动力。正如在电子、电力机器这些高级技术部门的生产和组装活动中所见到的那样，跨国企业通过机械化、自动化，将复杂的生产工序分解为非熟练工人也能实现高生产率的单纯工序，特别是将劳动密集型工序转移到发展中国家。

全球价值链的价值等级体系与全球各地比较优势等级体系相匹配的过程，也是产品内国际分工网络各个价值环节在全球垂直分离和空间再构的过程。世界生产体系中的全球价值链被分为三大环节，其一是技术环节，包括研究与开发、创意设计、生产及加工技术的提高和技术培训等分环节；其二是生产环节，包括后勤采购、模块生产、系统生产、终端生产、测试、质量控制、包装和库存管理等分环节；其三是营销环节，包括分销物流、批发及零售、广告及售后服务等分环节，形成了职能专业化的普遍趋势。

综上所述，在经济全球化过程中，随着海外分包网络和跨国直接投资等的发展，全球价值链中各个价值环节呈现出产品内国际分工的特征。产品内国际分工的出现，使过去盛行于国与国之间的整体产业分工或转移关系日益被产品价值链在国际的分段设置和有效组合替代，控制高增值核心环节成为提升产业竞争力的重要手段，促使跨国公司主导的发达国家日益集中在知识密集的设计、研发、管理和营销等高增值服务环节，而将生产性环节和低附加值制造部分转移至发展中国家的当代国际生产分工体系。

三、全球价值链理论的聚焦视角

当前，关于全球价值链的理论研究，主要聚焦三个视角。

（一）全球价值链的治理

着重研究的是价值链上各个经济主体间的协调关系、组织结构和权力分配。Kaplinsky 和 Morris 提出，采用“三权分立”式的价值链治理方式，即立法治理、执法治理和监督治理，而 Humphrey 和 Schmitz 则把全球价值链的治理模式分为四种类型：网络型、市场型、层级型和准层级型。格里芬等则利用综合能力理论和交易成本理论及生产网络理论为理论支撑，把交易信息的制度化程度、交易信息的复杂程度与供应商能力作为分类指标。根据这三个指标或高或低的组合情况，把全球价值链治理模式划分为以下五种形式：模块型、领导型、关系型、市场型、层级型五种价值链。

（二）全球价值链的升级

着重研究的是升级的类型、机制及路径等。张向阳等从全球价值链视角分析了发展中国家产业升级，指出如何突破发达国家购买者的锁定，进而推进功能升级是发展中国家制造业升级的关键所在。任家华等认为，抓住国际产业转移的机遇能够促使中国高新技术产业的升级，可采用战略收购与联盟，不用再采用嵌入到全球价值链中的组织方式。张国胜指出，企业很好的内生技术优势是全球价值链内产业升级的传递机制，而且这种明显的路径依赖可促使技术能力演化，在充分运用全球价值链内局部知识外部性的前提下，把企业内部与外部知识进行整合，可以持续有效地推动本地产业的升级。

（三）全球价值链中经济租的产生与分配

全球价值链中经济租的产生与分配包括因组织、技术、营销等核心能力形成的经济租，进入障碍及租金的分配。其与治理和升级有机结合，而治理则居于中心地位，它决定了价值链中的升级及租金的分配。Kaplinsky 和 Morris 把经济租分为两大类：内生经济租与外生经济租，还列出一个关于经济租的项目清单。其中，内生经济租包含拥有稀有技术的“技术经济租”、比竞争者拥有更好技能的“人力资源租”、拥有较高级的内部组织形式的“组织—机构经济租”、拥有更好地与客户和产品供应商相互间结成的稳定的“关系经济租”、拥有价值商标品牌与营销竞争力的“营销—品牌经济租”。“政策经济租”“自然资源经济租”“基础设施经济租”“金融租”共同构成了外生经济租。其中，“政策经济租”的含义是在一个具有高效率的政府发展环境中，设置壁垒以阻止竞争者进入；“自然资源经济租”指的是开采资源所得到的利益；“基础设施经济租”指获取优质基础设施投入；“金融租”指比竞争者取得更优质的金融支持。在全球价值链的治理之下，价值链的治理目的就是获取不同形式的“经济租”，而不是企业家回报或者是要素回报。

市场经济机制在全球配置资源必然会导致世界经济关系表现出不同的模式，进而使全球价值链治理模式也不尽相同。第一，由于世界各国经济、政治、文化的不同，决定了其在整个全球价值链链条上位置的差异；第二，由于企业本身竞争力的不同也将导致其在全球价值链上的差异，也决定了其等级；第三，国际政治的变化也是一国及其企业在全球价值链层级差别的重要因素。所以，一个国家的综合实力将决定着其国内企业在全球价值链中的层级，而这种层级又将影响企业的未来竞争力。由此可见，对于全球价值链的研究，超越了对单个企业观察问题的角度，上升到从整条价值链和全球角度来审视问题。所以，许多研究者试图通过对全球价值链治理模式的研究及创新方式的探讨，寻找发展中国家如何融入全球价值链及实现产业转型升级的路径与策略。

第二节 比较优势理论

经济学界比较一致的观点是，亚当·斯密的绝对成本学说是比较优势理论的开端，传统的比较优势理论是大卫·李嘉图的比较成本学说，赫克歇尔—俄林的资源禀赋说是扩展了的比较优势理论。

一、绝对优势理论

重商主义是比较优势理论产生之前的主导贸易理论。该理论认为，一国财富的唯一形式是以贵金属形态存在的货币，一国增加财富的途径只有两个：一是在国内直接扩大贵金属的生产和供给；二是通过出口获取其他国家的贵金属，增加本国的财富，因而在政策上实行奖出限入的贸易保护政策。该理论认为，一国在国际贸易中的收益就是另外一国的损失，对外贸易须遵守多卖少买、多收少支的原则，保证贸易中的顺差，保证尽可能多的货币流入，从而增加财富。

亚当·斯密的《国民财富的性质和原因的研究》(简称《国富论》)一书对重商主义观点进行了全面的批判。斯密以家庭的例子推及国家，指出一件商品如果在本国制造比在他国制造所花费的成本高，就应放弃在本国制造，选择从他国进口。这种以绝对优势为基础的国际分工和自由贸易会同时提高两国的财富。他否定重商主义所认为的国际贸易是零和博弈，认为国际贸易是正的非零和博弈。斯密不仅回答了国家之间为什么会发生贸易，而且回答了如何进行贸易。他指出，在市场经济中，微观经济主体可以通过分工和交易而实现自利与互利，个体利益与社会利益是互相联系的，故经济主体之间的利益关系并非像重商主义声称的那样一定是非赢即输的结果，而是可以实现“双赢”的局面。只要两个国家各自出口生产成本绝对低的产品，进口生产成本绝对高的产品，贸易就可以使两个国家都受益。所以，各国应该鼓励自由贸易，充分发展国际分工。斯密的绝对利益原理很好地解释了国际贸易产生的重要原因，为国际贸易的发生提供了重要的理论依据。

亚当·斯密的理论被称为绝对优势理论，可以看成解释国际贸易产生原因的最早理论。但该理论的局限在于他所指的正的非零和博弈仅存在于两个技术发展水平相同或相近的国家，而对于两个技术发展水平悬殊的国家是否要进行贸易则缺乏解释力。大卫·李嘉图在其《政治经济学及其税赋原理》(1816)一书中对斯密的理论进行了完善。李嘉图认为，国家之间不论经济发展水平强弱，只要按照其相对的比较优势生产并交换产品，同样能实现正的非零和博弈。可以说，斯密的绝对优势理论属于李嘉图比较优势理论的一种特殊情况。

二、比较优势理论

可以说，比较优势理论进入国际贸易理论并成为一个最重要的理论概念，大卫·李嘉图功劳甚大，他在亚当·斯密绝对优势理论的基础上提出了著名的比较优势理论。所谓比较成本是指将本国不同产品成本的比率与国外同类产品成本的比率进行比较，只要成本的比率存在差异，不同国家之间就能够也必然会进行相互交换，并从中获得经济利益。比较优势理论认为，不管一个国家的劳动生产力跟其他国家有何不同，这个国家不仅可以而且应该生产和出口那些比较优势最大的产品，进口比较劣势最大的产品，这样对这个国家是有利的。比较优势理论解决了国际贸易中两个最基本的理论问题：一是指出了国际贸易的广泛基础，按照比较优势理论，任何类型的国家都有参与国际贸易的可能性；二是指出了国家间交换的特殊规则。李嘉图用不同于斯密的独特的比较选择的方式将不同产品的劳动成本的比率进行比较，而不是将本国某种产品的成本与国外同样产品的成本进行直接比较，选择的标准不是绝对值的高低，而是相对值的异同。

三、要素禀赋理论

20 世纪 30 年代，俄林在《地区间贸易和国际贸易》一书中提出了生产要素禀赋理论，用在生产结构中相互依赖的多种生产要素理论代替了李嘉图的单一生产要素理论。由于其主要思想源于赫克歇尔，因此又称赫克歇尔—俄林原理。他认为，各国由于生产要素禀赋比例不同，要素价格就会有差异，产品的价格也就会有差异，因此会产生国际贸易，各国生产要素稀缺性的差异是产生比较成本差异的必要条件，因而也是国际贸易的必要条件。各国都应该生产密集使用本国禀赋比例高的生产要素的商品，然后进行交换，最终对各国都是有利的。几乎在同一时期，哈伯勒引入了生产可能性边界，利用机会成本解释比较优势，从而使比较优势理论和劳动价值论彻底脱离了关系。加上这一时期勒纳和列昂惕夫，尤其是萨缪尔森等人的努力，比较优势理论在基于偏好技术和要素禀赋的一般均衡分析框架中得到了系统的表达，在此后约半个世纪的国际贸易理论中一直占绝对的统治地位，并且成为一般均衡理论的一个分支。在后来的研究中，这一理论常常被称为 H-O（赫克歇尔—俄林）理论。由于后来萨缪尔森对这一理论的发展产生过重大的影响，所以又有人称其为 HOS（赫克歇尔—俄林—萨缪尔森）理论。这一理论用要素禀赋的差异解释了比较优势，因此又被称为要素禀赋理论。

在赫—俄理论中，有很多大家熟悉的假定条件，但有两个是 H-O 理论解释贸易产生和结构的特别关键的条件：一是各国的要素禀赋不同；二是无论要素相对价格如何，商品的要素密集度不会改变。

（一）要素禀赋

要素禀赋指的是一个国家所拥有的各种自然资源之间的相对丰裕关系。要素禀赋不同不是指某种生产要素在两个国家的绝对量的不同，而是指各种生产要素的比率在两个国家里的不同。它有两种度量的方式：一是用各种要素存量的实物量的比率来衡量，即每种要素用特定的计量单位来计量；二是用要素相对价格来衡量。前者与需求无关，而要素价格不仅反映了有关实物要素的可利用水平，还反映了经济的最终需求结构和生产技术水平。在资本和劳动两要素假定下，衡量一国的要素丰裕度，若采用实物形式，就是考察两国国内可供使用的资本存量和劳动存量的比率，也就是人均资本存量。若采用要素形式，就是考察两国在封闭条件下劳动和资本的相对价格，即利率和工资率的比率。

根据要素丰裕度的不同，我们把国家区分为资本相对丰裕的国家和劳动相对丰裕的国家。如果一国的可用资本存量对可用劳动存量的比率高于贸易伙伴国，或者其封闭条件下的资本相对价格（利率与工资比）低于贸易伙伴国，则称该国为资本相对丰裕的国家；反之，则称其为劳动相对丰裕的国家。

（二）要素密集度

商品要素密集度是指在一种产品生产过程中一种生产要素的投入比例大于另一种生产要素。如果一种产品中使用生产要素 X 与另一种生产要素 Y 的比率大于另一种产品生产中使用的同样两种要素的这一比率，那么，我们就把这种产品称为 X 要素密集型产品。在资本和劳动两要素假定下，要素密集度可以用生产中使用的资本劳动比率，也就是人均资本消耗量来衡量。根据生产过程中要素密集度的不同，产品区分为劳动密集型产品和资本密集型产品。

赫克歇尔—俄林理论认为，由于各国相对要素禀赋不同，其要素价格也会不同，在其他假定条件下，产品的价格就不会相同，因此就存在着贸易的基础。在自由贸易的条件下，各国将出口在其生产过程中相对密集地使用本国相对丰裕的要素的产品，进口在其生产过程中相对密集地使用本国相对稀缺的要素的产品。H-O 定理试图说明的是要素禀赋与贸易基础和贸易模式之间的关系。这一理论也叫作狭义的资源禀赋说。

国际贸易会对两个国家的相对要素价格发生影响。在充分就业的前提下，随着贸易的开展，两个国家都会对要素相对价格进行调整，富裕要素的价格会上升，稀缺要素的价格会下降，贸易会一直扩大，直到两个国家的相对要素价格达到均衡。这也意味着丰裕要素所有者的实际收入提高，稀缺要素所有者的实际收入降低。这就是生产要素价格均等化定理。该定理表明，即使要素不能跨国流动，只能在国内各产业部门之间自由流动，只要允许自由贸易，那么在一定的条件下各国之间相同要素的价格也会趋于一致。也就是说，商品的流动替代了要素的跨国流动，对要素价格产生影响。这个定理继承了李嘉图强调的贸易和国内收入分配之间的内在联系的传统，在现代国际贸易理论中也占有重要的地位。

贸易引起的要素价格调整会对要素所有者的实际收入产生影响，影响一国的国内分配。贸易使丰裕要素的价格上升和稀缺要素的价格下降，意味着丰裕要素所有者的实际收入增加而稀缺要素所有者的实际收入减少。这也说明，在每个国家，总有人是自由贸易的支持者，有人是自由贸易的反对者。这一定理又叫作斯托尔珀—萨缪尔森定理。在 H−O 定理的基础上考虑到贸易对要素价格和要素所有者收入的影响，人们又称之为广义的资源禀赋说。

四、罗布津斯基定理

在前面的要素禀赋理论模型中，一直假定一国的要素总量是固定不变的，然而在放松这条假定后会发现，要素禀赋的变化会导致一国生产可能性边界的移动，从而可能影响其贸易条件，甚至比较优势的形态。为了描述在商品相对价格不变的前提下，生产对要素禀赋变化的反应，罗布津斯基在 1955 年提出了罗布津斯基定理：在商品价格给定的条件下，某生产要素量的增加将使密集使用该要素的部门生产增加，产业得到扩展；与此相对应，另一部门生产下降，产业将萎缩。

罗布津斯基定理告诉人们，如果时间足够长，要素积累或经济增长可能会改变一国比较优势形态，即以前具有比较利益的产品，现在由于经济增长可能变得处于比较劣势；反之，以前处于比较劣势的产品，现在也可能变得具有比较利益。历史上，美国的经济增长过程就是这方面的典型例子。

第三节　经济全球化理论

经济全球化是人类社会发展到一定阶段，市场机制成为世界经济运行的主导规律时，资本、劳动力、技术、知识、信息等生产要素在全世界范围内自由流动，各要素统一的世界市场逐渐形成，市场主体在资金、技术、信息、管理等各个方面既合作又竞争，各国之间的经济联系日益紧密的过程。经济全球化相继经历了贸易一体化、生产一体化和金融全球化三个既相互联系，又层层推进的发展阶段。金融全球化是经济全球化的高级阶段，是贸易一体化和生产一体化的必然结果。金融国际化主要表现为金融市场国际化、金融交易国际化、金融机构国际化和金融监管国际化。因此，经济全球化理论对研究跨国银行理论，尤其是研究跨国银行国际监管的动因、形式、发展方向等有重要的理论支撑作用。

一、当代经济全球化理论

当代经济学家的经济全球化理论可以分为三类。

（一）新自由主义派的经济全球化理论

该学派的主要代表人物是 K. Ohmae 和 W. Grieder。他们在全球化方面有两个基本的主张。一是强调市场至上，认为经济全球化就是全球经济和市场的一体化，通过市场实现世界资源的优化组合，绝大多数国家将在经济全球化过程中得到长远的比较利益，这是对各个参与方都有利的“正和游戏”。二是大力赞美世界贸易组织的积极功能，主张全球治理，即认为国家应该与不同层次、不同类型的国际组织、私人组织等全球行为主体共同协作，解决全球问题。新自由主义派认为经济全球化从长远来看会使“绝大多数国家”受益，是人类社会进步的先驱的观点是值得商榷的。市场至上主张的背后潜藏着英美文化中的“国家怀疑论”。对于发展中国家来说，这种论调非常危险。因为这些国家由于历史原因，没有像西方国家那样的发展经历和发达程度，社会与国家之间的适度关联没有建立起来。全球治理实际上是以西方为中心的，这个主张的进一步逻辑推演是“超越民族国家”“国家主权有限论”以及国际干预的合理化。

（二）怀疑派的经济全球化理论

其代表人物是 Grahame Thompson，Paul Hirst 以及 Linda Weiss 等人。该学派认为经济全球化是一个神话。首先，怀疑派认为现在的所谓全球化实际上是国际化。他们从经济史的角度提出，19 世纪末的“金本位”时期就已经出现过经济、金融和市场的高度全球一体化，20 世纪以来的全球化浪潮是不足为怪的。该学派认为当前的全球化主要表现为欧洲、亚太和北美三大区域的金融与贸易的合作，因此这更应当是一种发达国家之间的国际化，或者说是一种区域化。由于经济区域化自身存在的排他性、封闭性和保护性，所以目前的区域化客观上对全球化起着一定的阻碍作用。同时，该学派通过大量的定量研究，提出所有国际经济交往与合作只有依靠国家与政府的协调和推动，才能保持正常运转。他们认为政府是国际化的主要建筑师和设计师，而不会是被动的牺牲者。该学派从根本上低估了国家和政府干预国民经济的持续性力量，其所认定的国家弱化与消亡是不可能出现的。此外，他们认为全球化不但不可能促进发达国家向发展中国家输出就业机会，使南北差距和不平等现象逐渐消失，而且相反地会造成许多第三世界国家经济日趋边缘化，因为资本和贸易会更多地在发达国家之间流动。总的来看，怀疑派虽然指出了全球化的局限性，但是并没有否认国际化、跨国化这些经济发展的趋势存在，而且更重要的是，他们对现实更加低调的认识以及对现有制度的肯定，在一定程度上有利于发展中国家认识目前的现实。不过他们的一些观点也值得推敲，如他们认为经济区域化阻碍了经济的全球化，其实经济全球化与经济区域化是紧密联系、互为条件的。

（三）变革论学派的经济全球化理论

其代表人物是 Anthony Giddens，J.A.Scholte 和 M.Castells。该学派认为，经济全球化在重组现代社会和世界秩序方面发挥着重要作用，是推动社会、政治和经济转型的主要动力。他们指出，经济全球化正在促使政治、经济和社会的空间急剧扩大，逐渐成为影响一个社会和地区的决定力量，国际与国内、外交与内政的界限已不清晰。所以，该学派认为，经济全球化能够产生一种强大的力量，推动世界秩序中的社会、经济制度的“转型”。但另一方面，这种世界秩序的剧变又充斥着很多变数，在本质上经济全球化是一种偶然的历史进程，其发展方向和它所要构建的新世界政治经济秩序是无法预测的。变革论学派肯定了经济全球化对各国政治、经济、社会的巨大影响，这是符合实际情况的，但该学派的一些主张违背了历史唯物主义的观点，如他们认为经济全球化是偶然出现的历史现象，其发展趋势是无法预料的。这就否认了世界经济发展的客观规律性与人类对世界的可知性。

二、经济全球化的实质

经济全球化的实质是经济发展过程中，外在经济环境与经济活动主体意识彼此联系、相互影响的统一。首先，商品经济、资本积累和追求最大限度利润等思想已经成为推动世界生产力发展的客观要求，这种要求也成为经济全球化的催化剂；其次，有观点认为，当今世界的全球化趋势，实质就是资本主义的全球化，是资本主义环境下，市场制度在全球范围内的快速传播过程。而产生这种状况的原动力，就是国家的政治利益、经济利益等因素。还有观点认为，经济全球化的本质属性，就是全球经济的市场化，是各个国家小范围市场的进一步延伸，这个“市场”是建立在各个主权国家内部或其他国家之间的“市场”，是跨越地区限制的“市场”，是一种错综复杂的经济形态。

关于经济全球化的实质问题提法很多，学者们对于这个问题的研究还在进行当中。对于经济全球化的认识可以从贸易范围（即贸易开展的广度和深度）、制度建设、市场主体三个方面来认识和理解。

第一，经济全球化将各国的经济活动和经济机制紧密地联系起来，实现全球范围内的资源合理配置、商品和生产要素的自由流动。在此过程中，市场机制做出妥协，并要考虑各国家之间的利益，以解决资源和风险之间的问题，使这一地区的国家之间在全球化发展的过程中分工明确，提高专业化程度，能够促进科学技术的进步和新技术的产生，并在此基础上提高生产效率和经济效益。

第二，经济全球化是“市场化”的经济制度在全球范围形成和发展的过程。这种市场规则是通过两种方式产生的：首先，它是市场力量自发选择和进化的结果。商品交易和要素在跨国流动的过程中，随着时间的推移，会逐渐产生一些用于降低交易费用的惯例与共识。这些做法一旦达成共识，由于其可以降低交易成本，因此参与交易的主体出于理性会将这些内容规范化，从而形成新的规则。由于这些规则是在经济主体的全球经济贸易行为中自发产生的，没有国家权力的干预，因此其符合经济全球化发展的市场规则，更符合新古典经济学的理想境界。其次，各主权国家出于自身利益的考虑，会就某些问题进行多边协商，在各种力量之间的博弈和权衡中，会产生一些妥协性的结果，这些考虑到国家利益，并在具有一定权威性的国际经济中产生的成果，因为有利于全球经济要素的流动，也就成为世界经济市场化规则当中积极的组成部分。

第三，市场经济的发展是以企业的竞争为主要内容的，在经济全球化的过程中，经济行为的主要载体是跨国公司，而公司的管理者，即企业家，是市场经济的组织者、市场的开拓者和创新者，在经济全球化进程中起着非常重要的作用。从某种意义上来说，市场经济就是企业家经济。

经济全球化是人类社会生产力发展的客观趋势，是资本主义生产方式的产物。对于经济全球化本质的理解，可以从以下几个方面去思考。

（1）从社会生产力发展的内在规律及其与生产关系的联系中去把握。我们认为，经济全球化是生产力发展的客观要求。这是因为：

① 经济全球化是经济发展过程中的必然阶段，是社会生产力发展到一定阶段的产物。经济的发展加深了各国之间的联系，无论是发达国家还是发展中国家，都不可能脱离这一历史发展进程。由于经济的发展是具有不可预见性的，因此人们无法凭借主观意识来判断其未来的走势，也不能将经济全球化看作经济发展的最终目标，只能尽量顺应这一趋势来促进本国经济的发展。

② 经济全球化是生产社会化发展的必然结果。社会生产是组织化、规模化的生产，在此过程中，生产资料和劳动力实现了集中，统一进行有组织的规模化生产。随着行业分工的不断加强，产品和生产之间的合作更加紧密。在产品市场化的过程中，市场会发挥自动调节功能，使各组成部分形成一个密不可分的整体。这种变化加强了

世界各国、各地区之间的联系，要求各国在政治、经济等各个方面互相影响、彼此交融，并渐渐形成相对统一的联盟。所以，经济全球化的实质就是逾越国界的生产活动的开展、生产要素在世界各国间的自由流动、资源的优化配置。在这一发展过程中，不同国家、不同地区通过市场产生联系，日益推动国内整体市场向全球大市场的发展，最终结成规范的、能够制约经济实体开展经济行为的、无国界的统一规则，并随之建立全球化的经济运行机制，为各国、各地区经济行为主体之间的自由公平竞争提供保障，促进跨国公司的全球化扩张，促使全球产业结构进行全新的调整和改善，促进世界经济的快速发展。

③ 经济全球化实际上是全球经济市场化的过程。20 世纪 80 年代，经济全球化的发展呈现出新的浪潮，重要的原因之一就是市场经济体制在世界各国的扩展。市场经济的发展与政治制度、社会意识形态并没有关系，同样，经济全球化也不是由社会制度和意识形态决定的，但作为一种经济体制和经济运行机制，它可以被不同社会制度的国家所采用。如果没有全球经济的市场化，今天的经济全球化浪潮可能会大打折扣。

（2）经济全球化的发展，最初是在少数发达资本主义国家的倡议下产生的。从某种意义上讲，经济全球化是资本主义的社会制度向全球深度渗透和扩张的过程。全球化作为一个历史发展的必然阶段，也是各国历史向世界历史转变的一个重要组成部分，它发展的根本结果还是社会主义全球化。尽管全球化的产生源自资本主义，但资本主义无法控制全球化向世界各国扩张的浪潮。这是由生产力和生产关系之间的辩证关系决定的，资本主义生产的全球化趋势越向前发展，它的生产关系就越向社会化的生产力靠拢。资本主义越是把它的矛盾扩展到地球的每一个角落，就越是在更大范围内强化它的种种矛盾和痼疾，从而引发一系列深层的社会冲突和危机。

综合来看，全球化是一个动态发展的过程。全球化不是一成不变的，而是随着时间的推移和科技的进步不断向前推演，不论是在运行的质量上，还是在运行的速度上都有所变化。全球化过程也是一个充满矛盾和冲突的过程，资本主义的各种矛盾将始终存在并不断发展。世界在多元中共存，在同一中分异，也就是说，在全球化进程或发展的初始阶段，世界经济、政治、文化更多的是在多元化发展中，通过彼此的撞击与磨合，才逐渐形成互相适应、互相理解、互相提高、互相依存的动态格局。人们也正是通过对世界各个民族、国家和地区经济、政治、文化的适应和彼此认同，经过一系列矛盾的协调和化解，才发现全球化这一事实。再有，全球化时代，各国的相互依存度提高，联系更为密切。东南亚金融危机就是一个典型的例子，它不仅影响到该地区各国经济的繁荣、人民生活的改善和社会政治的繁荣和稳定，甚至还波及世界其他国家和地区。而且，全球化是一个复杂的多维的体系，它不仅涉及经济，还涉及政治、文化、社会、科技等诸多方面。全球化以政治秩序、经济秩序、安全秩序和社会秩序为依托，是有序的演变，而不是无序的推进。最后，经济全球化将导致各国、各地区的贫富差距继续拉大。在经济全球化过程中，发达国家同发展中国家在形式上是完全平等的，但在平等的形式下面，掩盖着事实上的不平等，两者无论是历史前提还是现实条件都不平等。在激烈的国际经济竞争中，“马太效应”更加明显，结果是强者愈强，弱者愈弱。发达国家始终占据竞争的主动地位和垄断优势。相反，发展中国家则处于被动地位，为应对竞争的压力，不得不做出各种调整，竞相提出优惠政策，放松限制，甚至接受各种苛刻条件，结果会导致发展缓慢，甚至被“边缘化”。

第四节　新贸易理论

产业内贸易理论的产生是对传统贸易理论只能解释产业间贸易而不能解释产业内贸易问题的重大突破。以保罗·克鲁格曼为代表的经济学家所建立的新贸易理论抛弃了传统贸易理论关于完全竞争和规模报酬不变的假定，从不完全竞争和规模经济的角度出发寻找产业内贸易的动因和福利影响，形成了完全不同于传统贸易理论的新贸易理论。

一、产业内贸易理论

产业内贸易理论指一个国家在一定时期内（一般为 1 年）既出口又进口同一种产品，同时对同一种产品的中间产品（如零部件和元件）大量进行贸易的现象。相应理论的假设前提包括：从静态出发的理论分析；市场的不完全竞争，即垄断竞争；经济中具有规模收益；考虑相同需求和不同需求两种情况。产生产业内贸易的企业必须具备两个基本条件：一是生产投入要素相近；二是产品在用途上可以相互替代。

二、规模经济贸易理论

规模经济贸易理论是由著名经济学家保罗·克鲁格曼在与埃尔赫南·赫尔普曼合著的《市场结构和对外贸易》一书（1985）中提出的理论。其主要观点为：规模收益递增为国际贸易直接提供了基础，当某一产品的生产发生规模收益递增时，随着生产规模的扩大，单位产品成本递减而取得成本优势，由此导致专业化生产并出口这一产品。

规模经济是指在企业生产扩张的开始阶段，企业由于扩大生产规模而使经济效益得到提高。规模收益不变是传统国际贸易理论的重要假设，即假定厂商无论生产多少数量的产品，每多生产一件产品，增加的成本总是不变的，即边际成本不变。而事实上，现代许多工业部门都具有规模经济的特点，即收益递增，成本递减。规模经济越大，生产效率越高，投入增加 1 倍，产出可以增加 1 倍以上。多数资本、技术集约型的大型垄断企业经营的工业产品生产都具有规模经济的特点。因此，规模经济贸易理论较好地解释了 20 世纪 60 年代以后大量出现的产业内贸易现象。

规模经济贸易理论需要满足两个基本假设条件：一是企业生产具有规模经济。企业参与国际贸易，获得更为广阔的市场空间，可以扩大生产规模，随着生产规模的扩大，单位产品的成本呈下降趋势。这种规模经济的取得使企业增强了竞争力，提高了盈利水平。国内外市场环境的变化对各国企业的市场观念和经营方法提出了更高的要求，规模经济产生规模经济效应，企业便可以扩大生产规模，更加专业化地进行产品的大规模生产。二是国际市场的竞争是不完全的。在实际国际贸易中，应该存在大量垄断和竞争混合并存的市场结构。因此，在“规模经济”和“垄断竞争”的条件下，任何一国都不可能囊括某个行业的全部产品，从而使国际分工和贸易成为必然。某国集中生产什么样的产品，没有固定的模式，既可以自由发展，也可以协议分工。但发达国家之间工业产品“双向贸易”的基础是规模经济，而不是技术不同或资源配置不同所产生的比较优势。

规模经济因素导入国际贸易，标志着传统国际贸易理论向新贸易理论的转变。传统贸易理论认为，国际贸易格局的形成取决于各国的资源禀赋、技术水平甚至需求偏好这类基本的经济特征，各国为了充分发挥以这些基本特征的国际差异为基础所形成的比较利益而进行贸易。但实践表明，发达工业化国家之间的贸易，特别是资本、技术密集型产品贸易，并不是以这些基本经济特征的差异为基础。从当代国际贸易的发展看，规模经济、不完全竞争、产品差异已成为当代国际贸易发展的主导因素。特别是在区域内、产业内贸易中，规模经济的作用甚至超过了常规的比较利益，这已是不争的事实。因而，规模经济因素被抽象出来作为国际贸易的决定因素，在理论上具有极高的价值。

同时，规模经济贸易理论揭示了当代贸易利益的又一重要来源。传统国际贸易理论认为，国家的贸易利益主要是由生产要素禀赋的国际差异孕育而成的。规模经济学理论则提示了规模收益递增是贸易利益的又一重要来源。规模收益递增的存在意味着，即使是两个经济情形相似的国家，彼此之间也可以从贸易中获利。这种新型贸易利益可以区别于任何利益而独立存在。国际经验也表明，一国缺乏规模经济或只在国内具有规模收益递增的产业，在开展贸易后都能获得国际规模的递增收益，本国制造业和某些服务业会得到更快、更好的发展，消费者也能获得更多的福利。

三、需求偏好相似理论

需求偏好相似理论又称偏好相似理论或重叠需求理论，是林德尔在其 1961 年出版的《论贸易与转型》一书中提出的。林德尔认为，赫克歇尔—俄林要素禀赋理论能够较好地解释初级产品的贸易模式，更为一般地说是解释自然资源密集型产品的贸易模式，但是这一理论不足以解释制成品的贸易模式。

林德尔认为，国际贸易是国内贸易的延伸，产品的出口结构、流向及贸易量的大小取决于本国的需求偏好，而一国的需求偏好又取决于该国的平均收入水平。原因在于：① 产品的国内需求是其能够出口的前提条件。换句话说，出口只是国内生产和销售的延伸，企业不可能去生产一种国内不存在扩大需求的产品。② 影响一国消费结构的最主要的因素是平均收入水平。高收入国家对技术水平高、加工程度深、附加值较大的高档商品具有较大的需求；而低收入国家则以低档商品消费为主，以满足基本生活需求。所以，收入水平可以作为衡量两国需求结构或偏好相似程度的指标。例如，高尔夫球在欧美发达国家可以说是一项普及运动，但在发展中国家却不是代表性需求。③ 两国对消费的偏好越相似，则其需求结构越接近，即需求重叠的部分越大。重叠需求是两国开展国际贸易的基础，品质处于这一范围内的商品，两国均可进口和出口。

根据需求偏好相似理论，一国的平均收入或人均收入将决定一种特定的偏好方式。人均收入高的国家会需要高质量的制成品（奢侈品），而人均收入低的国家则会对低质量的产品（必需品）存在需求。那么，一个国家最可能与哪种类型的国家进行交易呢？林德尔假说给出的解释是，人均收入水平接近的国家需求结构存在重叠之处，可能消费相同类型的制成品。由于林德尔从重叠需求的角度解释国际贸易模式，因此其假说也被称为重叠需求理论。

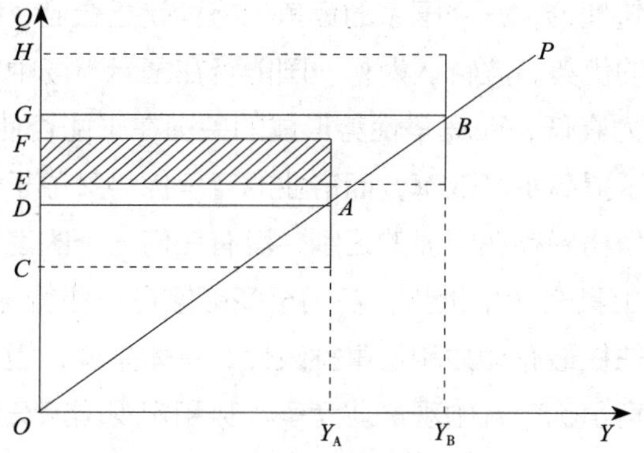

图 2-1　重叠需求理论

图 2-1 中，横轴表示一国的人均收入水平（Y），纵轴表示消费者所需各种商品的品质等级（Q）。所需的商品越高档，则其品质等级就越高；人均收入水平越高，则消费者所需商品的品质等级也就越高。二者的关系由图中的 OP 线表示。设 A 国的人均收入水平为 Y_A，则 A 国所需商品的品质等级处于以 D 为基点，上限点为 F、下限点为 C 的范围内。假设 B 国的人均收入水平为 Y_B，则其所需商品的品质等级处在以 G 为基点，上、下限点分别为 H 和 E 的范围内。对于两国来说，落在各自范围之外的物品不是太高档就是太低劣，都是不能或不愿购买的。

需求偏好相似理论与代表性的要素禀赋理论具有不同的适用性。要素禀赋理论主要解释发生在发达国家与发展中国家之间的产业间贸易（Inter-industry Trade），即工业品与初级产品或资本密集型产品与劳动密集型产品之间的贸易；而需求偏好相似理论则从需求角度出发解释了发生在发达国家之间的产业内贸易（Intra-industry Trade），即制造业内部的一种水平式贸易。因此，需求相似理论是对要素禀赋理论的发展和完善。

四、国家竞争优势理论

国家竞争优势理论是由美国哈佛大学商学院迈克尔·波特提出的。20 世纪 80—90 年代，波特经过一系列研究，相继出版了《竞争战略》（1980）、《竞争优势》（1985）和《国家竞争优势》（1990）三本书，分别从微观、中观和宏观三个层面较为系统地论述了企业竞争、产业竞争和国家竞争问题。从而系统地提出了竞争优势理论，使得对国际贸易的解释更具有统一性和说服力，形成了一个新的理论框架雏形。

根据国家竞争优势理论，一个国家的竞争优势，就是企业、行业的竞争优势，也就是生产力发展水平的优势。波特认为，一国能否在国际市场中取得竞争优势取决于其产业发展和创新能力高低，而竞争优势形成的关键在于能否使主导产业具有优势；优势产业的建立有赖于提高生产效率，而产业的竞争优势又源于企业是否具有创新机制。然而，各国的竞争格局存在明显的区别，没有任何一个国家能够或将能够在所有产业或绝大多数产业上具有竞争优势，各国至多能够在一些特定的产业竞争中获胜，这些产业的国内环境往往最有动力和最富挑战性。具体来说，迈克尔·波特的竞争优势理论是从微观企业竞争优势、中观产业竞争优势和宏观国家竞争优势三个层面上进行讨论的。它既探讨了要素、技术及其他因素对国际贸易的影响，又反映了竞争优势与国际贸易的动态变化。

（一）微观竞争机制

国家竞争优势的基础在于其企业内部的活力。企业缺乏活力不思创新，国家整体竞争优势就如无本之木。企业经济活动的根本目的在于使其最终产品增值，而增值要通过研究、开发、生产、销售、服务等环节才能逐步实现。这就要求企业重视各个环节的改进和协调，在强化管理、加强研究开发、提高质量、降低成本等方面实行全面改革。

（二）中观竞争机制

中观层次的分析由企业转向产业、区域等范围。从产业看，个别企业最终产品的增值不仅取决于企业内部要素，而且有赖于企业的前向、后向和旁侧关联产业的辅助与支持；从空间看，各企业为获得理想的利润和长期发展，需要有一个产业空间，利用产业链构建一个最优的区域组合，以达到降低成本、提高快速反应能力等目的。

（三）宏观竞争机制

国家竞争优势并非个别企业、产业竞争优势的简单加总。因此，一国的宏观竞争机制对其能否取得国家竞争优势具有重要的决定性作用。而这取决于四组基本因素：生产要素，需求状况，相关产业和支持性产业，企业战略、结构和竞争对手。这四者组成一个系统，共同决定着国家竞争优势。另外，国家竞争优势还受到机遇和政府的影响，但它们都要通过四组基本因素才能影响国家竞争优势，所以属于辅助因素。为此，波特提出了一个“国家竞争优势四基本因素、两辅助因素模型”，国家竞争优势的获得取决于四个基本因素和两个辅助因素的整合作用。如图 2-2 所示。

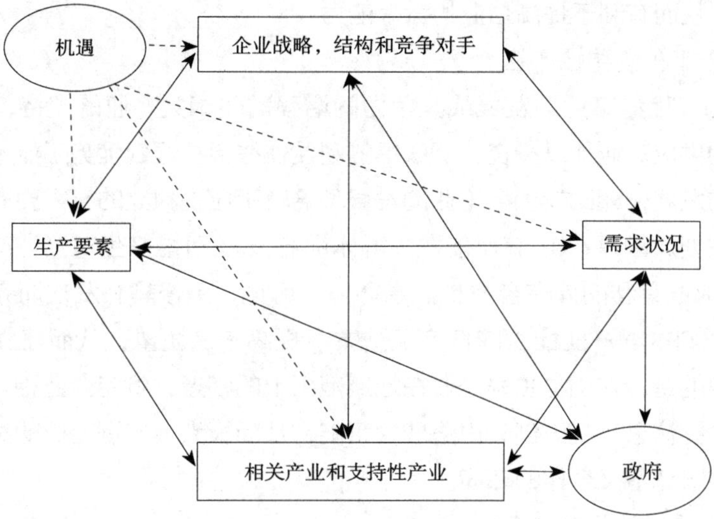

图 2-2　“完整”的钻石体系

该模型又可称为“波特机制”或“钻石体系”或“钻石模型”。这些因素中的每一个都可单独发生作用，但又同时对其他因素产生影响。各个因素结合成一个有机体系，其共同作用决定着国家的竞争优势。

1. 生产要素

波特把生产要素分为基本要素和高等要素。前者主要是指一国先天拥有或较易得到的要素（如自然资源、气候、地理位置、非熟练劳动力和债务资本等）；后者是指必须经过长期投资和培育才能创造出的要素（如现代化电信网络、高质量的人力资本、高精尖技术等）。在许多行业中，基本要素对企业竞争力有很大的影响，但是在第二次世界大战后，基本要素的重要性正在下降，高等要素的重要性则日趋重要。高等要素是开发新产品、设计新工艺的必要条件，而且其供给相对稀缺。因为高等要素的创造不仅需要长期大量的人力资本投入，而且还要有适宜其发展的社会、经济、文化环境，这就使得供给更有限，公开市场交易更困难。因此，对于国家竞争优势的形成，高等要素尤为重要。

2. 需求状况

一般来说，企业的投资、生产和市场销售首先是从本国的需求来考虑的。从本国需求出发建立起来的生产方式、组织结构和营销策略，是企业是否具有国际竞争力的重要影响因素。国内需求是提高竞争优势的原动力，有利于企业迅速达到规模经济。更重要的是，如果本国消费者需求标准高且很“挑剔”，则会促使企业努力改进产品质量和服务，从而有利于提高企业的竞争能力。

3. 相关产业和支持性产业

波特认为，优势工业的发展或竞争力的增强需要相关产业的支持，如果一国对其高级要素的供应产业加以投资，所取得的利益往往会扩展到优势工业本身，促进其国际竞争力的发展，即比较优势工业的发展和培育不应是独立的，需要有相关联产业的支持。其主要原因是：① 有可能发挥群体优势；② 可能产生对互补产品的需求拉动；③ 可能构成有利的外在经济和信息环境。可见，是否具有发达而完善的相关产业，不仅关系到主导产业能否降低产品成本、提高产品质量，从而建立起自己的优势，更为重要的是，它们与主导产业在地域范围上的临近，将使企业相互之间频繁而迅速地传递产品信息、交流创新思路成为可能，从而极大地促进企业的技术升级，形成良性互动的既竞争又合作的环境。

4. 企业战略、结构和竞争对手

波特认为，良好的企业管理体制的选择，不仅与企业的内部条件和所处产业的性质有关，而且取决于企业所面临的外部环境。可见，各种竞争优势能否被恰当地匹配在企业中，很大限度上取决于国内环境的影响。一个国家的国内竞争环境对该国企业的国际竞争力影响很大，强大的本国竞争对手是企业竞争机制产生并得以长期保持的最强有力的刺激，凡经历过国内激烈竞争洗礼的企业也同样能获得国际生存能力。正是因为国内竞争对手的存在，会直接削弱企业相对于国外竞争对手所可能享有的一些优势，从而促使企业“苦练内功”，争取更为持久、更为独特的优势地位；同时，也正因为国内激烈的竞争，迫使企业向外扩张，力求更多地占领国际市场。

5. 机遇

机遇包括重要的新发明、重大的技术变化、外汇汇率的重要变化、突然出现的世界或地区需求、外国政府的政治决定和战争等。机遇对于竞争优势的重要性在于它可能打断事物的发展进程，改变一个国家在一个产业中的国际竞争地位，使原来处于领先地位的企业的竞争优势失效，使落后国家的企业能顺应局势的变化抓住新机会，获得竞争优势。

6. 政府

政府对国家竞争优势的作用主要在于对四种决定因素的影响。政府可以通过补贴、对资本市场加以干预或制定教育政策等影响要素条件；通过确定地方产品标准、制定规则等影响买方需求；也能以各种方式决定相关产业和支持性产业的环境，影响企业的竞争战略、结构和竞争状况等。因此，政府的作用十分重要。

上述所有这些因素组合成一个类似“钻石圈”的系统，以整合的方式对国家竞争优势的形成发挥影响。国家竞争优势本身也具有系统性，不同产业可依靠产业之间的联系和空间上的集聚以形成特定的优势。

国家竞争优势理论是当代国际经济学理论的重大发展，不仅弥补了其他国际贸易理论的不足，更提出了国际竞争优势应该是国际贸易理论的核心。一国只有建立了国际竞争优势，才能获得持久的比较利益。伴随着当今经济从一体化到全球化，国际分工日益深入，国际竞争日益激烈，在这种竞争中，任何一个国家都不再可能依靠基于禀赋条件的比较优势赢得有利的国际分工地位，而只有通过竞争优势的创造，才能提高自己的竞争力，增进本国人民的福利。迈克尔·波特强调加强国家竞争优势的扶持和培育，这对于发展中国家竞争优势的发展无疑具有积极的指导意义。然而，在产业的选择上，竞争优势中的产业选择是基于已经存在的产业而言的，是对已结构化或未完全结构化产业进行的选择，这样使企业在所选择的产业中取得领先地位是相当困难的。在一个已结构化的产业中，企业生存发展的空间十分有限。因为产业结构化程度越高，产业内的竞争强度就越大，企业选择的余地（即竞争空间）就越小，且边际产出递减。此外，波特的竞争优势理论过多地强调了企业和市场的作用，而对政府在当代国际贸易中所扮演角色的重要性认识不足，仅把政府作为一个辅助的因素。

第三章　新时代中国对外投资发展现状

第一节　当前世界经济发展的现状

世界经济增长终于摆脱了全球经济危机的束缚。2016 年，世界大型企业联合会（The Conference Board）对 2017 年全球经济增长率的预测为 2.8%，但 2017 年全球经济增速高于预期，大约比上年增长 3%。这种强劲增长是由许多原因造成的，包括全球消费增长强劲、油价和大宗商品价格稳定、欧洲经济的复苏、美国投资的大幅提速和全球贸易活跃。中国也从这些趋势中获益良多。此外，中国还从投资驱动的扩张中获益，特别是消费和房地产领域的增长尤为明显。

世界经济在多个领域都有复苏趋势，包括消费、投资、出口，甚至近几年一直表现平庸的生产效率也在某些领域有所提升。全球范围内商业信心显著增强，这不仅有助于促进投资，也促进生产效率的提高。企业已经开始通过在数字资产和服务方面加大投入来推动创新，从而促进生产效率的提高。起初，一些商业信心的恢复与所谓的“特朗普效应”有关。这位新任美国总统在大选后营造出强烈的乐观情绪，即通过基础设施投资、减税和放松管制，美国经济将可能实现快速增长。虽然美国的确在一些行业，如能源和金融行业放松了管制，但大多数政策倡议并未付诸实施。伴随着特朗普效应的消失，其他积极性的因素，包括欧洲经济恢复以及包括中国在内的新兴经济体的强劲增长对世界经济的贡献更多。

中国国际经济交流中心副总经济师徐洪才在“2017 海上丝绸之路（海南）金融高峰论坛”上指出，从全球环境来看，当前世界经济处于新一轮周期的起点上。这个周期是从 2015 年底美联储加息开始的，2016 年大宗商品价格上涨，美国、欧洲、日本主要经济体的经济明显复苏，美国和欧洲通胀接近 2%，日本则摆脱了长期的通货紧缩的困扰。

中国社会科学院世界经济与政治研究所和社会科学文献出版社共同发布的《世界经济黄皮书：2018 年世界经济形势分析与预测》（以下简称黄皮书）预计 2018 年按 PPP（即购买力平价）计算的世界 GDP 增长率约为 3.5%，按市场汇率计算的增长率约为 2.9%。这一预测低于国际货币基金组织和其他国际组织的预测，反映了对世界经济回暖基础不稳固、资产价格泡沫、全球债务水平过高、反全球化趋势、美国政策调整、英国脱欧进程以及地缘政治冲突等问题的担忧。报告还认为，若美国资产泡沫破灭，世界经济或将再次陷入低迷。

发达经济体的低利率和宽松货币环境催生了资产价格不断高涨。国际金融危机爆发后，美国标准普尔 500 指数、道琼斯工业平均指数和纳斯达克综合指数三大指数大幅下挫，此后逐渐上升，并于 2013 年前后超过危机以前的最高值。至 2017 年 10 月份，三大指数的月度收盘价分别已达 2 575 点、23 377 点和 6 728 点，分别是危机前最高值的 1.66 倍、1.68 倍和 2.35 倍。美国房地产市场价格走势也与股票市场类似。美国 20 个大中城市的标准普尔 /CS 房价指数于 2006 年 7 月份达到阶段最高点，即 207 点（2000 年 1 月份房价指数为 100 点）。2006 年 7 月份后，房价逐渐下跌，并引发次贷危机和全球金融危机。2012 年年初，美国房价重新开始上涨，至 2017 年 8 月份，20 个大中城市的标准普尔 /CS 房价指数已达 203 点，即美国房价已经非常接近次贷危机以前的最高水平。欧洲、日本等发达经济体也存在类似的资产价格持续快速上涨现象。新兴市场国家的股票市场和房地产市场也在经历价格快速上涨过程，尤其是 2017 年与美元贬值相伴随的新兴市场资本流入增加，导致新兴市场资产价格大幅上涨。

黄皮书预测，2018 年美国经济增速或将下降至 2% 左右。进入 2017 年以后，美国经济增长出现向好的趋势，各项基本面指标也持续改善，促使美联储加息提速并将开始缩表。货币政策的变化对公司融资成本的影响虽然不大，但是企业运营状况依然严峻，政府债务负担也越来越沉重。在这种情况下，特朗普执政又给美国经济带来了不确定性。财政整顿和税制改革虽然有助于美国经济的长期增长，但是在短期内可能带来负面影响，而贸易保护政策的作用可能相反。这些政策主张能否得到国会的支持也有待观察。另外，美联储的政策调整将造成多大的冲击也是一个未知数。预计 2018 年的美国经济增长相比 2017 年会略有回调。黄皮书预计，2017 年美国的经济增长率可能处于 2.0% ～ 2.2% 的区间内，2018 年则可能会下降到 2% 左右。

欧洲和日本的负利率和量宽政策将继续催生资产泡沫。美联储加息和缩表政策则有刺破资产泡沫的风险。加息对资产价格的抑制作用往往有滞后效应，一般需要连续多次累计较大幅度的加息才会突然导致资产价格崩溃。一旦美国资产泡沫破裂，刚刚有所复苏的世界经济，可能再次陷入低迷之中。即使美国的加息和缩表暂时没有导致其资产泡沫破裂，但有可能引起美国利率尤其是中长期利率飙升，并引起资本流入和其他市场的资本流出，可能刺破其他市场的资产价格泡沫。由此可见，当前世界各国的资产泡沫已经成为威胁世界经济稳定的一个重要因素。而且，资产价格上涨持续时间越长，泡沫破裂造成的危害将越大。

第 11 届世界贸易组织（WTO）部长级会议 2017 年 12 月 13 日在阿根廷落下帷幕。与以往不同的是，此次会议没有达成任何承诺或是宣言，在对全球贸易没有实质共识的情况下落幕，此次惨交白卷的部长会议凸显了 WTO 现今的尴尬处境。2008 年全球金融危机以来，世界格局发生了巨大变化，基于 WTO 规则的国际经济秩序也受到各方的影响和挑战。近年来，民粹政治势力在美欧国家的逐步抬头，使反全球化思潮愈演愈烈。从英国脱欧到特朗普的“美国优先”，无不使全球多边贸易体制备受挑战。

据法新社报道，在该次会议期间，只有欧盟和南方共同市场的自由贸易协定谈判有所进展。原先被认为很有可能达成的由印度提出的渔业协议最终也归于失败，而近年来的贸易部长会议大多鲜有成果。对于多边谈判进程艰难的现状，其根源在于缺少“领头羊”。WTO 早期成员国较少，又以美国、欧盟、日本和加拿大四国推动为主，因此协议谈判推进较为顺利。但如今 WTO 已成长为成员众多的巨大组织，成员的不断增加冲淡了传统四国的话语权，加之各国间利益存在较大分歧，“同床异梦”使 WTO 议题的推进变得十分艰难。

尤其是发展中国家，在各自的经济发展过程中遇到的困难差异性较大，不像发达国家问题相对一致。发展中国家在世贸中声音渐强，但各自诉求又有所不同，使 WTO 中分歧更难以达成共识。这是由于各国间经济发展水平不一致导致的，是多边贸易体制必然会出现的问题。而如今，美国刻意“缺位”造成的权力真空使问题更加明显。

美国总统特朗普自上任以来多次表达对于多边贸易体制“不感兴趣”，要以双边协定取代 WTO 的言行比比皆是。在 APEC 岘港峰会上，他又再次重申要改多边、区域贸易协定为双边协定。不只是美国，近年来，各国自贸区发展得火热，双边自贸协定推进顺利，让人担忧“多边”制度未来的发展。其实，多边体制是经济全球化的上层建筑，而经济全球化的趋势是不可改变的，因此多边体制是不会被取代的。现今全球贸易在不断发展，海外投资不断增加。联合国贸易和发展组织数据显示，2016年全球跨境直接投资 17 500 亿美元，2017 年达到 18 000 亿美元。2017 年贸易增速复苏再度超过 GDP 增速。从这些角度来讲，全球化仍在不断发展，并不会因为某些政策的改变而动摇。对于美国可能退出 WTO 的“暗示”，专家普遍认为，虽然特朗普高举双边贸易大旗，但美方代表在多边会议上的活跃表现显示，美国在加强双边的同时，并没有放弃多边贸易体制。

2017 年，新兴经济体和发展中国家经济增长提速但分化加剧。2017 年以来，得益于外部环境改善、大宗商品价格温和回升以及内需走强，新兴经济体和发展中国家经济增长有所提速。国际货币基金组织预计，2017 年新兴经济体和发展中国家经济增长 4.6%，增速高于上年的 4.3%。世界银行预计，包括中国在内的东亚和太平洋发展中地区 2017 年经济增长率将达到 6.4%。但新兴经济体发展不平衡态势没有改变，特别是能源资源出口国经济增长相对低迷。金砖国家中，印度受取消大额纸币、税制改革等因素影响，经济增长出现波动，但国际货币基金组织预计其 2017 年仍有望增长 6.7%；俄罗斯、巴西经济已摆脱衰退，但增长依然乏力，经济复苏前景并不明朗；南非经济增速持续在低位运行。

第二节　中国对外投资现状

一、中国对外投资现状

改革开放初期，中国企业开始进行对外投资尝试。1991 年以前，中国对外投资以在对外贸易基础上发展起来的窗口公司、贸易公司或少量初级加工业为主，投资规模较小，年度总投资额不超过 10 亿美元。根据联合国贸发会议统计，截至 1990 年年底，中国对外直接投资存量 44.55 亿美元。该时期对外投资基本上处于自发状态，总体特点是，单个项目规模小、投资领域窄、方式相对单一。20 世纪 90 年代，中国企业第二产业对外投资发展较快，境外装配加工投资增长迅速，并有几项较大规模的境外能源资源投资。进入 21 世纪以来，经过十多年的发展，中国对外投资规模不断攀升，投资结构进一步优化，投资区位分布更为广泛，投资行业领域更加丰富，投资主体日趋多元，展现出良好的发展态势。

（一）规模不断攀升

中国政府有关部门于 2003 年起对外发布中国对外投资数据。十多年来，对外投资规模保持了较快的增长态势，2005 年对外投资流量突破百亿美元，2013 年超越千亿美元，2015 年对外投资额首次超过利用外资额，2016 年达到 1 961.5 亿美元，由 2002 年的全球第 26 位跃升至 2016 年的第 2 位，同期占全球比重也由 0.5% 提升至 13.5%，首次突破两位数。2002—2016 年间，对外投资流量年均增长率 35.8%。在投资存量方面，2007 年首次突破千亿美元，2015 年突破万亿美元，2016 年攀升至 13 573.9 亿美元，对外投资存量由 2002 年的全球第 25 位上升至 2016 年的第 6 位。具体增长情况如图 3-1 所示。

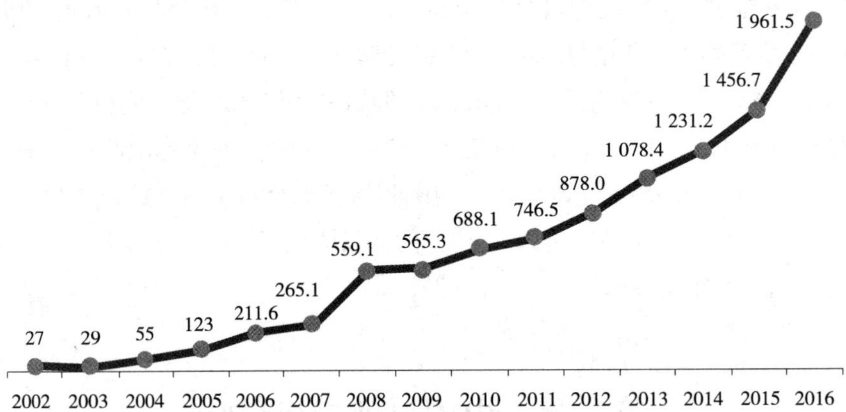

图 3-1　中国对外直接投资流量，2002—2016 年（单位：亿美元）

（二）投资区位分布广泛

截至 2016 年年末，中国对外直接投资分布在全球 190 个国家（地区），境内投资者设立对外投资企业 3.72 万家，覆盖全球超过 80% 的国家（地区），境外企业资产总额达 5 万亿美元。各大洲分布上，对亚洲投资最多，存量 9 094.5 亿美元，占比 67%；其次是拉丁美洲 2 071.5 亿美元，占比 15.3%；欧洲 872 亿美元，占比 6.4%；北美洲 754.7 亿美元，占比 5.6%；非洲 398.8 亿美元，占比 2.9%；大洋洲 382.4 亿美元，占比 2.8%。接受中国对外投资较多的国家（地区）包括中国香港、开曼群岛、英属维尔京群岛、美国、新加坡、澳大利亚、荷兰、英国、俄罗斯和加拿大等。如表 3-1 所示。近年来，中国企业对"一带一路"沿线国家的投资合作成为新的亮点。据统计，2014 年以来，对"一带一路"沿线国家的投资已超过 500 亿美元，与相关国家的企业合作共建项目近 2 000 个。

表 3-1 2016 年（年末）中国对外直接投资重点国家（地区）

单位：亿美元

	流 量			存 量		
序 号	国家（地区）	金 额	占比（%）	国家（地区）	金 额	占比(%)
1	中国香港	1 142.3	58.2	中国香港	7 807.45	57.5
2	美国	169.8	8.7	开曼群岛	1 042.09	7.7
3	开曼群岛	135.2	6.9	英属维尔京群岛	887.66	6.5
4	英属维尔京群岛	122.9	6.3	美国	605.80	4.4
5	澳大利亚	41.9	2. 1	新加坡	334.46	2.5
6	新加坡	31.7	1.6	澳大利亚	333.51	2.5
7	加拿大	28.7	1.5	荷兰	205.88	1.5
8	德国	23.8	1.2	英国	176.12	1.3
9	以色列	18.4	0.9	俄罗斯联邦	129.80	1.0
10	马来西亚	18.3	0.9	加拿大	127.26	0.9
11	卢森堡	16.0	0.8	印度尼西亚	95.46	0.7
12	法国	15.0	0.8	卢森堡	87.77	0.6
13	英国	14.8	0.7	德国	78.42	0.6
14	印度尼西亚	14.6	0.7	中国澳门	67.83	0.5
15	俄罗斯联邦	12.9	0.7	南非	60.01	0.4
16	越南	12.8	0.7	老挝	55.00	0.4
17	荷兰	11.7	0.6	法国	51.16	0.4
18	韩国	11.5	0.6	哈萨克斯坦	50.95	0.4
19	泰国	11.2	0.6	越南	49.84	0.4
20	新西兰	9.1	0.5	阿联酋	48.88	0.3
	合计	1 862.6	95.0	合计	12 295.35	90.5

（三）投资行业领域更加丰富

目前，中国对外投资已涵盖国民经济 18 个行业大类。除租赁和商务服务业、批发和零售业、制造业、交通运输仓储和邮政业、金融业、农林牧渔业、采矿业等传统产业以外，近年来对科学研究和技术服务业、信息传输软件和信息技术服务业、教育、医疗、社会公共服务设施等领域的投资增长较快，对外投资产业结构进一步优化。2016 年，中国企业对制造业、信息传输 / 软件和信息技术服务业的投资额分别为 290.5 亿美元和 186.7 亿美元，占中国对外投资的份额依次为 14.8% 和 9.5%，分别比上一年提高 1.1 和 4.8 个百分点。其中，流向装备制造业的投资同比增长了 41.4%，在制造业投资总额中占比近一半（49.1%）。如表 3-2 所示。

表 3-2　2016 年（年末）中国对外直接投资行业分布

单位：亿美元

	流　量			存　量		
序　号	行　业	金　额	比重（%）	金　额	比重（%）	排　名
1	租赁和商务服务业	657.8	33.5	4 739.9	34.9	1
2	制造业	290.5	14.8	1 081.1	8. 0	5
3	批发和零售业	208.9	10.7	1 691.7	12.5	3
4	信息传输 / 软件和信息技术服务业	186.7	9.5	648.0	4.8	6
5	房地产业	152.5	7.8	461.1	3.4	7
6	金融业	149.2	7.6	1 773.4	13.1	2
7	居民服务 / 修理和其他服务业	54.2	18	169.0	1.2	12
8	建筑业	43.9	2.2	324.2	2.4	9
9	科学研究和技术服务业	42.4	2.2	197.2	1.4	11
10	文化 / 体育和娱乐业	38.7	10	79. 1	0.6	14
11	电力 / 热力 / 燃气及水的生产和供应业	35.4	1.8	228.2	1.7	10
12	农 / 林 / 牧 / 渔业	32.9	1.7	148.9	1. 1	13

（续表）

序　号	流　量			存　量		
	行　业	金　额	比重（%）	金　额	比重（%）	排　名
13	采矿业	19.3	1.0	1 523.7	11.2	4
14	交通运输／仓储和邮政业	16.8	0.9	414.2	3. 1	8
15	住宿和餐饮业	16.2	0.8	41.9	0.3	15
16	水利／环境和公共设施管理业	8.4	0.4	35.8	0.2	16
17	卫生和社会工作	4.9	0.2	9.2	0.07	17
18	教育	2.8	0. 1	7.3	0.05	18

（四）投资主体日趋多元

目前，从规模上看，国有企业仍然是中国企业“走出去”的主力军，但民营企业发展势头迅猛。从企业数量上看，对外投资的民营企业数量已超过国有企业，占企业总数的六成以上。从企业来源地看，2006 年，中央企业的对外投资占比达 86.4%，地方企业仅为 13.6%，而在 2016 年，中央企业的对外投资占比为 12.6%，地方企业对外投资占比攀升至 87.4%。在地方企业中，长江经济带沿线省市的企业对外投资活跃，占全国对外投资的份额达 35.5%。如图 3-2 所示。

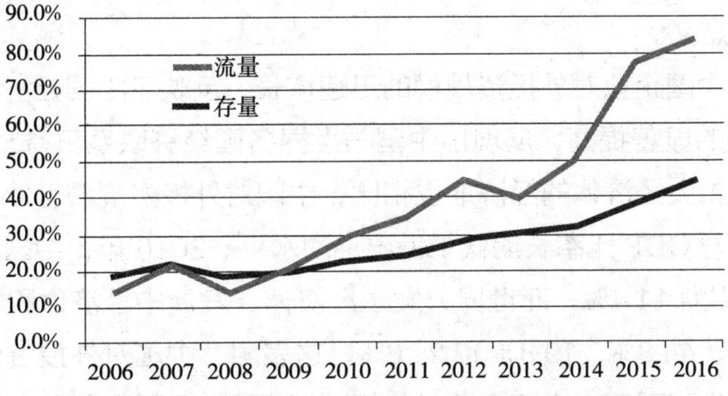

图 3-2　地方企业在非金融对外直接投资中的占比

（五）国际产能合作积极推进

国际产能和装备制造合作（简称国际产能合作）是指围绕生产能力新建、转移和提升开展的国际投资和经贸合作，以企业为主体，以共赢为导向，以制造业及相关的基础设施建设、资源能源开发为主要领域，以直接投资、工程承包、装备贸易和技术合作为主要形式。国际产能合作顺应开放型经济发展的客观规律，是我国与其他各国共建“一带一路”的重要抓手，推动世界经济再平衡的重要动力。2015 年 5 月，国务院发布《关于推进国际产能和装备制造合作的指导意见》，明确了中国政府推进国际产能合作的指导思想和政策导向，在此基础上逐步建立起国际产能合作的政策框架。截至目前，中国已与 36 个国家建立了产能合作双边机制，与法国、德国、加拿大、澳大利亚等国家建立了第三方市场合作机制，与东盟、非盟、欧盟等区域组织开展了多边产能合作。中国企业开展国际产能合作的领域广泛，既有公路、铁路、桥梁和水坝等传统基建领域，以轻工、家电、纺织服装为主的传统劳动密集型产业，以钢铁、电解铝、水泥、平板玻璃为主的优势产能富余产业，又有以电力设备、工程机械、通信设备、核电、高铁和轨道交通为主的高端装备制造产业。中国企业通过境外投资设厂推动产能“走出去”，积极与行业领先企业开展生产和技术合作，构建国际营销网络，实现跨越式发展。

（六）基础设施互联互通取得重要进展

基础设施互联互通是各国共建“一带一路”的重要方式。近年来，中国企业积极参与境外铁路、港口等重大项目建设，并带动相关基建能力和装备出口。中老铁路、中泰铁路、匈塞铁路、印尼雅万高铁、俄罗斯莫喀高铁、亚吉铁路、肯尼亚蒙内铁路、中欧“三海港区”合作等一批境外铁路、港口重大项目取得积极进展，对改善合作国基础设施，提高工业化和城市化水平，增加就业和税收，推进中国与有关国家互利合作具有积极意义。

总体来看，中国企业对外投资规模的迅速增长，反映了中国经济实力的不断壮大和对外开放水平的显著提高，展现出中国与世界各国经济联系日益紧密的良好前景。同时，与全球第二大经济体的经济地位相比，中国对外投资规模仍然相对较低。中国的对外投资存量与 GDP 比率长期低于世界平均水平。2016 年，中国对外直接投资存量与 GDP 的比率为 11.4%，而世界、发达经济体、发展中经济体和转型经济体的比率分别为 34.6%、44.8%、19.8% 和 22.6%。这表明，中国对外投资仍然具有较大的增长潜力。同时也要看到，中国企业对外投资面临不少风险和挑战。一方面，国际投资环境变化影响着中国对外投资的稳定发展。发达国家经济增长乏力，发展中国家经济体系脆弱以及全球大宗商品价格大幅波动，不利于中国企业对外投资持续发展。近年来，部分国家投资保护主义倾向有所增强，以国家安全为由，对包括中国企业在内的外国投资实行严苛审查，影响了中国企业的正常商业投资。另一方面，中国企业国际竞争力和抗风险能力仍有待提高。与在国际投资市场经营多年的外国跨国公司相比，中国企业是后来者，在技术、品牌、跨国经营和风险应对等方面还存在一定差距，在全球价值链中的地位和影响力相对较弱，对外投资的质量和效益有待进一步提高。此外，中国企业对外投资经营行为还有待规范，如缺乏投资风险评估，投资项目屡屡受挫；对外投资盲目乐观，一哄而上，引发东道国政府和舆论的误解等。

二、中国对外投资的管理体制

改革开放以来，中国对外投资管理体制经历了一个逐步放松的过程。改革开放初期至20世纪90年代，中国外汇资金短缺严重，企业缺乏国际经营经验，对外投资实行审批制。从20世纪90年代末期开始，随着中国经济实力的不断增强和外汇储备的快速增长，对企业开展对外投资的管理不断简化。2004年7月，国务院发布《关于投资体制改革的决定》，标志着中国开始正式实施以核准制为主的对外投资管理体制，发展改革部门负责境外投资项目的管理，商务部门负责对境外设立企业的管理。2008年8月，国务院发布《中华人民共和国外汇管理条例》，由强制结售汇转为实行自愿结售汇的外汇管理新体制。2014年，国家发展和改革委员会发布的《境外投资项目核准和备案管理办法》和商务部发布的《境外投资管理办法》，标志着中国对外投资管理由“核准为主”转变为“备案为主，核准为辅”，大幅简化了审核手续，并将更多的权限下放。今后一段时期，中国将积极构建开放型经济新体制，对外投资管理体制改革是其中的重点任务之一。

目前，对外投资管理主要涉及三个部门，即发展改革部门（包括国家发展和改革委员会及省级发展和改革委员会，以下分别简称“国家发展改革委”和“省级发展改革委”），商务主管部门（包括商务部和省级商务主管机关，以下简称“商务部”和“省级商务委或商务厅”）以及国家外汇主管部门（包括国家外汇管理局和省级外汇主管部门，以下分别简称“国家外汇局”和“省级外汇局”）。

（一）发展改革部门境外投资项目备案核准

根据国家发展改革委2014年颁布的《境外投资项目核准和备案管理办法》和《关于修改〈境外投资项目核准和备案管理办法〉和〈外商投资项目核准和备案管理办法〉有关条款的决定》，国家发展改革委对于境外投资项目实施以备案为主、核准为辅的管理方式。除涉及敏感国家和地区、敏感行业的投资项目需核准外，其他境外投资项目均实行备案管理。如表3-3所示。

表 3-3　境外投资项目管理简政放权历程

时　间	方　式	管理权限
2004 年以前	审批制	中方投资额在 100 万美元以上项目需报国家发展改革委审批
2004 年 7 月	核准制	1 000 万美元以上的非资源开发类项目、3 000 万美元以上资源开发类项目由国家发展改革委核准或报国务院核准
2011 年 2 月	核准制	1 亿美元以上的非资源开发类项目、3 亿美元以上资源开发类项目由国家发展改革委核准或报国务院核准
2014 年 4 月	备案 + 核准	10 亿美元以上项目和敏感类项目由国家发展改革委核准或报国务院核准，其他项目实行备案制
2014 年 12 月	备案 + 核准	除敏感类项目需国家发展改革委核准外，其他项目一律实行备案制

（二）商务部门境外投资企业设立备案核准

商务部最新修订的《境外投资管理办法》自 2014 年 10 月 6 日起实施后，商务主管部门对境内企业境外设立企业的管理转变为“备案为主、核准为辅”的模式，即除境内企业境外投资涉及敏感国家和地区或敏感行业的企业设立实行核准管理外，其他境内企业境外设立企业均实施备案管理，相关办理程序也较之前得到了较大的简化。

（三）外汇部门境外投资外汇管理

根据国家外汇管理局 2015 年 2 月发布的《关于进一步简化和改进直接投资外汇管理政策的通知》，自 2015 年 6 月 1 日起，取消境内企业境外直接投资的外汇登记核准，改为“银行办理、外管监督”的模式。具体包括：第一，取消直接投资项下外汇登记核准，境外投资主体可直接到银行办理境外直接投资项下相关外汇登记。第二，取消境外再投资外汇备案。境内投资主体设立或控制的境外企业在境外再投资设立或控制新的境外企业时，无须办理外汇备案手续。第三，取消直接投资外汇年检，改为境外直接投资存量权益登记，放宽登记时间，允许企业通过多种渠道报送相关数据。第四，加强事中事后监管。改革后，主要由银行通过外汇局资本项目信息系统办理和完成企业境外直接投资的相关外汇登记手续，而国家外汇管理部门的职能逐步转变为事后监管。

2013 年以来，各相关管理部门通过大力推进“简政放权、放管结合、优化服务”改革，对外投资便利化取得实质进展。目前，中国对外投资管理总体上已实现从核准制向备案制的转变，投资便利化程度大幅提高。主要表现在以下方面：

（1）明确企业主体地位。2013 年 3 月发布的《国务院机构改革和职能转变方案》，明确规定要真正落实企业和个人投资自主权，要求最大限度地缩小审批、核准、备案范围。为充分体现“谁投资、谁决策、谁收益、谁承担风险”的原则，现行对外投资管理制度规定，除涉及敏感国家和地区、敏感行业等特殊情况外，企业境外投资一律实行备案制。政府只进行真实性、合规性审核，企业自主决策，自负盈亏，这对于鼓励企业“走出去”，促进对外投资发展起到了积极作用。

（2）简化审核管理程序。现行对外投资管理制度对于备案、核准的时间和流程都做了明确规定，体现出时间短、流程少的特点。例如，大幅度简化境外投资备案内容，企业仅需填报备案申请表；地方企业可直接向省级相应主管部门申请备案，无须层层上报；相关主管部门在规定工作时限内予以备案，并提供书面证书，对于被否决的申请，要说明理由，而投资主体享有依法申请行政复议或者提起行政诉讼的权利。

（3）实现网上备案。发展改革部门和商务部门均通过电子政务系统进行备案管理，显著提升了对外投资备案的工作效率。目前，98% 以上的境外投资项目已实现网上备案，企业可直接登录项目备案网络系统填报项目备案电子表格，并可实时查询备案办理进度，对外投资管理透明化、便利化水平进一步提升。

三、中国对外投资的政策导向

中国实施互利共赢的开放战略，中国开放的大门不会关闭，只会越开越大。2013 年，习近平提出建设“一带一路”的宏伟倡议，国际社会广泛响应，成为国际合作新模板、新典范。中国政府以“一带一路”建设为引领，秉持“共商、共建、共享”原则，积极稳妥推进对外投资合作。一方面，中国政府采取了一系列推进境外投资便利化的政策和措施，不断完善“走出去”公共服务平台，积极构建对外投资合作机制，释放了企业对外投资活力。另一方面，中国政府加快完善对外投资风险防范体系，引导和规范企业对外投资方向，加强事前、事中、事后全过程监管，积极应对跨国投资面临的政治、安全、经济、金融和社会等风险，促进对外投资持续健康发展。

（一）对外投资的政策导向

对外投资服务于国民经济和社会发展全局。中国对外投资将贯彻习近平新时代中国特色社会主义思想，按照统筹推进“五位一体”总体布局和协调推进“四个全面”

战略布局的要求，牢固树立和贯彻落实新发展理念，坚定奉行互利共赢的开放战略，坚持稳中求进工作总基调，以供给侧结构性改革为主线，以“一带一路”建设为重点，进一步引导和规范企业对外投资方向，促进企业合理有序开展对外投资活动，防范和应对对外投资风险，推动对外投资持续健康发展，实现与东道国互利共赢、共同发展。

中国政府相关部门按照“企业主体、市场导向、商业原则、国际惯例、互利共赢、防范风险”的原则，支持企业开展对外投资活动。

（1）企业主体。企业是对外投资的主体，应明确自身定位、发挥自身优势，结合自身发展战略和客观条件开展对外投资活动，企业对于其对外投资项目自主决策、自负盈亏、自担风险。

（2）市场导向。充分发挥市场在资源配置中的决定性作用和更好发挥政府作用，促进要素有序自由流动，资源全球高效配置，国际国内市场深度融合，实行资本项下有管理的市场化运行机制。

（3）商业原则。企业在对外投资活动中要注重商业可持续性，做好国际化经营规划和投资项目价值评估，在科学分析项目经济技术可行性的基础上，稳妥有序开展对外投资。

（4）国际惯例。企业在对外投资活动中要遵守国际惯例和通行投资规则，遵守合作国法律法规和监管制度，尊重国别文化差异和宗教习俗，提高境外经营水平。

（5）互利共赢。引导企业充分考虑东道国国情和实际需求，注重与当地政府和企业开展互利合作，注重承担企业社会责任，创造良好的经济社会效益，促进互惠互利、合作共赢。

（6）防范风险。坚持稳中求进工作总基调，坚持依法合规，合理把握境外投资重点和节奏，积极做好对外投资事前、事中、事后监管，切实防范各类风险。

（二）对外投资的政策体系

中国政府相关部门致力于对外投资促进体系建设，通过加强规划引导、政策支持、综合服务等手段，鼓励有条件的各类企业积极开展对外投资合作。目前，中国已形成较完善、多层次的对外投资政策体系。

（1）宏观政策引导体系。为促进国内企业协调、有序和高效“走出去”，国家发展改革委等有关部门推动出台了多项对外投资合作发展规划和政策。2015 年 3 月，国家发展改革委、外交部、商务部联合发布了《推动共建丝绸之路经济带和 21 世纪海上丝绸之路的愿景与行动》，明确了共建“一带一路”的主要内涵，支持有条件的企业按商业原则开展对外投资。2017 年 8 月，国务院办公厅转发了《国家发展改革委 商务部 人民银行 外交部关于进一步引导和规范境外投资方向的指导意见》，按“鼓励发展＋负面清单”模式引导和规范企业境外投资方向，明确了鼓励、限制、禁止三类境外投资活动。一是支持境内有能力、有条件的企业积极稳妥开展境外投资活动，推进“一带一路”建设，深化国际产能合作，带动国内优势产能、优质装备、适用技术输出，提升我国技术研发和生产制造能力，弥补我国能源资源短缺，推动我国相关产业提质升级。二是限制境内企业开展与国家和平发展外交方针、互利共赢开放战略以及宏观调控政策不符的境外投资。三是禁止境内企业参与危害或可能危害国家利益和国家安全等的境外投资。

（2）多层次对外投资促进体系。经过多年发展，中国已初步建立了覆盖全国范围的多层次对外投资促进体系。主要包括：一是政府间签署的双边或多边产能与投资合作机制；二是中国国际贸易促进会、中国海外产业发展协会等全国性综合性的对外投资促进机构；三是从省级到基层的相关地方对外投资促进机构；四是各行业协会成立的国际产能合作企业联盟。各层次间互为补充，共同服务中国企业对外投资。

（3）金融财税支持体系。截至 2016 年底，中国设立了中非合作基金、中拉产能合作基金、中非产能合作基金、中阿（联酋）投资合作基金等十余个对外投资合作基金，支持企业降低对外投融资成本。为支持企业获取境外低成本资金，优化债务结构，为“走出去”开辟稳定的境外融资渠道。2015 年 9 月实行了外债备案登记制改革，2016 年全年备案登记企业境外发债规模超过 1 900 亿美元。此外，国家开发银行、中国进出口银行以及中国出口信用保险公司等开发性、政策性金融机构以及各商业性金融机构均通过多种方式加强对企业“走出去”的金融支持。截至 2016 年底，中国与 54 个国家签署了避免双重征税协定，着力为企业创造良好税务环境。

（4）对外投资综合服务体系。加强境外投资合作信息平台建设。国家发展改革委、商务部、中国出口信用保险公司、中国社会科学院等政府部门、金融机构和智库定期发布对外投资领域的年度报告，如《对外投资合作国别（地区）指南》《中国对外投资合作发展报告》《中国对外直接投资统计公报》《国别投资经营便利化状况报告》等。机制化地举办各类对外投资和国际产能合作论坛和展会，如中国—东盟博览会、国际产能合作专题论坛、中部国际产能合作论坛、西部国际产能合作论坛、国际产能合作论坛暨企业对外投资洽谈会等，帮助“走出去”企业搭建合作平台，积极促成与各国企业开展投资合作。

（5）对外投资风险防范体系。中国政府正在不断改进境外企业和对外投资安全工作，在国家安全体系建设总体框架下，完善统计监测，加强监督管理，健全法律保护，加强国际安全合作。研究制定企业海外经营行为规范。鼓励企业设立海外投资风险评估部门，加强与国际机构、跨国公司、东道国企业和中介组织的合作，对投资地区或国家的政治动向、监管政策、安全形势、各利益相关方诉求等方面进行综合分析，科学评估投资项目收益和风险。加强政府各部门、驻外机构和使领馆的沟通协调，在中国海外投资利益受到损害时，协同运作，互相配合，支持中国企业维护海外权益。

第三节　中国对外投资新战略及国家战略性投资安排

一、中国对外投资新战略

2014 年 12 月 9 日召开的“2014 年中央经济工作会议”指出，“准确把握经济发展新常态”。针对 2014 年中国对外投资规模接近引进外资规模的历史性变化，会议强调，“面对对外开放出现的新特点，必须更加积极地促进内需和外需平衡、进口和出口平衡、引进外资和对外投资平衡，逐步实现国际收支基本平衡，构建开放型经济新体制”。由此可见，经济新常态下中国对外投资新战略将对中国的整个对外开放格局产生重大影响。

（一）中国对外投资新战略的形成

1. 中国对外投资战略的历史演变

早在2001年，全国人大九届四次会议通过的“十五”计划纲要中就已经提出“坚定不移地扩大对外开放，在积极‘引进来’的同时，实施‘走出去’战略”，并“鼓励能够发挥中国比较优势的对外投资”。

2006 年，全国人大十届四次会议通过“十一五”规划纲要，提出继续实施“走出去”战略，进一步丰富了对外投资战略的内容。该纲要指出，“支持有条件的企业对外直接投资和跨国经营”，强调“扩大境外资源合作开发”，并首次提出“鼓励企业参与境外基础设施建设”。

2011 年，全国人大十一届四次会议通过的“十二五”规划纲要，提出加快实施“走出去”战略，并将“市场导向”和“企业自主决策”作为企业走出去的主要原则。在对外投资战略方面提出“引导各类所有制企业有序到境外投资合作逐步发展中国大型跨国公司和跨国金融机构”，并首次提出“扩大人民币在跨境贸易和投资中的作用”。

2. 中国对外投资新战略出台的时代背景

中国对外投资战略的不断调整与中国经济发展的整体趋势相一致，与中国对外开放的不断扩大相吻合。在 2001 年中国首次提出“走出去”战略之时，中国经济正处于高速发展期，对外投资战略的定位是带动出口支撑国内经济的高速增长，通过对外投资的方式获得国内经济发展所需的各类稀缺资源。此后，随着中国综合经济实力的不断增强，企业跨国经营、境外基础设施建设投资和人民币国际化等内容不断丰富和补充着中国对外投资战略的内涵，并为中国对外投资战略的实践提供相应的理论指导。十多年来，中国对外投资战略的发展变化显示，随着中国经济发展水平的不断提高，中国对外开放的步伐正在不断加快，中国从以“引进来”为主向“引进来”和“走出去”并举的对外投资战略转变已经势在必行。

（二）中国对外投资新战略的内涵

目前，中国经济正在逐渐步入新常态，随着中国经济发展战略新布局的展开，中国对外投资战略也必将被赋予新的内涵。2013 年 9 月 7 日，习近平在访问哈萨克斯坦时发表了题为《弘扬人民友谊共创美好未来》的重要演讲，提出共建“丝绸之路经济带”的战略构想。2013 年 10 月 3 日，习近平主席在印度尼西亚国会演讲时说：“中国愿同东盟国家加强合作……共同建设 21 世纪海上丝绸之路。”2013 年 11 月，党的十八届三中全会通过《中共中央关于全面深化改革若干重大问题的决定》（以下简称《决定》），其中就提出要“加快沿边开放步伐。建立开发性金融机构，加快同周边国家和区域基础设施互联互通建设，推进丝绸之路经济带、海上丝绸之路建设，形成全方位开放新格局”。这是党和国家首次系统提出“一带一路”的概念，《决定》明确了以“一带一路”为核心、互联互通为关键、基础设施建设为手段、建立开发性金融机构为战略平台的中国对外投资战略新方向。

在 2014 年 12 月党的中央经济工作会议上，习近平发表重要讲话，进一步提出“优化经济发展空间格局。完善区域政策，促进各地区协调发展、协同发展、共同发展。各地区要找准主体功能区定位和自身优势，确定工作着力点。西部开发、东北振兴、中部崛起、东部率先的区域发展总体战略，要继续实施。要重点实施‘一带一路’、京津冀协同发展、长江经济带三大战略，争取明年有个良好开局”，明确了 2015 年中国开放型经济发展新格局的总体要求。

2015 年 3 月，国家发改委、外交部、商务部联合发布《推动共建丝绸之路经济带和 21 世纪海上丝绸之路的愿景与行动》，提出“投资贸易合作是‘一带一路’建设的重点内容。宜着力研究解决投资贸易便利化问题，消除投资和贸易壁垒，构建区域内和各国良好的营商环境，积极同沿线国家和地区共同商建自由贸易区，激发释放合作潜力，做大做好合作‘蛋糕’”。

2015 年 5 月 5 日，中共中央、国务院传达《关于构建开放型经济新体制的若干意见》，强调“推进引进外资与对外投资有机结合、相互配合，推动与各国各地区互利共赢的产业投资合作。鼓励企业将境外投资获得的资源、产品、技术、营销网络、融资渠道等用于促进国内相关产业发展，同时也要发挥中国优势和条件促进其他国家和地区共同发展”。

（三）中国对外投资新战略的重要意义

1. 关于中国对外投资新战略的基本判断

目前，中国开放型经济格局正在发生历史性变化，对外投资的规模已经接近引进外资的规模，成为中国开放型经济发展格局中的重要部分，其重要性不言而喻。这种变化也是在中国进入经济发展新常态背景下，中国对外开放战略和经济发展战略做出的重要调整。

中国对外投资新战略将遵循合作、互利、共赢原则，强调多边、双边及区域经济合作，通过与周边国家在基建、能源和技术创新等领域的深入合作，推动中国对外开放向纵深发展，在支持周边国家经济协同发展的同时，促进中国与周边国家的经济融合，形成中国经济长期发展的新动力。

“一带一路”倡议既是中国重要的外交战略，也是中国对外投资新战略的重要组成部分，对于中国提高开放型经济水平具有十分重要的意义。

2. “一带一路”对外投资新战略对于加强周边地区战略合作的重要意义

“一带一路”倡议从经济合作互利共赢入手，强调与周边国家的合作，与不同区域的国家结成经济利益共同体。在经济相互融合的同时有利于提升中国对周边国家的政治影响力。

经济层面的深入合作还有利于推动中国与周边国家形成较为稳定的地区安全协调机制，在维护地区和平的基础上更好地实现经济合作，为中国开放型经济新格局的形成提供有利条件。

3. “一带一路”对外投资新战略对于加强周边地区经济合作的重要意义

（1）促进对外投资产业升级。“一带一路”倡议下的基础设施建设投资以实现互联互通为目的，其内涵极其丰富。初期的互联互通或许会局限在铁路和公路等通路建设，但一旦打开对外投资局面后，诸如通航、通信、通油气电力能源等广义的互联互通基础设施建设也会被逐渐纳入对外投资新战略的实施范畴。

中国以前对外投资以资源合作开发为主，其主要目的是通过对外投资获得国内相对稀缺的资源。在对外投资新战略的大背景下，中国一些具有比较优势的行业企业如核电、发电及输变电、轨道交通、工程机械、汽车制造等有望走出国门，到“一带一路”沿线国家投资，实现对外投资的产业升级。

（2）实现国内资本和巨额外汇储备的多元化配置。“一带一路”倡议下的对外投资需要投入大量资金。一方面，中国可以通过相关体制机制建设，引导国内资本进入“一带一路”倡议鼓励的基础设施建设领域中，实现国内闲置资本的有效配置。另一方面，中国目前持有的巨额外汇储备也可以成为对外投资新战略的资金来源，在通过对外投资形成中国资本输出的同时，实现外汇储备的多元化配置。

（3）资本输出有利于推动人民币国际化的进程。“一带一路”倡议下的资本输出对于人民币国际化也有一定的推动作用。这是因为对外投资形成的资本项下逆差有利于人民币在被投资国沉淀。随着中国资本项下资金流动管制的进一步放松，这些沉淀在被投资国的人民币将会流动起来，逐步形成人民币在海外的流通市场，助力人民币进一步走向国际化。

二、对外投资新战略下的国家战略性投资安排

围绕以“一带一路”为核心的对外投资新战略，中国正在不断努力推动建立国际区域协调机制，逐步实现对周边国家的战略融合，努力促进对外投资新战略的有效实施。

（一）丝路基金

丝路基金这一概念最先由中央财经领导小组第八次会议提出。之后，习近平在北京举行的 APEC 会议上发表《联通引领发展伙伴聚焦合作》重要讲话，提出中国将出资 400 亿美元成立丝路基金，为“一带一路”沿线国家基础设施建设、资源开发、产业合作等有关项目提供投融资支持。并将以交通基础设施为突破，获得亚洲互联互通的初步成果，优先部署中国同邻国的铁路、公路项目。他强调，丝路基金是开放的，欢迎亚洲区域内外的投资者积极参与。

在丝路基金由中国首期出资的 100 亿美元中，65 亿美元来自中国的外汇储备。丝路基金关注的对象不局限于亚洲，它将向整个“一带一路”沿线国家开放。除了先

期对于基础设施建设的投入，后期可能更多投入软件方面的建设，投资标的相对多元化。

国际经验表明，一国专门为某项经济发展战略而成立投资基金的情况并不多。所谓的主权投资资金，其成立目的大多是希望通过投资手段实现国家资产的保值增值。与其相比，丝路基金除了需要实现初始投入资金的保值增值外，还肩负着利用投入资金吸引更多其他资金投资中国“一带一路”建设，从而推动对外投资新战略有效落地。

（二）亚洲基础设施投资银行

亚洲基础设施投资银行（简称“亚投行”）是一个政府间的亚洲区域多边开发机构，重点支持基础设施建设，总部设在北京。其设立目的是向包括东盟国家在内的亚洲地区发展中国家的基础设施建设提供资金支持。它一经倡议就得到广泛支持，许多亚洲国家反响积极。2014 年 10 月 24 日，包括中国、印度和新加坡等国在内的 21 个首批意向创始成员国财长和授权代表在北京正式签署《筹建亚洲基础设施投资银行备忘录》（以下简称“备忘录”），共同决定成立亚洲基础设施投资银行。2014 年 11 月 25 日，印度尼西亚财政部长代表印度尼西亚政府签署备忘录，亚洲基础设施投资银行的意向创始成员扩充至 22 个。截止到 2018 年 5 月 2 日，亚投行有 86 个正式成员国，分别是孟加拉国、文莱、柬埔寨、中国、印度、印度尼西亚、约旦、哈萨克斯坦、科威特、老挝、马来西亚、马尔代夫、蒙古国、缅甸、尼泊尔、阿曼、巴基斯坦、菲律宾、卡塔尔、沙特阿拉伯、新加坡、韩国、斯里兰卡、塔吉克斯坦、泰国、土耳其、乌兹别克斯坦、越南、吉尔吉斯斯坦、以色列、格鲁吉亚、阿联酋、阿塞拜疆、伊朗、阿富汗、亚美尼亚、中国香港、东帝汶、巴林、奥地利、丹麦、法国、德国、意大利、卢森堡、荷兰、西班牙、瑞士、英国、瑞典、芬兰、挪威、冰岛、俄罗斯、葡萄牙、波兰、马耳他、比利时、匈牙利、爱尔兰、塞浦路斯、希腊、罗马尼亚、白罗斯、新西兰、澳大利亚、斐济、萨摩亚、汤加、库克群岛、瓦努阿图共和国、巴布亚新几内亚、巴西、秘鲁、委内瑞拉、玻利维亚、智利、阿根廷、厄瓜多尔、加拿大、埃及、南非、埃塞俄比亚、苏丹、马达加斯加、肯尼亚。

亚投行提供的资金主要用于投资亚洲地区基础设施建设，是对亚太地区现有多边区域开发银行的补充。另一方面，亚投行的成立还有利于提高亚洲资本的利用效率及对亚洲区域发展的贡献水平，对亚洲经济增长产生积极影响（见表 3-4）。

表 3-4　2010—2020 年亚洲及太平洋沿岸基础设施需求

（单位：百万美元）

建设领域	新建设资金需求	维护资金需求	合　计
能源（电力）	3 176 437	912 202	4 088 639
电信	325 353	730 304	1 055 657
移动电话	181 763	509 151	690 914
有线电话	143 590	221 153	364 743
运输	1 761 666	704 457	2 466 123
机场	6 533	4 728	11 261
港口	50 275	25 416	75 691
铁路	2 692	35 947	38 639
公路	1 702 166	638 366	2 340 532
公共卫生与饮用水	155 493	225 797	381 290
公共卫生	107 925	119 573	227 498
饮用水	47 568	106 224	153 792
合计	5 418 949	2 572 760	7 991 709

数据来源：亚洲开发银行。

（三）金砖国家区域性投融资安排

2001 年，美国高盛公司首席经济师吉姆·奥尼尔率先提出金砖国家的概念，当时的“金砖四国”包括巴西、俄罗斯、印度和中国。2010 年，南非加入后成为“金砖五国”，统称金砖国家。根据世界银行 2013 年的数据，金砖国家的总面积占全球总陆地面积的 30%，总人口占全球人口的 42%，GDP 占全球 GDP 的 21%。（见表 3-5）因此，金砖国家联合成立区域性投融资机构，对全球经济发展格局，尤其是对未来发展中国家的经济发展影响巨大。

表 3-5　2017 年金砖国家国内生产总值、人口

国家和地区	GDP（单位：亿美元）	人口（单位：万人）
南非	7 655.67	5 590.90

（续表）

国家和地区	GDP（单位：亿美元）	人口（单位：万人）
印度	25 974.91	133 918.01
俄罗斯	15 775.24	14 396.47
巴西	20 555.06	20 529.00
中国	122 377.00	140 537.28
全球	749 098.11	712 454.40

数据来源：世界银行网站。

1.金砖国家开发银行

2012年3月，在印度首都新德里举行的金砖国家（中国、巴西、南非、俄罗斯、印度）领导人第四次峰会中首次探讨了金砖国家“建立一个新的开发银行的可能性”。金砖国家的财长们经过一年全面评估，确定了建立一个新开发银行的可行性。2013年3月，南非举行的金砖国家领导人第五次会议中再次就成立金砖国家开发银行进行磋商，各国均明确表示赞成建立开发银行，并要求银行的初始资本应该是实质性的和充足的，以便有效开展基础设施投融资。

在2014年7月举行的第六次金砖国家峰会中，会议宣言首次宣布金砖国家“签署成立金砖国家开发银行协议，为金砖国家以及其他新兴市场和发展中国家的基础设施建设、可持续发展项目筹措资金”。宣言表示，“金砖国家开发银行法定资本1 000亿美元。初始认缴资本500亿美元，由创始成员国平等出资。银行首任理事会主席将来自俄罗斯，首任董事会主席将来自巴西，首任行长将来自印度。银行总部设于上海，同时在南非设立非洲区域中心。”2014年7月15日，金砖国家开发银行成立。2015年7月21日，总部位于上海的金砖国家开发银行正式开业，首任行长为瓦曼·卡马特。

2.金砖国家应急储备安排

金砖国家应急储备安排的建立历程与金砖国家开发银行相似。2012年6月，在墨西哥洛斯卡沃斯二十国集团峰会期间，金砖国家正式启动建立应急储备安排的磋商。2013年，金砖国家领导人会议前夕，各国央行行长与财政部部长讨论了建立金砖应急储备安排的可行性，《金砖国家领导人第五次会晤德班宣言》中提到各国财长与央行行长的讨论结论是“建立一个自我管理的应急储备安排具有积极预防效果，将帮助金砖国家应对短期流动性压力，提供相互支持，并进一步加强金融稳定。这也将作为一道增加的防线，为补充现有国际外汇储备安排、加强全球金融安全网做出贡献”，且“建立一个初始规模为1 000亿美元的应急储备安排是可能和共同期待的”。2014年7月15日，时任中国人民银行行长周小川代表中国政府与其他金砖国家代表在五国领导人见证下，在巴西福塔莱萨签署了《关于建立金砖国家应急储备安排的条约》，应急储备安排正式建立。

与金砖国家开发银行不同，中国在金砖国家应急储备安排的初始规模中占据较大份额，这与中国外汇储备大国的身份相适应，是对于人民币抗风险能力的一种认可，也在一定程度上为人民币国际化提供了有效的路径。

（四）上合组织开发银行和上合组织专门账户

2010年11月25日，温家宝在塔吉克斯坦首都杜尚别举行的上海合作组织成员国第九次总理会议上，首次提出建立上合组织开发银行的构想，他建议上合组织深化财金合作，研究成立上海合作组织开发银行，探讨共同出资、共同受益的新方式，扩大本币结算合作，促进区域经贸往来。

上海合作组织成员国元首理事会第十三次会议于2013年9月13日在吉尔吉斯斯坦首都比什凯克举行，习近平发表《弘扬“上海精神”促进共同发展》的重要讲话，提出“加强金融领域合作，成立上海合作组织开发银行和上海合作组织专门账户”。

2014年9月，在杜尚别举行的上海合作组织成员国元首理事会第十四次会议上，与会元首共同签署并发表了《上海合作组织成员国元首杜尚别宣言》，各国元首均表示将继续努力以尽快完成成立上合组织开发银行的相关工作。2014年12月15日，李克强在上海合作组织成员国政府首脑理事会第十三次会议上的讲话中再次提出：希望上合组织各成员协商一致，稳妥推进组建上合组织开发银行进程，为本地区建立长期稳定的融资平台。

目前，上合组织成员国对成立上合组织开发银行和专门账户已经基本达成共识，但后续各成员国还将就具体运作问题进行进一步磋商。

与金砖国家区域性投融资安排相比，上合组织开发银行和专门账户推动时间更长，难度更大。主要原因是上合组织成立的初衷是维护地缘政治稳定，反对和打击区域极端主义、分裂主义和恐怖主义，区域经济金融合作是各成员国政治军事外交合作发展到一定阶段的产物。此外，上合组织各成员国客观上经济发展水平差异较大，在某些经济利益方面可能难以达成合作的共识。

尽管上合组织开发银行和专门账户的成立将经历一个谈判的过程，但上合组织成员国地区经济的不断融合却是大势所趋。从地理位置上看，上合组织开发银行和专门账户的成立对中国丝绸之路经济带的沿线省份将产生比较积极的影响，亦有可能成为中国实现中西部对外开放和投资战略的重要契机之一。此外，除了“一带一路”倡议强调的基础设施通路建设外，能源合作或许会成为这一区域合作的亮点。

围绕“一带一路”对外投资新战略，中国通过建立不同层次的区域经济协调机制，努力打破洲际限制，与不同区域国家结成经济战略联盟，在运用对外投资手段推动中国经济增长的同时，逐步扩大中国在国际上的影响力。

但我们也应该看到，“一带一路”倡议框架下的区域经济协调机制仍然面临诸多亟待解决的问题。一是有些多边投融资机构，如亚投行等，尽管其大多数创始成员国潜在的基础设施建设需求量很大，但受制于国家本身经济发展水平和市场需求规模，短期内对基础设施建设的实际需求量或许并不高。二是经济上的合作共赢有时会受到非经济因素干扰，特别是地缘政治冲突往往会对经济合作的深入程度产生较大影响，因此在经济互惠互利的基础上，不断增强国与国之间的战略互信显得尤为关键。三是目前大多数区域经济协调机制的经济一体化合作水平还不高，有些还处在象征意义大于实际意义的阶段，后续仍需通过进一步谈判和磋商，争取在一些细节问题上达成双边或多边共识。

为此，中国在“一带一路”倡议推进的过程中，必须勇于承担大国应有的引领发展责任，主动加强与区域内国家的政策沟通，不断深化完善与区域内国家的双边多边合作机制，鼓励和带动这些国家共同努力，推动中国对外投资新战略的有效实施。此外，对于协调机制中涉及的重大细节问题，如相关机构的投票表决权如何建立等，则需尽快推动与相关国家的谈判进程，争取早日形成一致意见。

三、中国对外投资新战略下外资、外贸与金融的协调发展

（一）外资、外贸与金融的互动关系

外资、外贸和金融子系统是中国开放型经济体系建设的三个重要组成部分。其中，外资的引进在更大程度上和更广范围内为国内企业参与国际生产体系提供了可能性，促进了中国加工贸易的发展和金融服务市场的开放，是建设开放型经济体系的基础。

一方面，20 世纪 90 年代以后，随着经济全球化的发展，作为经济全球化的载体和主要动力，跨国公司全力推行复合一体化的经营战略。这种复合一体化战略的重要特征是跨国公司具有将生产或供应转移到任何一个更能获利的地方的能力，公司的一

切职能行为，生产、销售、采购等全部被安排到最合适的地方，甚至连设计、研发和金融管理都必须在全球范围内服从公司战略的最优化。也就是说，在全球化条件下，国际分工只是跨国公司整个生产体系的一部分，因为产品增值链上的每一点都可能发生国际化生产，从而形成各国产业的国际化趋势。因此，外资在大量涌入中国的同时，也促进了中国产业分工的国际化，促进了中国加工贸易的发展。

另一方面，大量的理论和实证研究表明，作为国际资本流动的一种重要形式，外资对东道国的国际收支平衡会产生正、负两方面的影响。同时，随着金融国际化以及金融工具创新的不断发展，已经在一些新兴发展中国家出现了外国直接投资和外国间接投资的互换现象；外国直接投资的这种高易变性不仅给东道国的金融管理带来了困难，而且对东道国的金融稳定产生了重要影响。因此，外资的引进还间接地促进了中国金融市场的开放、金融机构的国际化以及资本的自由流动。

从具体的传导路径来看，外资对于中国开放型经济体系建设的影响主要通过以下三种途径：直接投资传导机制、对外贸易传导机制和货币金融传导机制。第一，税收、企业竞争、银行信贷、金融机构和金融市场、技术溢出、产业关联等是直接投资传导机制的主要环节，外资通过对国内资本形成的影响、作为资本要素对储蓄缺口和外汇缺口的补充、对东道国技术进步的影响以及通过产业集聚的形成推动东道国产业结构的提升等对中国开放型经济体系的建设产生影响。第二，设备、原材料或零部件的进口、专利或特许使用等的进口、制成品出口、原材料加工出口以及制成品替代进口导致进口减少是对外贸易传导机制的主要环节，外资通过进口替代效应、进口引致效应和出口创造效应等贸易效应的产生以及所产生的贸易品生产部门和非贸易品生产部门的就业和工资变化，对中国开放型经济体系的建设产生影响。第三，由 FDI 所产生的正向和反向的资本流动、中间品或制成品的进出口以及投资利润转移、红利汇回是货币金融传导机制的主要环节，外资通过对国际收支平衡的影响等途径对中国开放型经济体系的建设产生影响。由于以上三种传导机制的作用，外资子系统对于中国开放型经济体系的建设具有重要作用，是中国开放型经济体系建设的重点。

（二）外资、外贸与金融开放的相关性

大量的理论研究和中国改革开放的实践表明，外资、外贸与金融开放之间存在着互动与协同的关系。贸易与投资的互动与协同在于投资创造贸易，贸易推进投资。贸易与金融的互动与协同在于贸易产生金融，金融提升贸易。投资与金融的互动与协同在于投资培育金融，金融支撑投资。外资、外贸与金融的两两互动主要表现在以下几个方面。

第一，外资与外贸的互动。一方面，贸易的大规模发展要求生产性服务业和物流业的发展，要求现代服务业引进更多的外资，而不是像现在这样让中国的贸易发展在很高程度上体现在制造规模的扩大上。改革开放 40 年来，引进外资大量从事加工贸易，对中国的贸易结构不平衡起到了推波助澜的效果，这一现象必须得到改观。另一方面，金融危机后，随着国际社会对排放问题认知程度的提高，发达国家凭借其在节能减排、新能源产业等的技术优势，积极推动减排义务向国际贸易领域扩展，主张对来自减排标准低的国家的进口产品征收“碳关税”。中国的外资政策也必须做出相应的调整，即限制排放高的外资进来，避免中国成为外资污染性企业的避难所。

第二，金融与外资的互动。一方面，金融市场的发展不仅有助于吸引外资流入，并为外资的合理使用创造良好条件，而且增强了吸收外资溢出效应的能力。尤其是发达的金融体系不仅能为跨国并购活动提供良好服务，而且在将外资潜在的溢出效应转化为现实生产力方面发挥着重要作用。另一方面，金融服务业市场开放，有助于金融服务业外资的流入，不仅优化了外资结构，增强了同业竞争，提高了金融市场效率，还带动了金融创新，促进了金融深化。例如，金融创新能够为科技创新提供一定的支持。高科技产业一般具有研发周期长、资金需求量大等特点，其进行科技创新所需的资金除一部分来自企业内源融资外，还需要筹集一部分外源融资，其中就包括在国际市场运用金融创新工具的融资。

第三，外贸与金融的互动。一方面，国际贸易的发展对金融业的资金运用、业务品种、服务手段、工作效率、利率和汇率的风险管理等方面都提出更高的要求，从而加速金融市场的创新和发展。例如，人民币跨境贸易结算对于推动人民币国际化具有十分重要的作用。另一方面，金融发展可以引导资金流向，通过推动资本积累与技术进步改善一国资源禀赋结构，从而增加高附加值商品出口，起到优化出口产品结构的作用。同时，金融发展能够为国际贸易的发展提供良好的制度环境和多样化的金融服务，能够为国内企业从事一般贸易而非加工贸易提供一定的融资支持，有助于实现贸易结构从劳动密集型产品的出口向资本、技术、知识密集型产品的出口升级。

（三）外资、外贸与金融协调发展的主要战略

1979 年以来，中国的对外开放和市场化改革在相互促进、共同发展的过程中取得了丰硕的成果。与俄罗斯和中东欧国家相比，中国的经济转型之所以能够取得阶段性成功，原因就在于对外开放为中国的经济体制改革带来了动力，促进了劳动力、资本和金融要素的国际流动及其在中国的大量集聚。对外开放还为中国提供了广阔的海外市场。两个市场、两种资源，使中国迈出了打破“马尔萨斯制约”的坚定步伐。改

革开放 40 年的经验告诉我们，对外开放是基本国策，每个阶段的战略目标必须根据当时的国情和经济发展情况进行适当的调整，从而提高中国在对外开放中的效益。

1. 利用外资与保持外贸增长相结合

中国要将利用外资与保持外贸增长结合起来考虑。扩大现代服务业吸收外资，促进国际服务外包和生产性服务业发展。以联动促引资，尽快实现贸易增长方式的转变和吸收外资方式、方法的创新。同时，大力引进产业关联度高、技术含量高、附加值高、符合可持续发展要求的项目，形成较为完善的产业集群，提高外资技术溢出效应。

2. 优化贸易结构，实现进出口平衡增长

加快贸易增长方式的转变，推动加工贸易从生产向研发、营销环节延伸。聚焦服务贸易重点领域，大力推动贸易结构的优化。加强进口管理，逐步实施从出口导向向进出口平衡、内外需均衡拉动的转化。重视民营企业，以形成新的比较优势和出口增长点。

3. 提升"走出去"的层次和水平

引导有条件、有实力的国有大企业集团开展海外企业的多元化投资，经营者（自然人）持股、承包经营、期权、期股、薪酬属地化等改革试点。通过鼓励跨国并购和设立境外研发机构等方式，提升"走出去"的层次和水平。利用和引进境外技术、管理经验和智力资源，提高开发具有自主知识产权的新技术、新产品的能力，逐步培育国际品牌，提升中国企业的创新能力和国际竞争力。

4. 打造开放的金融服务支持体系

抓住人民币国际化机遇，创设人民币证券、期货、信托投资新产品，打造开放的金融服务支持体系。通过提高金融市场的发展水平和开放程度，为国内并购市场的发展提供良好的金融市场基础，为企业融资提供更高的融资效率，通过金融市场开放进一步提升引进外资的质量，从而加强外资、外贸与金融市场之间的开放互动。

第四节　中国对外投资趋势展望

纵观国内外经济发展全局，从需求和供给角度判断，中国对外投资仍处于重要的战略机遇期。然而，国际投资环境复杂多变，机遇和挑战并存，对此我们必须要有清醒的认识。我们只有不断加大改革开放的力度，提升自身的软实力，才能有效地把握机遇，应对挑战。总之，在经济全球化、国家“一带一路”倡议的背景下，中国企业“走出去”积极开展对外投资合作大有可为，前景广阔。

一、中国对外投资合作面临的机遇和挑战

当前和今后一个时期，全球经济将继续呈现缓慢复苏态势。发达经济体亟须吸收外资振兴经济；新兴经济体加速工业化和城镇化需要外国资金、技术和管理经验；中国经济稳中求进，产业结构调整和管理体制改革提速，对外投资合作能力增强。同时，世界经济、政治、安全仍处于调整期，国际投资环境复杂多变，中国企业对外投资合作机遇和挑战并存。

（一）对外投资合作有利因素增多

当前中国发展对外投资面临诸多有利因素。从内部因素看，一是对外投资合作相关服务和保障体系将进一步完善。十八届三中全会提出要“扩大企业及个人对外投资，确立企业及个人对外投资主体地位”，同时明确要“改革涉外投资审批体制，完善领事保护体制，提供权益保障、投资促进、风险预警等更多服务”。随着“寓管理于服务”理念的不断深化，中央政府、地方政府、中介组织“三位一体”的新型促进服务体系将更加完善。中央政府提供公共服务能力将继续增强，投资便利化也将进一步推进，政策协调性显著提高，多、双边投资促进机制也将逐步健全，对外投资制度环境将更加公平、稳定、透明；地方政府将更加重视对外投资，更重视其对国内经济发展的联动作用；对外投资咨询服务体系日趋完善，有关中介机构也将发挥更大作用。二是随着中国经济实力的不断增强，中国对外投资大国地位将进一步确立。中国 GDP 在 2014 年已突破 10 万亿美元，与美国并列成为全球仅有的两个超越 10 万亿美元规模级别的国家；国家外汇储备在 2014 年末达到 3.84 万亿美元，稳居世界首位；部分产业具备了一定的比较优势，非公有制企业对外投资日益活跃，企业国际竞争力明显增强；人民币国际化进程不断推进，“走出去”的条件更加成熟。三是国内经济进入“三期叠加期”，企业“走出去”内生动力增强。国内要素成本上升、资源环境约束加剧、企业核心技术缺失等多重压力正不断加大，加之中国经济进入新常态，企业“走出去”内生动力增强。

从外部因素看，一方面，世界经济延续缓慢复苏，全球跨国投资恢复增长。根据联合国发布的世界投资报告显示，2016 年全球对外直接投资为 1.75 万亿美元，2017 年全球对外直接投资为 1.43 万亿美元，虽然较 2016 年下降 23%，但是主要原因在于跨境并购下降幅度达到了 22%，可见全球的对外直接投资仍然处于较高水平。另

一方面，全球基础设施建设升温，“一带一路”沿线国家互联互通、非洲“三网一化”等加快实施，中国企业“走出去”的机遇增多。

（二）对外投资合作风险挑战尚存

当前，中国对外投资同时也面临着一些问题和困难。从内部因素看，一是企业跨国经营历程较短，国际化经验不足、风险防范能力不高、跨国经营管理中人才缺乏，运用东道国和地区法律及国际通行规则维护自身权益的意识不强。二是对外投资法律法规、政策体系尚不完备，事中事后监管有待加强。三是对外投资的社会服务业欠发达，中介组织亟待培育，行业协会服务和协调管理能力有待提高。

从外部因素看，一是随着美欧经济复苏，部分新兴经济体出现经济放缓的现象，国际资本开始更多向发达国家回流，外部市场竞争加剧，中国企业开展投资并购的机会较少，成本有所增加。二是世界经济复苏进程有很多不确定因素，新兴经济体也潜藏着较大的经济风险。一旦形势生变，投资回报风险可能陡增。三是境外安全形势严峻复杂，各种地区冲突和局部战争此起彼伏。部分国家和地区安全局势恶化，社会治安较差，恐怖活动频繁，对中国企业开展对外投资合作造成威胁。

总而言之，中国对外投资合作仍处于重要的战略机遇期，只要我们把握机遇，扬长避短，大力开展对外投资合作，中国企业“走出去”一定大有可为。

二、中国对外投资合作的发展前景

全球经济继续呈现多轨复苏态势，美欧发达经济体和新兴经济体为振兴经济，都在调整经济政策和外资政策，中国企业“走出去”的外部环境总体向好。随着国内产业结构调整步伐加快，境外投资便利化逐步推进，“走出去”促进和保障体系进一步完善，中国企业将不断提升跨国经营能力和水平，继续保持对外投资合作的稳定发展。

（一）“走出去”战略加快推进，对外投资合作效能进一步提升

展望未来，对外投资合作规模将进一步扩大，对外投资仍将保持较快增幅。产业结构、企业结构明显改善，初步形成一批具有产业链上下游整合能力和国际竞争力的跨国企业，在全球范围内深耕市场、配置资源的能力明显增强；地方实施“走出去”步伐加快，占对外投资比重进一步提高，民营企业占对外投资的比重继续上升。

（二）“一带一路”倡议成为“走出去”新引擎

2013年秋，习近平提出“一带一路”倡议，得到沿线国家各界的广泛积极回应。“一带一路”倡议契合沿线国家的共同需求，将为沿线国家实现优势互补、开放发展

提供新平台，在满足沿途国家发展诉求的同时，也将为中国企业开展国际投资合作带来历史性的新契机。例如，中亚国家大多没有形成完善的产业结构，制造业竞争力较弱，对外贸易产品主要是能源类产品、初级产品，中国与中亚国家投资合作互补性较强。同时，中国对东盟国家、阿盟成员国等的投资明显增长。近年来，中国对东盟国家的直接投资流量保持增加态势。2017 年，中国对东盟的并购投资达到 341 亿美元。中国企业在东盟五国的投资方式也从最初的绿地投资发展到包括跨国并购、技术投资和 BOT 等多种形式。投资类型主要包括加工贸易型、资源开发型、市场开拓型、承包劳务型、服务贸易型等多种类型。此外，中国与蒙古国及中东欧国家在资源、技术、市场等方面的互补性也在增强。未来，中国围绕“一带一路”沿线国家的投资合作还将不断深化。

（三）优势产能加快全球布局

未来几年，中国企业将以市场为导向建成一批境外加工制造基地。一些具有较强比较优势的加工制造业将更加贴近市场，到市场需求规模较大的发展中国家建立生产基地；境外加工贸易和贴牌生产运行模式将进一步成熟；一批更加贴近能源资源产地的境外重化工业园区将加快建成，钢铁、建材等优势产业在境外呈现规模化态势；一批综合运用海外并购、权益投资、战略联盟的资源合作项目稳步推进，多元化的能源资源进口战略格局将进一步完善。

（四）部分优势和特色产业价值链延伸

未来几年，装备制造、电信等一些优势领域的对外投资合作将进一步有序展开；国内高端服务业开拓海外业务的热情还将继续保持；大型金融机构还将稳妥有序地拓展海外业务，提升全球金融运作和服务能力；国内会计师事务所、律师事务所等专业服务机构“跟随式”服务于“走出去”企业将更加紧密；部分文化艺术、中医药、中餐领域等特色服务贸易企业对外直接投资还将继续保持快速增长；企业利用全球资源促进自主创新已成趋势，各种通过自建、并购、合资、合作等多种方式设立研发中心，尤其是在欧美设立的研发中心将产生良好效果，新的竞争优势初步形成；新能源汽车、生物育种等行业高端合作渐成趋势；通过投资并购来建设国际化营销网络已成常态，并继续成为推动对外贸易转型升级和实施“走出去”战略的重要载体；一批大型流通企业、生产企业并购全球性或区域性流通企业，还将持续在中东欧、西亚、非洲等重点区域展开，并打造和整合中国流通产业链。

（五）海外集群式发展效应进一步显现

未来几年，在轻纺、机械制造、冶金、化工和信息产业领域，将继续形成一批国际竞争力强、市场影响力大、品牌知名度高、具备全产业链整合能力的跨国公司和若干全球一体化供应链体系，这些主体将成为中国参与经济全球化的骨干力量和重要依托；各类企业集群式“走出去”的脚步依然不减，产业间的协同能力和整体抗风险能力明显增强，类似于五矿资源、国新国际和中信金属联合收购秘鲁某铜矿项目的超大规模的收购还将不断出现；境外经贸合作区建设进一步推进，综合服务能力进一步提高，境外生产经营基地平台效应凸显；基于海外社区、园区而形成的中国企业海外聚集区域将不断增加，基于“侨缘”“亲缘”“学缘”“地方缘”等“走出去”的运行模式还将进一步成熟。

（六）企业“走出去”模式创新增强

随着企业跨国经营水平的提高，企业跨国经营的模式愈加成熟，基于发展战略导向、国际化成长路径、产业价值链选择、跨国财务统筹、权益保护等方面的经营经验更加丰富。未来，中国企业将创新“走出去”模式，更为系统地设计“走出去”融资工具和税收工具，实现走出方式创新；基于“走出去”主体间的合作模式创新和完善，企业对外投资合作风险防范能力将大幅提高。

（七）海外可持续发展得到广泛关注

《2014 世界投资报告》明确将“投资可持续发展目标（SDGs）”作为主题，由国际社会制定的可持续发展目标将继续对全球投资需求产生重要影响。同时，近年来在政府的倡议和引导下，中国企业“走出去”的可持续发展意识和社会责任意识普遍增强。一些企业主动将可持续发展理念和社会责任融入企业发展战略，设立企业社会责任的管理部门，确定明确的突破方案，安排相应的资金，组织有关培训，并发布履行社会责任的年度报告。可以预见，中国“走出去”企业海外可持续发展和海外社会责任目标将更加清晰，中国企业将更加关注与利益攸关方及东道国发展利益的互利共赢，更加重视经济、社会和环境的综合价值最大化。

第四章　中国自贸区建设与发展现状

第一节　自贸区的内涵与特点

一、自贸区的内涵

国际贸易一直是生产率增长和创新的原动力，也是追求经济增长的重要推动力，它改变了世界各地的生活水平。近半个世纪来，国际贸易呈现指数式增长，促进了货物运输特别是港口运输效率的大幅提升，无论是发达国家还是发展中国家，都通过建立自由贸易园区来带动本国经济升级发展。

一般来说，自由贸易园区（Free Trade Zone，FTZ，以下简称“自贸区”）是指一国或地区对外经济活动中对货物监管、外汇管理、企业设立等实施特殊政策的一个特定区域。作为一项国际贸易政策和对外开放的措施，各国自贸区建立初始就被赋予特定的内涵和功能。从第一个以自贸区命名的爱尔兰香农自贸区（Shannon Free Zone）成立以来，自贸区曾经有多个名称，叫法上也不统一。不同时期的不同名称，反映了该时期自贸区在功能和运行上的特点。使用最为广泛的有“自由贸易区”（Free Trade Zone）、“出口加工区”（Export Processing Zone）、“经济特区”（Special Economic Zone）和“工业自由区”（Industrial Free Zone）。

虽然全球自贸区专业名称不一致，但是它们却有着相同的特征和本质上相近的内涵。世界银行强调自贸区的自由交易和免于监管特征：自贸区是一个有明确界限的地理区域，区域内的出口加工企业或其他企业享受进行自由交易和免于监管的环境。国际劳工组织的定义强调了自贸区的“来料加工”特征：自贸区是通过设立一系列刺激措施来吸引外资的区域，区域内产品在出口前，可以将进口的原材料进行一定程度的加工。Madani（1999）的定义强调了自贸区的“境内关外”特征。自贸区是一个具有明确界限、封闭的海关区域，该区域一般具有优越的地理位置，提供适合商业活动和产业运营的基础设施，不受海关和财政监管控制。Kusago 和 Tzannatos（1998）的定义强调了自贸区的“自由贸易飞地”的特征。自贸区是一个具有明确界限的工业区，该区域由独立于东道国的海关监管和贸易体制，区域内以出口为导向的外资公司受益于一系列的财政和金融政策鼓励。我国的经济特区、保税区、出口加工区等特殊经济功能的区域都具备自贸区的某些特征，但还没有形成真正意义上的“自由贸易园区”。表 4-1 显示的是自贸区名称的一系列变化。

表 4-1　贸易园区的名称及其变化

专业名称	主要使用国家和首次使用时间
自由贸易区（Free Trade Zone）	自从 19 世纪开始便被使用的传统名称
对外贸易区（Foreign Trade Zone）	印度（1983 年）
工业自由区（Industrial Free Zone）	爱尔兰（1970 年之前）
自由区（Free Zone）	阿拉伯联合酋长国（1983 年）
组装工厂（Maquiladores）	墨西哥（20 世纪 70 年代早期）
出口自由区（Export Free Zone）	爱尔兰（1975 年）
出口加工免税区（Duty Free Export Processing Zone）	韩国（1975 年）
出口加工区（Export Processing Zone）	菲律宾（1977 年）
经济特区（Special Economic Zone）	中国（1979 年）
投资促进区（Investment Promotion Zone）	斯里兰卡（1981 年）
自由出口区（Free Export Zone）	韩国（1975 年）

二、自贸区的基本特性和特征

（一）自贸区的基本特性

从全球自贸区的历史和运行经验看，自贸区的发展大多反映了四个基本特性。

1. 区位的定域性

自贸区大多具有明显的区位优势，并反映了根植地区市场、劳动力、地理人文等特色，依托优越的地理位置和广阔的经济腹地，形成良好的信息流和资源流。转口集散型自贸区都选择在一个海港城市，或靠近世界主要航道。如中国香港、巴拿马运河的科隆、地中海沿岸的直布罗陀；或借助航空港优势发展临空经济区，如美国杜勒斯机场对外贸易区、新加坡樟宜自由贸易区；或靠近主要市场，有利于企业降低运营成本，如西班牙巴塞罗那自贸区。

2. 产业的集聚性

自贸区在空间上具有产业的集聚与辐散功能，在建设初期，各类生产要素不断汇集核心，当核心区域的产业发展达到一定的规模时，核心产业通过协作、分工，带动周围地区的发展。这种空间联系，既有资源共享，又促进技术扩散，提高自贸区的技术水平，有利于积累适于创新的社会知识资本，营造创新环境。

3. 监管的特殊性

国际上的自贸区均采用高效、便捷、规范的海关监管政策，尽量简化手续，适应商人的过境、转口和分销的要求。核心思想可以概括为："一线放开，二线管住，区内自由。"同时，还以企业为监管单位，利用风险管理的方式实行分级监管；以对账目监管代替货物实物监管；利用信息化技术监管等。因此，自贸区内通关速度快、货物集散快、物流量大，具有"自由贸易飞地"的特征。

4. 政策的激励性

自贸区为吸引外资会推出一些激励计划，集中体现在相关的优惠政策中。例如，美国杜勒斯对外贸易区所在的弗吉尼亚州制定的优惠政策包括创造良好的投资环境、推出税收优惠政策以及商业激励政策等。其中，良好的投资环境包括：高素质、更具创造性的员工；办理一站式的商业审批；通过降低企业的软性成本和隐性成本增强对外贸易区企业的竞争力。税收优惠政策包括所得税税率一直保持在 6%，连续 40 年未提高，低于美国其他州的税率；为制造业企业提供特别设计的、基于销售额单一因素的税率等。商业激励政策包括：设立州长机遇基金，鼓励企业扩大投资，增加产能或创造、开发以及运用先进技术。

（二）自贸区的基本特征

国际上自贸区一般具有以下七个方面的特征。

第一，"自由"的政策。自贸区最大的特征就是"自由"。"自由"的含义是指自贸区中的主体享有当地经济体制、税收制度、监管管理的特殊优惠政策。享有这种

“自由”的主体包括商品、服务、资本、货币、人员等生产要素，不同的生产要素可以在园区各经济实体间自由流动。

第二，聚焦经济活动。自贸区将绝大部分精力放在发展本国经济、促进对外贸易、吸引国外投资等各项经济活动上，与一国的政治体制、主权纠纷、意识形态等政治因素无关。

第三，高于全国平均水平的商业基础设施和服务。在一个界限明确的工业区中，企业可以获得高于全国平均水平的高质量基础设施和服务，如土地、办公场所、公共服务部门、物流服务、商业服务、金融服务和其他相关的各类设施。

第四，更加宽松的商务环境。在海关监管方面，大多实现“境内关外”政策，一般采用标准化的监管流程和最简化的政府管理体制；对投资申请和许可基本实现“一站式服务”；制定了专项自贸区法案，在雇用工人和其他相关法律、政策方面，比国内其他地区更加宽松。

第五，有利的（离岸）地理位置。自贸区一般选择在一个海港城市或交通枢纽，企业为了降低生产成本或是改变现有的成本结构，可以将其商业活动从最终的目标市场转移到成本更低的自贸区中。

第六，出口导向。自贸区内的企业，主要或全部的生产都是为了出口到国外市场，而非自贸区所在国的市场。

第七，有吸引力的激励计划。自贸区为了吸引外资会推出一些激励计划，这些激励计划一般包括以下内容：免除原材料进口的关税；免除出口产品的营业税；根据公司的出口业绩或是占自贸区的出口比重，给予公司所得“免税期”、“税率折扣”或是“减免”；鼓励外资企业雇用和开发东道国的劳动力资源。

三、自贸区的制度体系特性

自贸区作为特殊的经济区域，其本质是自由，即贸易自由化、投资自由化和金融自由化。自贸区的制度体系主要体现在以下五个方面。

（一）市场准入方面

开放宽松的外资准入制度是自贸区实现“投资自由”的重要前提，也是其开放度和自由度的重要体现。市场准入制度的核心是形成公平、公正、有序的市场竞争秩序，以保护市场交易安全与秩序（Anderson,Leal,1991）。国际自贸区的市场准入，通常采取登记备案与重点监管相结合的方式，以减轻企业的行政负担，降低企业运营成本。园区对外国投资开放程度很高，一般也不按国别进行差别化对待，但又非常注重保护国家政治和经济利益的安全。

（二）财税制度方面

具有国际竞争力的财税制度，是自贸区的基本特征和通行惯例，也是其吸引国外投资、促进跨国贸易的主要优势。而对日益增加的资本竞争威胁，各国用来吸引或留住资本竞争的策略之一，就是降低对个人和公司的税收（Baretti et al.，2002）。随着经济全球化步伐的加快，国际贸易保护中的关税壁垒和传统非贸易壁垒的作用弱化。但在今后相当长的时期内，关税和传统非关税壁垒还将继续发挥作用，发达国家仍以新的理由寻求新的非关税保护，制约贸易自由化和国际贸易的发展。国际自贸区的财税制度一般遵循“境内关外、平等对待、低税负担、属地管理”四项原则，涉及免税、缓税、退税政策，提升其在国际贸易中的竞争力。

（三）金融外汇管理方面

国际上成熟的自贸区实行宽松、自由、开放的外汇管理制度和金融安排，其核心为“离岸金融 + 自由兑换”。主要体现为宽松的外汇管制，采取资金自由进出、外汇自由兑换、外汇结算便利的外汇管理方式，在资本项目开放、外汇账户设立、收付汇便利、跨国公司资金管理、离岸支付结算、跨境投融资等方面提供外汇便利。这些制度提升了企业运营的便利性，最大限度地降低了汇兑风险给外商投资带来的成本。

（四）贸易便利方面

国际贸易是一国自贸区发展的基础。因此，简化和协调贸易程序，加速要素跨境的流动，为贸易活动提供最大程度的便利是国际通行的做法。实践中，一般通过简化贸易程序和手续、协调适用的法律和规定、改善基础设施等，为自贸区内的贸易活动创造一个便利、协调、透明的环境。

（五）法律法规方面

各国自贸区都有协调机构，强调“境内关外、流动自由”的立法理念，制定出国家、地方两个层面的自贸区法律法规。例如，美国国会在 1934 年公布了《对外贸易法案》，涉及对外贸易区的合法地位、活动领域、组织机构、管理监督等重大问题。以后多次修订，形成了公正透明、体系完备的法制环境。除国家立法外，所在地方政府还制定了相应的条例、规章，规范自贸区的各种活动，对美国自贸区形成完整的法律体系支持。这也说明自贸区的制度安排，存在对政府强制性权力的依赖。此外，国外成熟自贸区一般都有国家层面的主管机构，如美国的自由贸易区委员会、新加坡的交通部、韩国的自由贸易园区委员会等，从国家层面进行自贸区的顶层设计。

第二节　国内外自贸区建设比较

中国（上海）自由贸易试验区（以下简称“上海自贸区”）属于狭义上的自由贸易区范畴，这里选择香港、巴拿马科隆自由贸易区、美国纽约港自由贸易区、德国汉堡自由贸易区等几个典型自贸区，在功能定位、贸易投资、金融政策、税收优惠、产业发展等方面，与上海自贸区进行对比分析。

一、功能定位上的比较

（一）上海自贸区

上海自贸区是中国大陆境内第一个自由贸易区，是中国经济新的试验田，力争建设成为具有国际水准的投资贸易便利、货币兑换自由、监管高效便捷、法制环境规范的自由贸易试验区。上海自贸区的政策与经验强调复制性和推广性。

（二）香港

1841 年 6 月 7 日，英国政府代表查理·义律（Charles Elliot）宣布香港成为自由贸易港。1872 年以来，香港自由贸易港的内涵和功能逐步扩展，成为全世界最自由、最开放也最多功能的自由港，是全球最大的贸易、金融和航运中心之一。

（三）巴拿马科隆自由贸易区

巴拿马科隆自由贸易区成立于 1948 年，位于巴拿马运河大西洋入海口处，是西半球最大的自由贸易区，是仅次于香港的世界第二大自由贸易区，是拉美贸易的集散地、转口中心。

（四）美国纽约港自由贸易区

自由贸易区遍布美国东南西北所有区域，目前美国自由贸易区已经发展到 277 个。美国纽约港自由贸易区又称纽约港第 49 号对外贸易区，于 1979 年由美国国会批准设立，是全美面积最大的自贸区之一，主要功能是货物中转、自由贸易。区外还设有若干分区，发展制造业、加工服务业。

（五）德国汉堡自由贸易区

汉堡港自由港区建于 1888 年，为世界上最早的自由港，也是欧洲典型的经济自由区，被称为“通往世界的门户”，主要功能是货物中转、仓储、流通、加工和船舶建造。1994 年，汉堡港自由港区改建为自由贸易区。不过，随着欧洲统一市场的不断完善，欧盟内部大部分货物实现了免税流通。为此，德国政府决定，从 2013 年 1 月起，终止汉堡港自由贸易区，所有汉堡港区内的公司将同其他欧盟关税区内的海港一样根据同样的海关管理规定进行运营。

自贸区在亚洲兴起，尤其是上海自贸区的成立，吸引了国内外的广泛关注。而欧美则出现了截然不同的两种现象：美国自贸区的数量越来越多，已发展到 277 个，政策稳定而且开放自由；德国则在 2013 年 1 月取消了世界上历史最悠久之一的汉堡自贸区，因为自贸区的栅栏成了阻碍汉堡发展的藩篱。实际上，这种现象背后反映的是世界贸易更加开放自由的发展趋势。汉堡自贸区的趋势表明了整个欧盟已经逐步成为一个更广意义上的自贸区。

二、产业发展上的比较

（一）上海自贸区

服务业是上海自贸区核心产业。未来自贸区将以国际贸易、金融服务、航运服务、专业服务和高端制造五大产业为导向，提升园区服务业比重。在临港地区打造金融、集中保税展示交易中心、文化贸易平台三个板块。

（二）香港

香港具有四大传统支柱产业：金融、旅游、贸易与物流、专业服务。在大力巩固这四大传统支柱产业的基础上，香港近年来积极推动文化及创意产业、创新科技、检测和认证、环保产业、医疗服务、教育服务等六项有明显优势的产业的发展，以扩大经济基础。

（三）巴拿马科隆自由贸易区

主要产业为金融、贸易与物流、会展。巴拿马是拉美地区最活跃、最成功的国际金融中心，外资银行及分支机构密集，有一百多家国际银行；重视会展业发展，巴拿马国际博览会世界闻名；贸易物流业发达，是全球第二大转口站。区内的经营以轻纺、服装、工艺、日用品和家电产品为主。

（四）纽约港自由贸易区

该区以围网分隔封闭，主要功能是货物中转、自由贸易，外国货物出港。区外还设有若干分区，主要功能是进出口加工制造，涉及石化、汽车、饮料、制药、手表等加工业务。

（五）德国汉堡自由贸易区

货物商业性加工、物流（货物集散转运）、船舶建造等是主业，同时在金融、保险、商贸、中介等第三产业和服务贸易发展上成效显著。

与其他几个发展相对成熟的自贸区相比，上海自贸区的产业发展还处于起步阶段，产业战略选择清晰，但是在具体的产业政策上，还略显不足，尤其在金融业的开放度和自由度上，还需进一步探索推进。

三、贸易投资上的比较

（一）上海自贸区

投资领域开放采用“负面清单”管理模式和准入前国民待遇，在金融服务、航运服务、商贸服务、专业服务、文化服务、社会服务等领域全面开放，在符合相关规定的前提下，允许符合条件的外资机构、组织以合资形式或独立形式，成立公司开展相关业务。

改善自贸区内行政管理体系，使其与国际高标准贸易和投资规则相适应；政府管理将由注重事先审批转为注重事中事后监管。

（二）香港

实行自由贸易制度。一是对进出口贸易不设置管制，除为履行国际义务及维护香港安全原因，对贸易实行必不可少的管制外。二是不设置关税壁垒，对一般商品的进出口均不收关税。三是进出口手续极为简便，除少数受贸易管制的商品需进行事前申请外，一般商品的进出口无须报批。四是外来船舶免办进港申请及海关手续，实行非强制引水，关检及卫检手续简便，并豁免港口行政费。

实行企业自由经营制度。一是香港对外来投资项目不设任何管制，除了金融、电信、公共运输、公用设施及部分大众媒体等领域。二是对本地公司及外商一视同仁，实行少干预、无补贴政策。三是对企业经营进出口贸易没有限制，任何企业只要依法注册登记，即可从事进出口贸易。四是商品与劳务支付的价值也基本上保持充分的自由竞争状态。

（三）巴拿马科隆自由贸易区

巴拿马科隆自由贸易区货物进口自由，无配额限制，对进出商品控制很少，豁免关税的范围相对较宽。除爆炸品、枪支弹药、麻醉品、易燃品和其他特别规定的商品外，一律自由进入区内，免关税。货物进出自由贸易区只需填写一份表格。

在巴拿马科隆自由贸易区注册公司手续简便、审批快。区内设管理委员会，负责管理以及组织本国和外国企业从事进口、展销、制造、装配和转口业务，为办公机构出租和修建住房、厂房、出租地皮、批准外国人在区内经商等。

政策稳定，区内管理非常严密。当地政府专门立法给予保证和优惠，投资者有法律保障。该区采取的安全措施也优于其他很多非自由贸易区。

（四）美国纽约港自由贸易区

任何国外或国内的商品，除法律禁止或由管理局规定为有害公共利益、健康或安全者外，皆可不受美国海关法的限制而进入对外贸易区。国际贸易活动均可在区内开展，可以存储、展示和销售、重新包装、组装、分类、清洁、搭配国内货物进行加工。在自贸区内，只要没有零售，商品可以自由买卖。

货物进入对外贸易区不受配额的限制，无配额的货物准许进入区内暂存，待有配额再进口，也可以无限期在区内保存，待价而沽。

自贸区的货物可以 24 小时无限制通过海关。

（五）德国汉堡自由贸易区

汉堡自由港对进出的船只和货物给予最大限度的自由，提供自由和便捷的管理措施，贯穿于从货物卸船、运输、再装运的整个过程中。

船只从海上进入或离开自由港驶往海外无须向海关结关，船舶航行时只要在船上挂一面“关旗”，就可不受海关的任何干涉。

凡进出或转运货物在自由港装卸、转船和储存不受海关的任何限制，货物进出不要求每批立即申报与查验，甚至 45 天之内转口的货物无须记录。货物储存的时间也不受限制。货物只有从自由港输入欧盟市场时才需向海关结关，交纳关税及其他进口税。

上海自贸区选择金融等六大领域全面开放，在政策上、条件上还有一定限制，与香港、巴拿马等自贸区的自由贸易制度安排相比，还存在一定差距。在产品进出的管制上，还达不到其他贸易区货物进口自由、无配额限制的标准。

四、税收优惠上的比较

（一）上海自贸区

实施促进投资的税收政策。注册在试验区内的企业或个人股东，因非货币性资产对外投资等资产重组行为而产生的资产评估增值部分，可在不超过 5 年期限内，分期缴纳所得税。对试验区内企业以股份或出资比例等股权形式给予企业高端人才和紧缺人才的奖励，实行已在中关村等地区试点的股权激励个人所得税分期纳税政策。

实施促进贸易的税收政策。将试验区内注册的融资租赁企业或金融租赁公司在试验区内设立的项目子公司纳入融资租赁出口退税试点范围。对设在试验区内的企业生产、加工并经“二线”销往内地的货物照章征收进口环节增值税、消费税；可根据企业申请，试行对该内销货物按其对应进口料件或按实际报验状态征收关税。区内生产企业以及生产性服务业企业进口所需的机器、设备等货物免税（生活性服务业企业进口的货物除外）。

积极研究完善适应境外股权投资和离岸业务发展的税收政策。

（二）香港

香港实行低税率及简单税制。

不设置关税壁垒，除对烟、酒、甲醇、碳氢油、化妆品等 6 类商品征收进口关税及消费税外，对其他一般商品的进出口均不收关税，只征收 0.05% 的从价税。

不征收增值税、销售税或资本增值税，只有在香港赚取的收入才须缴税，只需一年申报企业所得税一次。

进口机器及原料无须缴付关税，股息也无须课税。报税手续十分简单，大部分人均可在网上自行办理。

（三）巴拿马科隆自由贸易区

“免税”一词几乎可以应用于科隆自由贸易区的所有商业活动。多种鼓励投资的税收政策包括：境外货物进入贸易区或从区内出境，免进出口税，货物销售对巴拿马运河区或过境船只视为出口，免税。

外国公司的股票持有者所获股息无须缴税；对持有两年以上的资产进行资本买卖无须交纳资本收益税；因外贸业务和直接销售所得的利润而给付的股利可免交股息税。

区内免销售税；免生产税；投资无须缴税；在自由贸易区经营的公司无须缴纳市政地方税（除汽车执照外）。

非巴拿马籍的行政人员与巴拿马居民缴纳同等税率的所得税。

区内公司所得税采用累进制，税率 2.5% ～ 8.5%，两年内免利润所得税，若雇用巴籍员工，再给予减免 0.5% ～ 1.5% 所得税的优惠。

（四）美国纽约港自由贸易区

推迟缴纳进口关税。运进自贸区的货物不需要立即缴纳进口关税，只有当货物通过海关运入美国时才需要支付关税。

倒置关税率节省关税。通过在自贸区设厂，企业可以自由选择支付原料的税率还是成品的税率，可以选择其中税率低的支付。

无关税出口。企业在自贸区设厂可以不需要支付任何进出口关税实现出口。

自贸区产品出口海外，如果遇到退货，不需要为退回的货物支付进口关税。

自贸区之间运输免税。企业在不同的自贸区间转移货物是免关税的，只有最终通关进入美国的时候才需要支付关税。

（五）德国汉堡自由贸易区

外国货物从水上进出区自由，有的须申报，有的不须申报。外国货物进区后45天以内不征收关税，以后根据货物不同去向分别处理，如进入保税库、加工区，或进入关税区，可享受不同的关税政策。

与其他自贸区的基本免税的税收政策相比，上海自贸区实施的促进投资和促进贸易的税收政策还有一定的调整空间，税种、税收范围、税收比例都可以更加优惠。

五、金融政策上的比较

（一）上海自贸区

加快金融制度创新。可在试验区内对人民币资本项目可兑换、金融市场利率市场化、人民币跨境使用等方面创造条件进行先行先试。在试验区内对金融机构资产方价格实行市场化定价。探索面向国际的外汇管理改革试点，建立与自由贸易试验区相适应的外汇管理体制。鼓励企业充分利用境内外两种资源、两个市场，实现跨境融资自由化。深化跨国公司总部外汇资金集中运营管理试点，促进跨国公司设立区域性或全球性资金管理中心。

增强金融服务功能。推动金融服务业对符合条件的民营资本和外资金融机构全面开放，支持在试验区内设立外资银行和中外合资银行。允许金融市场在试验区内建立面向国际的交易平台。逐步允许境外企业参与商品期货交易。鼓励金融市场产品创新。支持股权托管交易机构在试验区内建立综合金融服务平台。支持开展人民币跨境再保险业务，培育发展再保险市场。

（二）香港

采取自由的金融政策，实行自由外汇制度，形成了以外资银行为主体、以进出口贸易为主要服务对象的银行体系。

外汇市场完全开放，企业可以在香港银行开立多种货币账户，采用不同货币营运业务或进行投资。

外汇、黄金及钻石等可以自由地进出香港，各种货币可在香港自由买卖及汇兑。

资金经营自由，没有国民待遇和非国民待遇之分，本地银行与外国银行享受完全平等的待遇。

（三）巴拿马科隆自由贸易区

巴拿马的本国货币仅为辅币，其合法货币为美元。贸易结算也使用美元。在巴拿马的银行存款不纳税，无外汇管制，利润汇出汇入自由。

（四）美国纽约港自由贸易区

在区内放松金融管制，实行金融自由化。放宽或取消对银行支付存款利率的限制；减少或取消对银行贷款规模的直接控制，允许业务交叉；允许更多新金融工具的使用和新金融市场的设立；放宽对外国金融机构经营活动的限制及对本国金融机构进入国际市场的限制，减少外汇管制。

（五）德国汉堡自由贸易区

德国汉堡自由贸易区金融自由，外汇交易均不做限制，如外汇兑换自由、资金进出和经营自由；投资自由，如雇工、经营自由，无国民与非国民待遇之分等。

在外汇管制、利率自由、资金运营、跨境业务、金融创新等方面，上海自贸区都有较大改革，但与其他几个自贸区放松金融管制、实行金融自由化的政策相比，还有一定差距。

第三节　中国自贸区建设的发展实践

一、当前我国自贸试验区的主要功能和作用

立足“加快经济体制改革，提升开放型经济水平”的需要，为我国面向全球进一步扩大开放和体制创新进行先行先试，达到以开放促改革、促发展的战略目标，在全球化潮流中赢得主动，是我国自贸区的主要功能。总体来看，试验区具有以下功能。

（一）对接国际高标准服务贸易的平台

我国服务业发展水平相对落后，难以适应产业升级和居民服务消费提升的需要，高端服务业和服务创新与世界先进水平差距尤为明显。在全球新一轮区域和双边自由贸易协议中，服务业开放与签署投资协议成为新的重点。李克强在上海考察时指出，服务贸易将是下一步对外开放的重点。试验区可先在重点服务贸易领域的开放深度和广度上尝试，在总结经验的基础上逐步扩大开放试点内容，进而参照发达国家和国际上高水平自贸区的服务开放模式和标准，尝试以“负面清单”的管理模式推进服务业开放。通过放宽准入门槛和经营范围限制、拓展开放领域等，吸引境外服务进入当地

市场，有效促进服务业竞争、提升服务水平，为我国在更高水平的国际服务业竞争中打造开放高地，形成国际竞争新优势。

（二）金融开放创新先导区

自由贸易试验区是促进要素自由流动的高水平开放区域。金融是经济的血液，通过改革、开放、创新共同驱动试验区建设，至关重要的任务就是通过金融领域的开放与创新，增强金融服务功能。通过改革外汇管理体制、探索金融服务业对民营资本和外资的全面开放、拓展金融服务功能和产品创新，推进跨境投资、融资便利化，吸引更多金融资源为试验区实体经济发展服务，培育各类金融市场，促进国际贸易、国际航运、国际物流和服务业的发展。在防范风险的同时，为试验区建设努力打造专业、便利、高效、安全的金融发展环境，为在全国范围内深化金融开放创新、服务经济转型升级积累经验。

（三）高标准国际化投资管理体制和营商环境建设示范区

适应国际发展趋势，改革现行的外资管理体制。通过试行准入前国民待遇和负面清单、简化和优化外商投资审批和工商登记制度、试行外商投资企业合同章程备案管理等，对现有投资准入制度和管理模式进行改革，在保证资本流动有效监管的前提下，以政策体制上的改革突破，切实提高管理效率和跨境投资便利化程度，为境外投资者带来巨大开放红利。与此同时，应加快形成既符合现行税制完善需要，又符合自由贸易试验区发展的税收政策，积极探索建立符合国际规范的产权登记制度，提供国际化的教育、医疗和社会服务，大力引进和培养高素质专门人才，提升人员往来便利化，探索建立一个要素集聚、自由便利、高效便捷、内外平等、法制规范而具有国际竞争力的营商环境。在试验区开始先行先试的负面清单管理模式已经被广泛运用于政府职能改革等众多领域，商事注册制度改革的经验也在全国范围内进行复制和推广。

（四）国际航运和国际物流中心核心功能区

自提出建设国际航运中心以来，上海港发挥国际航运发展综合试验区和自身综合优势，各项建设指标快速发展，已连续三年位居全球集装箱吞吐量第一。作为上海航运中心的核心区和重要载体，试验区应以促进上海建设现代化国际物流服务业集聚区和高水平国际航运中心为目标，通过在贸易、投资、运输、物流和航运金融等方面进行自由化探索，深化物流和航运的对外开放、强化国际贸易集成功能；通过推动港口、物流的综合发展，拓展现代物流与航运服务功能，提升上海在全球物流、航运领域的影响力和控制力，加快推进国际航运和物流中心的建设进程。天津、福建、广东试验区也具有相类似的发展环境和有利条件。

（五）海关特殊监管区整合升级综合载体

海关特殊监管区是我国对外开放的前沿阵地和窗口，承担着为提升贸易投资便利化、自由化水平积累经验的重大责任。但近年来，海关特殊监管区域存在着种类过于繁多、管理体制错综复杂、政策设计不尽统一等问题，降低了行政管理与监管效率，增加了企业入区选择的机会成本，难以适应产业升级和新型业态发展的需求。国务院 58 号文件提出整合不同类型区域，要完善政策和功能、强化监管和服务、促进转型和升级。上海试验区的区域范围覆盖了多种海关监管区域类型，应借鉴国际先进经验，大力拓展新型贸易业态、创新监管模式、整合促进政策，在通关便捷、贸易便利、功能多样和政策开放等方面营造与国际管理最为接轨的便利化环境，提升辐射带动作用，成为我国海关特殊监管区域整合和转型升级的试验平台。

二、自贸试验区背景下中国贸易发展存在的问题

自我国建立自贸试验区后，各自贸试验区都密集发布了促进贸易发展的相关文件，贸易发展速度加快，发展前景良好。但长久以来，我国贸易发展缺乏统一的纲领性方针，贸易促进政策碎片化、零散化。因此，即使短期内在自贸试验区内贸易取得了较为明显的成绩，但仍需从总体上关注我国贸易发展的问题，以实现以点带面，对中国贸易的发展起到积极的拉动升级作用。

（一）自贸区对外资的审查不够细化

自贸试验区在涉及重要领域的外商投资时需要制定更为细化的安全审查制度。外商投资国家安全审查是维护国家安全的有效工具，尤其是在负面清单管理模式之下，国家安全审查将成为外资市场准入的“安全阀”，要严防黄赌毒进入自贸试验区后普及到中国内地，其中涉及商品的外包装设计，往来人员的集会活动，网站放开后的信息、广播、电视节目内容、历史教育、相关资料的流入，娱乐场所点播器，中国法律严禁流通商品，危险品，不良社会风气等，所以在加强交流的同时要加强事中、事后监管力度。目前，我国已出台相关外商投资国家安全审查制度，但审查标准较为原则化、抽象化，缺乏具体的实施细则和配套条例，在涉及重要领域的外商投资时仍然需要更为细化的审查制度。

（二）我国贸易金融支持体系存在一些问题

产业经营必须有必要的资金支持。产品从开发、包装、推广、营销再到出口至国际市场，无不需要投入大量资本。资金短缺是大多数企业面临的共同难题。近年来，在推动产品“走出去”过程中，高昂的推广宣传费用、巨大的综合运作成本，再加上

资金筹措困难，许多企业感叹“走出去”实在不易。从目前我国对贸易的金融支持政策来看，存在以下问题：第一，扶持政策不健全。尽管政府近年来加大了对贸易的支持力度，但关于金融支持的部分多散见于各政策文件之中，政策较为零散，且多为宏观指导，缺乏具体操作路径。第二，由于我国无形资产评估机构专业化水平不足，无法对企业的无形资产进行合理的评估，再加上保险、担保等金融机构的缺位，极大地限制了金融与贸易的结合。第三，我国产业存在限制及禁止的投资领域，对国资与民资、内资与外资进行区别对待，使民间投资渠道不畅，外资利用水平低，这既不利于贸易金融支持体系的建设，也不利于企业和产业国际化水平的提升。

（三）海关监管存在制度和政策上的漏洞

我国的海关特殊监管区域虽然取得了不小的发展成果，但不可避免地也面临着许多难题。进入 21 世纪以来，随着国内外形势的巨变，制约其发展的因素主要体现在制度瓶颈和政策滞后上。针对这些现实困境，国务院在《关于促进海关特殊监管区域科学发展的指导意见》中就明确指出了目前存在的诸多问题：一方面特殊监管区域种类繁多，功能单一，政策各异，容易混淆，区域发展失衡；另一方面地方政府往往重前期申请设立轻后期建设发展，管理和政策相对滞后。

1. 区域类型繁多和功能单一

目前，海关特殊监管区域主要分保税区、出口加工区、保税物流园、保税港区、综合保税区、跨境工业区六种，不同种类的特殊区域功能、政策有一定相似性和关联性，又各不相同，各有侧重。这样既不利于企业资本的经营，又不利于海关的统一监管。

不同种类的特殊监管区域各自功能相对单一。以“功能最齐全”的综合保税区为例，《中华人民共和国海关保税港区管理暂行办法》规定综合保税区的功能有仓储、国际采购分销配送、国际检测维修、商品展示、研发等，但实际上能够实施的却并不多，综保区多是国内陆路口岸，国际中转无法实现，转口贸易也是杯水车薪，实际上也只是保税加工的配套贸易。这样导致的结果就是招商引资的范围有局限性，招商对象的选择较少，横向发展的潜能不足。特殊区域业务集中在保税加工，甚至是单一行业和几家大型代工企业。比如，电子信息产业由于内销电子产品免税的政策原因，当之无愧地成为特殊监管区域的首选。单一的产品结构和有限的市场空间极易造成区域间的不正当竞争，同时也极大降低了抵御经济贸易风险的能力。

2. 区内政策“倒挂”导致优势弱化

特殊监管区内的企业在初期有一定的政策优势，但是随着国内外经济形势的变化，这些相对于区外企业的政策优势逐步弱化，甚至于某些领域出现了政策“倒挂”，对企业进一步发展形成了制约。主要体现在税收优惠政策和区内外线监管上的政策差异。比如，特殊监管区域视同为区内境外，货物、料件在“二线”进出特殊区域时可以享受到入区退税政策，同样出区则视同为从境外入境，需按进口成品照章征税。同理，也正是因为“区内境外”的政策，目前区内企业并不具备一般纳税人资格，不得开具增值税专用发票。这些政策“倒挂”对企业生产经营带来诸多不利影响。

一是出口转内销困难重重、成本高昂。由于区内开展内销业务无法用人民币结算，且需要区外企业具有进出口贸易经营资质，这一方面大大缩小了区外客户的范围，另一方面对于那些无进出口贸易资质的企业增加了贸易代理和付汇代理的成本。

二是从国内区外采购料件和产品困难。目前，从区外采购料件必须采用报关的形式，实行入区退税。国内产业结构升级和产业链配套的不断完善，区内企业从境内区外对原材料和料件采购的需求日益增大，但越来越多的区外企业不愿意采用报关的形式让货物入区，尤其是从区外采购办公用品、包装物料、低值易耗品等。这些入区货物价值低、数量多、出入频繁、需求大，企业从委托报关、退税手续、申请进出口资质等成本考虑不愿意报关入区，而是采取开具增值税发票的方式将成本转嫁给区内企业。区内企业又无开具增值税发票资质，无法增值税进项抵扣，成本高。

三是“营改增”改革后负担加重。政府“营改增”改革的初衷是为了鼓励服务业发展。这对物流企业是利好消息，但“营改增”后高增值税的压力间接转移到区内生产企业。物流企业将5%的营业税改为6%的增值税后，物流企业通过高报物流费用转嫁成本，而区内企业由于没有“一般纳税人资格”无法抵扣税费，增加了物流成本。

3. 制度设计的先天“缺陷”

我国特殊监管区域的建立是“摸着石头过河”的不断探索过程，与其他起步较早的外向型经济体有较大不同。世界上成熟的惯例多是先立法再实践后完善的过程，如韩国就是遵循先立法后设区的原则，于1970年颁布了《建立出口自由区法案》，以此为起点在实践的过程中经过数次修订，最终更名为《制定和管理自由贸易区法》。而我国是在改革探索的过程中建立规则，难免先天不足，体现在如下几个方面。

一是立法不统一。从我国第一个特殊监管区域挂牌运作至今已20多年，但是还没有颁布一部统一的国家法令。目前，对于特殊监管区域的立法以部门法规和地方规章为主。海关、商务、商检等部门都制定了对应本部门的规章制度。其中海关作为牵头管理部门，制定的管理办法较为细致，基本对于每一种特殊监管区域都出台了相应的管理法则。而其他部门由于情况各异未能完全跟进，造成法律的缺失和空白。与之相比各地方制定的法规更是种类繁多，而且政策往往缺乏协调性和延续性，甚至某些领域还会有冲突和碰撞，常常让企业无从下手。

二是立法水准和层次较低。目前，各类特殊监管区域的管理办法多是在摸索的过程中颁布施行的，以部门规章和地方法规为主，立法水准和层次较低。达到法律层次的也仅有《海关法》第三十四条关于海关特殊监管区域的规定。其余的多以国务院令的形式下达，甚至仅以各部门的名义下发“通知”“公告”等，法律层级低。

三是定位和性质不明确，有争议。借鉴国际上自由贸易区的经验，我国在设置第一个特殊监管区域——上海外高桥保税区时，就对其赋予了包含入区退税的一系列带有“境内关外”特征的政策。但是在后续的实际操作中，特殊监管区域的“一线”进出境货物除了在部分配额管制和许可证管理上有放开外，其他方面与一般进出国境的货物管理并无二致。一方面，这种变形的“境内关外”的性质和定位模糊不清；另一方面，在后续的特殊监管区域的创新和发展中，政府仍在积极探索如何更好地帮助区内企业国内外两条腿走路，更好地参与到国内市场的竞争中去。虽然在政策制定和监管部门的管理理念中一直将特殊监管区域视同为“境内关外”，但是在政策法规层面没有真正明确这种性质，这样不可避免地带来了几个问题：一是前文提到的特殊监管区域区内企业是否应该赋予“一般纳税人”资质；二是“二线”监管必须突出“二线管住”的监管政策，“二线”进出特殊监管区域的货物必须实行报关进出。产生这两个问题的原因还是在于对“境内关外”特性的机械解读，其实这种特性只适用于部分政策范围，如贸易管制、保税退税、外汇管理等方面。所以，目前特殊监管区域的“二线管住”的政策和监管的模式不尽合理，尚有不少改进空间。另外，“一线放开”也没有真正落实到位，与国际上通行的政策有很大落差，尤其是地处内陆的海关特殊监管区域受通关一体化程度和监管条件的限制，“一线”放开的程度还远远没有到位。

三、构筑自贸区对外投资服务促进体系

2013 年 9 月 27 日，国务院批准了《中国（上海）自由贸易试验区总体方案》，其中明确了在中国（上海）自由贸易试验区（以下简称“自贸区”）改革境外投资管理方式、构筑对外投资服务促进体系，包括对境外投资开办企业实行以备案制为主的管理方式、对境外投资一般项目实行备案制、加强境外投资事后管理和服务以及支持自贸区内各类投资主体开展多种形式的境外投资。

随后，上海市人民政府制定并公布了相关的配套法规，包括《中国（上海）自

由贸易试验区管理办法》《中国（上海）自由贸易试验区境外投资项目备案管理办法》《中国（上海）自由贸易试验区境外投资开办企业备案管理办法》等。自贸区的两套境外投资备案管理办法分别对境外投资项目和境外投资开办企业做出规定，与发改委和商务部门分管项目投资和企业设立的自贸区外管理体制思路相同。自贸区管理委员会（以下简称“管委会”）同时作为权限内企业境外投资项目和境外投资开办企业的备案机关。与此同时，2013 年 12 月 2 日，为加大对自贸区实体经济发展以及跨境投融资的金融支持，中国人民银行发布《关于金融支持中国（上海）自由贸易试验区建设的意见》(以下简称《人行 30 条意见》)，在创新自贸区特有账户监管体系、探索投融资汇兑便利、扩大人民币跨境使用以及深化外汇管理改革等诸多方面，指明了改革的方向，并提出将按照风险可控、稳步推进原则，尽快制定相应细则并组织实施改革措施。

（一）境外投资项目管理

1. 自贸区外境外投资项目管理

自贸区外，发改委境外投资项目核准包括项目前期信息报告制度和项目核准制度。其中，项目核准制度对一般项目和特殊项目做出区分。对于中方投资额 1 亿美元及以上的境外收购和竞标项目，中国企业在对外开展实质性工作之前，需向国家发改委报送项目信息报告。

对于一般项目的核准，中方投资额 3 亿美元及以上的资源开发类、中方投资额 1 亿美元及以上的非资源开发类境外投资项目，由国家发改委核准。地方企业实施的中方投资额 3 亿美元以下的资源开发类、中方投资额 1 亿美元以下的非资源开发类境外投资项目，由省级发展改革部门核准；中央管理企业实施的上述境外投资项目，由企业自主决策并报国家发改委备案。其中，对地方企业实施的中方投资额 3 000 万美元以上至 3 亿美元以下的资源开发类、中方投资额 1 000 万美元以上至 1 亿美元以下的非资源开发类境外投资项目，省级发展改革部门在下发核准文件前，需报国家发改委登记。

对于特殊项目的核准，前往未建交、受国际制裁国家，或前往发生战争、动乱等国家和地区的投资项目以及涉及基础电信运营、跨界水资源开发利用、大规模土地开发、干线电网、新闻传媒等特殊敏感行业的境外投资项目，不分限额，由国家发改委核准，或由国家发改委审核后报国务院核准。

属于国家发改委或国务院核准的项目，企业须提交项目申请报告。国家发改委在 20 个工作日内完成核准或向国务院提出审核意见，经批准可延长 10 个工作日。

2. 自贸区内境外投资项目管理

自贸区内，管委会对注册地在自贸区的地方企业实施的上海市权限内的境外投资一般项目，实行备案制管理。参考上海市的核准权限，适用管委会备案的境外投资项目限额为资源开发类的中方投资额 3 亿美元以下、非资源开发类的中方投资额 1 亿美元以下。限额以上的境外投资项目仍然由国家发改委核准。

对于特殊项目的核准，自贸区内的规定与自贸区外基本一致，区别仅在于增加了发改委认定“敏感国家和地区”和“敏感行业”的权力。

自贸区保留了项目前期信息报告制度和地方重大境外投资项目的登记制度。对于中方投资额 1 亿美元及以上的境外收购和竞标项目，需向国家发改委报送项目前期信息报告。对于地方企业实施的中方投资额 3 000 万美元以上至 3 亿美元以下的资源开发类、中方投资额 1 000 万美元以上至 1 亿美元以下的非资源开发类境外投资项目，虽然由管委会备案，但需报国家发改委登记。

适用备案制管理的企业仅需上报自贸区境外投资备案表并提交相关材料，无须制作项目申请报告。管委会在 5 个工作日内出具境外投资项目备案意见。

与自贸区外类似，取得项目备案意见是办理其他手续的前提，企业必须凭项目备案意见办理商务、外汇、海关、税务等相关手续。

（二）境外投资开办企业管理

1. 自贸区外境外投资开办企业管理

自贸区外，商务部门对设立境外投资实体进行核准并颁发《企业境外投资证书》。在与我国未建交国家的境外投资、特定国家或地区的境外投资、中方投资额 1 亿美元及以上的境外投资、涉及多国（地区）利益的境外投资或设立境外特殊目的公司由商务部核准。地方企业实施的中方投资额 1 000 万美元及以上至 1 亿美元以下的境外投资、能源矿产类境外投资或需在国内招商的境外投资由省级商务主管部门核准。

上述境外投资的投资主体须提交申请书和其他相关文件。属于商务部核准的境外投资，核准期限为 30 个工作日；属于省级商务主管部门核准的境外投资，核准期限为 20 个工作日。

中央管理企业实施 1 亿美元以下的境外投资和地方企业实施的中方投资额 1 000 万美元以下的境外投资只需提交《境外投资申请表》，其中前者由商务部核准，后者由省级商务主管部门核准。商务部门的核准期限为 3 个工作日。尽管自贸区外金额较小的境外投资的商务部门核准适用简易程序，但是在项目核准阶段仍然需要由省级发展改革部门核准。

2. 自贸区内境外投资开办企业管理

自贸区内，管委会对注册在自贸区的企业实施的权限内境外投资，实行备案管理。涉及与我国未建交国家（地区）的境外投资、特定国家（地区）的境外投资、涉及多国（地区）利益的境外投资、设立境外特殊目的公司、能源矿产类境外投资、需在国内招商的境外投资等，仍按照《境外投资管理办法》执行，由相应商务部门核准。

自贸区对境外投资开办企业未能明确管委会的管理权限，上述保留核准制的境外投资类型中也删除了中国企业实施的“中方投资额 1 亿美元及以上的境外投资”和地方企业实施的“中方投资额 1 000 万美元及以上、1 亿美元以下的境外投资”，似乎有意提高企业备案的规模上限。

通常情况下，申请境外投资备案的企业仅需提交境外投资备案申请表及其法人身份证明文件。管委会在收到申请材料后 5 个工作日内完成备案并制发《企业境外投资证书》。

境外投资开办企业的程序在取得项目备案意见之后进行。企业必须持《企业境外投资证书》办理外汇、海关、外事等相关手续。

（三）关于境外投资的跨境融资政策

1. 自贸区外关于境外投资的跨境融资政策

自贸区外，人民银行以及外管局分别对企业的账户资金划转以及本外币跨境融资进行监管。在企业账户监管方面，目前除部分试点政策的特殊许可之外，境内区外企业在境内银行只能开设境内账户，该等账户内资金的跨境划转受到人民银行与外管局的相关监管，无法如离岸账户内的资金一般跨境自由划转。因此，当其被用于为境外投资开办的企业提供融资支持时就会受到诸多限制。

具体而言，如果境内区外企业拟借入外债为其自身境外投资提供资金支持，当借入外汇外债时，内资企业的中长期外债须经发改委批准，短期外债须经外管局核定余额，该等外债资金可以用于符合其经营范围的境外新设投资或并购投资，但不得用于放款；当借入人民币外债时，除部分试点地区另有规定外，也受限于上述相关部门的批准。

如果境内区外企业拟向其境外投资开办的企业提供股东资金支持，可采取向境外被投资企业提供对外放款的方式。当选择以外汇进行对外放款时，其放款额度的确定与展期、以外币资金池作为放款来源等事项均须获得外管局的核准；相比较而言，选择以人民币对外放款的监管则较为宽松。

另外，如果境内区外企业拟为其境外投资开办的企业的境外贷款提供对外担保（即“内保外贷”），当选择以外汇进行对外担保时，其担保的设立及履约均须获得外管局的核准和登记；但选择以人民币进行对外担保时，虽然《人行简化政策》同样提出了宽松的监管措施，但未明确如何与外管局规定的事前核准和登记手续的衔接问题，仍存在一定的不确定性。

2. 自贸区内关于境外投资相关的跨境融资政策

自贸区内，《人行 30 条意见》对现行账户资金划转以及本外币跨境融资政策做出了较大突破，进一步便利了区内企业对其境外投资开办的企业提供跨境融资支持。

在企业账户监管方面，区内企业可通过设立本外币自由贸易账户，实现分账核算管理，开展《人行 30 条意见》中提及的投融资创新业务，该等账户与境外账户、境内区外非居民账户以及其他自由贸易账户之间可自由划转资金，与区外普通结算账户之间也可以就经常项下业务、偿还贷款、实业投资以及其他符合规定的跨境交易需要划转资金（视同跨境资金划转管理）。

《人行 30 条意见》允许注册在自贸区内的中外资企业、非银行金融机构以及其他经济组织根据经营需要按规定从境外融入本外币资金，有利于区内企业从境外获得融资成本更低的资金用于其境外投资、并购和为境外被投资企业提供资金支持。特别是人民银行正在制定进一步的细则，明确具体资质要求、额度管理和操作规则，支持区内企业（包括中资企业）直接从境外融入利率较低的人民币资金。

另外，《人行 30 条意见》提出区内企业可以利用其自由贸易账户办理跨境融资、担保等业务，当条件成熟时，账户内本外币资金还可自由兑换。鉴于该等自由贸易账户能够与境外账户实现自由资金划转，因此区内企业利用该等账户内的资金对其境外投资开办的企业进行对外放款或内保外贷等融资支持，将可能不再受限于区外烦琐且互相矛盾的行政审批程序，从而给区内企业的跨境融资带来极大的便利。

综上所述，自贸区作为推进改革和提高开放型经济水平的“试验田”，突破了部分现行的境外投资的管理制度，将自贸区内企业境外投资由核准制改为备案制，并通过自由贸易账户推动相关跨境融资活动的发展，提高了境外投融资的便利化程度。

四、加快自贸区金融改革创新

针对目前自贸区金融改革所出现的困境，我们应当采取金融监管模式创新，优化自由贸易账户管控机制并创造政策优势，吸引国际金融机构、业务与人才等措施，进一步加大自贸区金融创新的力度。

（一）金融监管模式创新

金融结构变迁决定着监管体系的变迁方向。从我国现阶段经济和金融现状来看，混业经营程度逐渐加深，宏观金融结构日趋复杂化，目前“分业经营、分业监管”的监管制度框架面临越来越大的挑战，统一监管渐成共识。但是，短期内制度整体切换成本较高，因此在上海自贸区进行“大金融”监管改革试验是一个较为理想的选择，在监管体制上先破后立，主动适应国际普遍通行的金融混业模式，有利于增强自贸区金融吸引力和释放国内金融机构业务创新活力，也为全国范围内探索混业监管框架先行做一个试验。

在监管组织架构上可以借鉴迪拜的经验，设立自贸区统一性监管组织——中国自贸区金融事务管理局，具体负责：（1）对全国自贸区内金融市场、在岸及离岸金融活动与机构行为监管的工作；（2）在全国人大常委会授权范围内承担辖区内金融领域的立法与执法工作；（3）国际监管信息交流与合作。

（二）优化自由贸易账户管控机制，增强“一线”“二线”资金互动机制

依照“一线宏观审慎，二线有限渗透”的监管原则，中国人民银行《中国（上海）自由贸易试验区分账核算管理业务实施细则（试行）》落地后，上海自贸区自由贸易账户业务正式启动，自贸区企业不仅可以透过该账户在区内开展投资汇兑、经常与直接投资项下的跨境资金结算，境外人民币离岸市场低成本融资汇兑的路径也已走通。但在建立自贸区与区外境内两者的资金“后向联系”方面还有待探索——设立上海自贸试验区的目的并不是建成一个“飞地”型的离岸中心，而是引领中国金融体系更高层次开放的示范区，这就需要在现有账户自由贸易体系基础上进行进一步投融资汇兑创新，探索区内与境内区外资金流动总量管控模式，即可以按照企业投融资汇兑需求预测实行自贸区“年度总额控制”的模式，央行等监管部门可以在遵循“有限渗透”原则之上分阶段扩大或收缩汇兑额度，同时提升金融机构开展分账核算业务的自主性。按照现有细则，自贸区企业一般结算户向自由账户产生的资金划转视同跨境业务，因此经办金融机构只需进行交易真实性审核后，即可直接在“总盘子”可用额度范围内按申请人指令办理资金划转并实时报送央行外汇管理信息系统，以提高投融资汇兑便利灵活程度。

（三）创造政策优势，吸引国际金融机构、业务与人才

2017 年第 21 期“全球金融中心指数”（GFCI）报告排名中，上海在全球 88 个金融中心中位列第 13 位，较上一期排名上升 3 位，为中国地区排名最靠前的城市；在得

分上，上海（715 分）与传统国际金融中心（IFC）的伦敦（782 分）、纽约（780 分）、新加坡（760 分）仍存在较大分差，即使在地区金融中心（KFC）的竞争中，新加坡、中国香港继续保持领跑地位，其制度环境、营商环境和人力资源等方面具备独到优势，对国际资本有较强的吸引力。

与海外金融中心比较，上海拥有对内强健的经济与金融腹地、中国内地体系最为完整的金融要素中场、国际化水准基础设施以及优越的地理位置，短板则集中在金融对外开放度与自由化度、业务深度和国际化金融人才的欠缺等方面。因此，利用好上海自贸区在利率市场化、资本项目开放和离岸金融等领域先行先试的改革机遇，是上海缩短与传统 IFC 的差距、确立与亚洲新兴 KFC 的竞争优势的重要一环。

五、上海自贸区海关创新制度的评估与分析

（一）海关制度评估的比较

2014 年 8 月，上海市分别委托国务院发展研究中心、普华永道管理咨询公司以及上海对外经贸大学、上海财经大学、上海交通大学、华东政法大学等高校课题组作为第三方机构，对上海自贸区成立一周年开展外部评估。各评估机构认为，上海自贸区的改革实践是一次突破性的政府管理制度创新，是从管制型向服务型政府转型的重大思维方式转变，企业对制度创新和政策措施的综合满意度较高。普华永道公司先后调查了各类企业 125 家，其中包括 20 家世界 500 强企业以及不同领域的中小型企业工作人员，还先后与美中商会、欧盟商会等经济组织进行沟通，并对国内外自贸区做了详尽的对标分析，报告显示市场主体对自贸区建设取得的成果表示满意，对自贸区的未来充满信心，同时也有更多期待。

2014 年 10 月 27 日，习近平主持召开中央全面深化改革领导小组第六次会议并发表重要讲话，强调上海自贸区以制度创新为核心，以形成可复制可推广经验为要求，在简政放权、放管结合、加快政府职能转变、体制机制创新、促进贸易投资便利化以及营造市场化、国际化、法治化营商环境等方面，进行了积极探索和大胆尝试，取得了一系列新成果，为在全国范围内深化改革和扩大开放探索了新途径、积累了新经验。《深化上海自贸区方案》在引言中指出，上海自贸区运行以来，围绕加快政府职能转变，推动体制机制创新，营造国际化、市场化、法治化营商环境等积极探索，取得了重要阶段性成果。这意味着国家已经对上海自贸区制度创新工作做出了正式评价。

除此之外，学者们围绕上海自贸区不同创新制度与领域展开评估。例如，杨开忠

表示，在评估自贸区制度创新时，要注意评估的定位、影响力评价和适用性评估。也就是说，评估各项制度时，要看其是否具有全球竞争力，能否有效推动“21 世纪海上丝绸之路”建设，对长江经济带发展有何影响等，并做好新政策法规的预评估和后评估，同时还要关注这些制度创新对全国乃至世界是否具有适用性。魏后凯建议，要分层次进行评估，明确目标层、领域层和项目层，从高到低，从宏观到微观，采取等级评估、效果评估、国际比较等方法，研究可推广、可借鉴的意义。孙元欣等评估了上海自贸区外资准入负面清单（2014 版），提出有待改进方向以及负面清单管理的若干问题。贺小勇认为，上海自贸区法治建设成绩斐然，但从进一步开放的角度和国际规则标准的法治建设要求看，上海自贸区法治建设还需进一步深入。

谭娜等采用我国 31 个省市的工业增加值增长率、进出口总额增长率的月度数据测度上海自贸区成立促进工业增加值增长、进出口总额增长的经济增长效应。结果表明，上海自贸区的成立显著促进了上海市之后一年多的经济增长，提升的工业增加值月同比增长率为 2.69%，进出口总额月同比增长率达 6.73 个百分点。实证结果支持贸易自由化程度促进经济增长的理论推断，肯定建立上海自贸区政策、大力发展与国际市场接轨特殊区域对经济增长的正面效果。裴长洪等在对照总体方案中提出的贸易便利化目标以及对照贸易便利化的评价标准进行评估后，认为上海自贸区挂牌两年来，贸易便利化水平提升工作按照总体方案设计目标稳步推进，取得较为丰硕的成果。江若尘等也认为，总体来看，上海自贸区贸易便利化的创新措施比较到位，基本对接国际自贸园区高标准制度。上海自贸区现阶段制度创新集中体现在简政放权、简化监管程序等浅层次领域，在深层次领域还受到了我国现有行政管理体制的制约。

上海市人民政府官方智囊机构——发展研究中心课题组研究认为，上海自贸区扩区建设以来，坚持以制度创新为核心，发挥浦东新区作为一个完整行政区域进行试点改革的优势，在加快政府职能转变、探索体制机制创新、促进投资贸易便利化，营造国际化、市场化、法治化营商环境等方面深化改革创新拓展，着力在 3 个方面加大改革力度：一是瞄准国际最高水准，着眼于建设全球开放度最高的自贸区；二是促进上海自贸试验区与浦东新区一体化建设，加快政府职能转变；三是探索上海自贸试验区金融开放与上海国际金融中心建设联动发展，取得了积极进展，改革效应进一步显现。该中心主任据此提出，上海自贸区已形成了以开放倒逼改革的发展态势，成为全国深化改革新高地；形成了与国际接轨的制度框架，为我国加入更高标准的国际投资贸易协定积累了经验；形成了一批可复制、可推广的制度创新经验，成为全国新一轮改革开放的试验田；营商环境得到企业认可。

显然，上海自贸区制度创新得到了相当正面的评价，而具体到已经实施的31项海关创新制度层面，目前还没有一个科学、合理的评估。有人表示，通过流程改造和手续简化，自贸区从账册备案到核销企业操作环节由34项减为10项；海关特殊监管区域的进出口平均通关时间分别较区外减少41.3%和36.8%。改革红利吸引越来越多的企业参与改革，市场主体的活力和创造力进一步释放。其中，“统一备案清单”“简化通关作业随附单证”在区内100%推广，通关效率成倍提升。然而，上述评论更多是对上海自贸区海关制度创新后效果的描述，并不属于制度评估。当然，我们清楚地意识到，对上海自贸区海关创新制度展开全面评估是一件非常困难的事情，更不用说它本身还在不断地发展。然而，没有评估或很难评估不代表评估没有必要。上海自贸区海关创新制度的评估对于海关下一步探索如何继续推动制度创新，增强制度的有效性与预见性，不断形成可复制、可推广的经验进而从根本上构建起国际先进的海关监管机制具有重要的现实意义。

（二）上海自贸区海关创新制度的评估

在管理科学领域，无论多么前沿、多么高深的理论，如果要变成促进社会进步的“行动性”工具，都需要开发出一套具有可操作性的技术与工具。如前所述，海关制度评估主要涉及评估指标设定与评估方法两个关键性问题，上海自贸区海关创新制度评估自然也不能例外。当前，国家尚未制定上海自贸区的基本法律，《上海自贸区总体方案》与《深化上海自贸区方案》无疑是自贸区制度创新的根本依据，也是筛选评估指标的主要来源。具体来说，它们主要集中在“创新监管服务模式”与“积极推进贸易监管制度创新”两个模块。《上海自贸区总体方案》主要包括推进实施一线放开、坚决实施二线安全高效管住和进一步强化监管协作三项内容。《深化上海自贸区方案》包括在自贸试验区内的海关特殊监管区域深化贸易便利化改革、推进国际贸易单一窗口建设、统筹研究推进货物状态分类监管试点、推动贸易转型升级以及完善具有国际竞争力的航运发展制度和运作模式五项内容。前者基本上已经被后者所覆盖，毕竟《深化上海自贸区方案》的出台时间要晚一年半，广东、天津以及福建自贸试验区也获准设立，国家对于上海自贸区的认识与理解更深，要求自然也就更加全面。因此，我们以《深化上海自贸区方案》为主体，兼采《上海自贸区总体方案》，设定5个一级指标与23个二级指标，详细论述如下。

（1）海关特殊监管区域内的贸易便利化改革：①允许企业凭进口舱单将货物直接入区，再凭进境货物备案清单向主管海关办理申报手续；②探索简化进出境备案清单；③ 在严格执行货物进出口税收政策的前提下，允许在特定区域设立保税展示交易平台；④ 推进海关特殊监管区域整合优化；⑤ 加快形成贸易便利化创新举措的制度规范，覆盖到所有符合条件的企业；⑥ 加强口岸监管部门联动，规范并公布通关作业时限；⑦ 鼓励企业参与“自主报税、自助通关、自动审放、重点稽核”等监管制度创新试点。

（2）国际贸易“单一窗口”建设：① 完善国际贸易“单一窗口”的货物进出口和运输工具进出境的应用功能；② 进一步优化口岸监管执法流程和通关流程，实现贸易许可、支付结算、资质等级等平台功能；③ 将涉及贸易监管的部门逐步纳入“单一窗口”管理平台；④ 探索长三角区域国际贸易“单一窗口”建设，推动长江经济带通关一体化。

（3）推进货物状态分类监管：按照管得住、成本和风险可控原则，规范政策，创新监管模式，在自贸试验区内的海关特殊监管区域统筹研究推进货物状态分类监管试点。

（4）推动贸易转型升级：① 推进亚太示范电子口岸网络建设；② 加快推进大宗商品现货市场和资源配置平台建设；③ 深化贸易平台功能，依法、合规开展文化版权交易、艺术品交易、印刷品对外加工等贸易，大力发展知识产权服务业；④ 推动生物医药、软件信息等新兴服务贸易和技术贸易发展；⑤ 按照公平竞争原则，开展跨境电子商务业务，促进上海跨境电子商务公共服务平台与境内外各类企业直接对接；⑥ 统一内外资融资租赁企业准入标准、审批流程和事中、事后监管制度；⑦ 探索融资租赁物登记制度，在符合国家规定前提下开展租赁资产交易。

（5）完善航运发展制度和运作模式：① 扩大国际中转集拼业务，拓展海运国际中转集拼业务试点范围，打造具有国际竞争力的拆、拼箱运作环境，实现洋山保税港区、外高桥保税物流园区集装箱国际中转集拼业务规模化运作；② 拓展浦东机场货邮中转业务，增加国际中转集拼航线和试点企业，在完善总运单拆分国际中转业务基础上，拓展分运单集拼国际中转业务；③ 优化沿海捎带业务监管模式，提高中资非五星旗船沿海捎带业务通关效率；④ 推动与旅游业相关的邮轮、游艇等旅游运输工具出行便利化。

在评估方法上，我们将主要借鉴美国经验，采用先定量后定性的评估方式（见表4-2），将31项海关创新制度划入相应指标，根据制度与指标之间的匹配程度与执行状态设定“完全达标”“部分达标”与“不达标”三个结果。“完全达标”是指海关出台的创新制度完全匹配指标，且落地实施，执行情况良好。“部分达标”则是海关出台的创新制度与指标之间并不完全匹配，只是部分涉及。“不达标”是指海关还没有出台与指标相匹配的创新制度，自然也谈不上落实执行情况。

表 4-2　上海自贸区海关创新制度评估一览表

核心指标	二级指标	海关创新制度	评估结果
海关特殊监管区域内的贸易便利化改革	允许企业凭进口舱单将货物直接入区，再凭进境货物备案清单向主管海关办理申报手续	先进区，后报关	完全达标
	探索简化进出境备案清单	统一备案清单	完全达标
	在严格执行货物进出口税收政策前提下，允许在特定区域设立保税展示交易平台	保税展示交易	完全达标
	推进海关特殊监管区域整合优化	一区注册，四区经营；区内企业货物流转自行运输；统一备案清单	部分达标
	加快形成贸易便利化创新举措的制度规范，覆盖到所有符合条件企业	区内企业货物流转自行运输；加工贸易工单式核销；境内外维修；批次进出、集中申报；简化通关作业随附单证；内销选择性征税；集中汇总纳税；保税物流联网监管；智能化卡口验放管理；企业信用信息公开；企业自律管理；企业协调员试点；企业注册登记；推进海关AEO（经认证的经营者）互认；海关执法清单式管理；一次备案、多次使用；自动审放、重点复核；引入社会中介机构；辅助开展海关保税监管和企业稽查；美术品便利通关；归类行政裁定全国适用；商品易归类服务	完全达标
海关特殊监管区域内的贸易便利化改革	加强口岸监管部门联动，规范并公布通关作业时限	海关执法清单式管理	部分达标
	鼓励企业参与“自主报税、自助通关、自动审放、重点稽核”等监管制度创新试点	自主报税、自助通关、自动审放、重点稽核	完全达标

（续表）

核心指标	二级指标	海关创新制度	评估结果
国际贸易“单一窗口”建设	完善国际贸易“单一窗口”的货物进出口和运输工具进出境的应用功能	一站式申报查验作业	部分达标
	进一步优化口岸监管执法流程和通关流程，实现贸易许可、支付结算、资质等级等平台功能	一站式申报查验作业	部分达标
	将涉及贸易监管的部门逐步纳入“单一窗口”管理平台	一站式申报查验作业	部分达标
	探索长三角区域国际贸易“单一窗口”建设，推动长江经济带通关一体化	—	不达标
推进货物状态分类监管	在自贸试验区内的海关特殊监管区域统筹研究推进货物状态分类监管试点	—	不达标
推动贸易转型升级	推进亚太示范电子口岸网络建设	—	不达标
	加快推进大宗商品现货市场和资源配置平台建设	大宗商品现货市场保税交易	完全达标
	深化贸易平台功能，依法、合规开展文化版权交易、艺术品交易、印刷品对外加工等贸易，大力发展知识产权服务业	美术品便利通关；保税物流联网监管；离岸服务外包全程保税监管	部分达标
	推动生物医药、软件信息等新兴服务贸易和技术贸易发展	保税物流联网监管；离岸服务外包全程保税监管	部分达标
	按照公平竞争原则，开展跨境电子商务业务，促进上海跨境电子商务公共服务平台与境内外各类企业直接对接	—	不达标
推动贸易转型升级	统一内外资融资租赁企业准入标准、审批流程和事中、事后监管制度	企业信用信息公开；企业自律管理；企业注册登记	部分达标
	探索融资租赁物登记制度，在符合国家规定前提下开展租赁资产交易	融资租赁	部分达标

（续表）

核心指标	二级指标	海关创新制度	评估结果
完善航运发展制度和运作模式	扩大国际中转集拼业务，拓展海运国际中转集拼业务试点范围，打造具有国际竞争力的拆、拼箱运作环境，实现洋山保税港区、外高桥保税物流园区集装箱国际中转集拼业务规模化运作	统一备案清单	部分达标
	拓展浦东机场货邮中转业务，增加国际中转集拼航线和试点企业，在完善总运单拆分国际中转业务基础上，拓展分运单集拼国际中转业务	统一备案清单	部分达标
	优化沿海捎带业务监管模式，提高中资非五星旗船沿海捎带业务通关效率	统一备案清单	部分达标
	推动与旅游业相关的邮轮、游艇等旅游运输工具出行便利化	—	不达标

由此可见，上海自贸区31项海关创新制度大部分能够与对应的二级指标相匹配，完全达标有6项，占到全部23项二级指标的四分之一强。部分达标的最多，12项占比超过50%，这主要是因为各项创新制度相互之间有溢出效应，导致或多或少地覆盖了二级指标的部分内容。例如，统一备案清单创新制度本来匹配的是“探索简化进出境备案清单”二级指标，但实施后有利于在自贸试验区内开展中转集拼业务。一些开展中转集拼业务的物流企业在申报货物进口时，仅能根据舱单信息掌握货物的大致情况，不能精确填报货物的具体HS（海关）编码和数量。简化申报手续无疑将给这些物流企业带来利好。不达标有5项，初看下来比例也不小，但实际上有不少指标海关已经做了相关的准备，以货物分类状态监管试点为例，上海市委、市政府也把“实施货物状态分类监管先行先试”作为上海自贸试验区贸易监管制度创新的一项重点任务。

上海海关针对面向国内配送、入区与进口货物集拼的国内货物，通过实行货物和存放库位完全电子化、企业电子账册纳入海关监管信息系统等措施，形成了《货物状态分类监管非保税货物入区先行先试操作规程》，公布了《联网监管公告》。2014年8月15日，上海市口岸办、上海海关、上海自贸区管委会制订公布《自贸试验区货物状态分类监管工作方案》，但货物状态分类监管还一直未能形成一项成熟的改革制度推广实践。当然，我们在评估时并没有考虑设定各项指标之间的权重，也没有去测算海关制度创新过程中的成本投入，评估主要是围绕上海自贸区海关创新制度是否匹配两个方案要求以及落实执行情况来设计的。此外，我们也必须考虑海关制度创新后的效果，“结果”只是政府各种活动的一种直接输出，它是否有效果才是更重要的。没有“效果”的政府管理，只能是政府的“独角戏”，它并不能满足人民、企业的需求。这种效果不仅局限于对上海自贸区的影响即市场主体的获得感、企业综合成本是否下降等，更重要的是它是否形成了可复制、可推广的经验。上海自贸区 31 项海关创新制度中已经有不少向其他 3 个自贸区、其他海关特殊监管区域甚至全国推广。因此，上海自贸区 31 项海关创新制度总体上符合《上海自贸区总体方案》和《深化上海自贸区方案》的规定，但在执行情况方面还有较大的提升空间。

六、党的十九大后我国自贸区的战略扩展

党的十九大上，习近平作了《决胜全面建成小康社会，夺取新时代中国特色社会主义伟大胜利》的报告。报告中，习近平要求“要以‘一带一路’建设为重点，坚持引进来和走出去并重，遵循共商共建共享原则，加强创新能力开放合作，形成陆海内外联动、东西双向互济的开放格局。拓展对外贸易，培育贸易新业态新模式，推进贸易强国建设。实行高水平的贸易和投资自由化便利化政策，全面实行准入前国民待遇加负面清单管理制度，大幅度放宽市场准入，扩大服务业对外开放，保护外商投资合法权益。凡是在我国境内注册的企业，都要一视同仁、平等对待。优化区域开放布局，加大西部开放力度。赋予自由贸易试验区更大改革自主权，探索建设自由贸易港。创新对外投资方式，促进国际产能合作，形成面向全球的贸易、投融资、生产、服务网络，加快培育国际经济合作和竞争新优势”。习近平表示，“中国支持多边贸易体制，促进自由贸易区建设，推动建设开放型世界经济”。

十九大报告对自贸区未来发展赋予了更高的使命，“赋予自由贸易试验区更大改革自主权”，“自贸区的开放要‘因时而动，因势而变’”，“赋予自贸区更大改革自主权，就是要自贸区大胆试、大胆闯、自主改，利用市场为主体的优势，形成制度创新”。

党的十九大提出了对改革开放试验田建设的更高要求，指明了新的方向，要求我们对标更高的标准，推动更全面、更深入的开放新格局。商务部会同相关省市和部门，在高标准高水平建设自贸试验区的基础上，围绕建立自由贸易港区积极开展工

作。在国务院2017年3月份印发的《全面深化中国（上海）自由贸易试验区改革开放方案》中，就明确提出设立自由贸易港区，对标国际最高水平，实施更高标准的贸易监管制度。目前，商务部正会同上海市和相关部门研究制订有关建设方案。此外，浙江自贸试验区也制定了初步建成自由贸易港区先行区的发展目标，对接国际标准，推动以油品为核心的国际大宗商品贸易自由化。

下一步，商务部将积极推动《区域全面经济伙伴关系协定》，以及与以色列、斯里兰卡、巴基斯坦、新加坡等自贸协定谈判或升级谈判。同时，做好与巴拿马、巴勒斯坦、蒙古、瑞士、秘鲁等国家的自贸协定联合可研或升级联合研究工作，推进《亚太贸易协定》新一轮谈判，继续推动形成立足周边、辐射“一带一路”和面向全球的高标准自贸区格局。

其中，备受瞩目的区域全面合作伙伴关系（RCEP）谈判有望取得实质进展。2016年，RCEP16国约占全球一半人口，占全球产出的31.6%和贸易额的28.5%，吸引全球五分之一外国直接投资。RCEP谈判从2012年至2017年历时五年，举行了20轮正式谈判和若干次部长级磋商，并在2017年11月举行了首次领导人会议。

RCEP谈判成员中发展水平差距较大，有些问题解决起来需要一定时间。但RCEP谈判仍在稳步推进，在货物贸易、服务贸易、投资等市场准入领域取得了明显进展。

党的十九大和中央经济工作会议，都对加快推进自贸区建设提出了明确要求。近年来，我国在推动形成立足周边、辐射“一带一路”和面向全球的高标准自贸区格局方面进展较快，加快实施自贸区战略已成为我国对外开放的重要内容。自贸协定数量稳步增长的同时，自贸协定的开放水平也在提升，开放内容也在拓展，这有助于我国推动形成全面开放新格局，同时也为我国企业和人民带来更多的开放红利。

2017年12月7日，上海市食品药品监督管理局发布方案，在中国（上海）自由贸易试验区内先行先试“医疗器械注册人制度”。这项试点一改医疗器械产品注册和生产许可“捆绑”模式，符合条件的申请人可以单独申请医疗器械注册证，然后委托给有资质和生产能力的企业生产。更好简政放权、做好“放管服”改革的大文章，是浦东新区在自贸区改革上有新作为的重要着力点。深化实施“证照分离”改革，正是浦东大胆试、自主改，为全国提供更多可复制可推广经验的一个切入口。

公安部在支持福建自贸试验区建设中，又再批准实施5项便利措施，惠及外籍高层次人才、外籍华人、外籍留学生和自贸试验区企业等群体，涉及外国人在华永久居留、长期居留和短期签证等内容。

第四节　自贸区负面清单管理模式的实施与发展

一、负面清单概念和特征

（一）负面清单内涵

作为通行国际经贸规则，“负面清单”（Negative List）是一个国家禁止外资进入或限定外资比例的行业清单，是现代国际投资体制的自由模式。负面清单是与正面清单相对应的外资准入管理模式，是一个针对外商投资的十分先进的管理理念。正面清单属于选择性开放模式，采用“法无授权即禁止”的法律理念，其监管模式是法律没有规定可以准入的领域就是不可以准入的领域。一般情况下由东道国承诺部分开放，东道国列明禁止、限制和允许投资的领域，并设事先严格审批程序，因而正面清单模式属于一种严格准入制度。而负面清单是在增加透明度和可预见性的基础上，减少东道国对外资准入的不当干预和肆意行为，推动外资准入自由化。相较于正面清单，负面清单体现的是“法无禁止即可为”的法学理念，起源于在国际司法实践中最常援引的一个论断——“国际法不禁止即为允许”。

所谓负面清单，或称消极清单、不符措施列表、否定清单或否定列表，是指一国在外资准入过程中以清单形式公开列明一个国家禁止外资进入或限定外资比例的行业清单。负面清单是不符措施的代称，即在外资市场准入阶段不适用国民待遇原则的特别管理措施的汇总。负面清单是在国际贸易投资协定或国家制定的负面清单中列明针对外资准入的与国民待遇、最惠国待遇不符的管理措施，或有关业绩和高管人员等要求的清单。负面清单实际上采用与正面清单相反的逆向思维方式，直接列明针对外资准入国民待遇或最惠国待遇不符的管理措施，指导外资投资主体的投资领域和投资比例，由投资主体依据市场变化做出判断。其不仅是一纸列表，更是一种“法无禁止即可为”的政府行权理念。负面清单本质上是域外投资准入领域的“黑名单”，即外国投资禁止投入的领域，凡是针对外资与国民待遇、最惠国待遇不符的管理措施，包括业绩要求、高管要求等，均以清单方式列明。负面清单遵循法律保留领域之外可以自由投资的规则，有利于推动国家间投资自由化。“非禁即可”是负面清单的核心理念和精神内涵，体现法治权利本位精神，是“法无禁止即自由”的原则与精神的体现，也是落实市场主体权利保障的重要措施。负面清单不符措施与双边投资协定例外附件中不符措施条款具有高度一致性。

“负面清单”管理模式是政府管理体制一项重大变革，更是一项重大的社会治理创新。负面清单模式可以推动东道国放松外汇管制、逐渐开放国内市场、保障和促进公平竞争和吸引外资，任何国家在国际投资领域强化政府政策导向和细化负面清单产业条款都十分必要。负面清单可以促进国家间协同合作，并增加相互信任，最终会促进多边关系正常化和构建国家间的和谐政治经济秩序。目前，无论是发达国家，还是东欧、亚洲、拉美、非洲等地区的发展中国家，都在积极推行负面清单，外资准入负面清单已经成为“新一代投资规则”。

负面清单管理模式和负面清单的制定完全从属于国家主权原则，一个国家根据国家主权原则和国家经济主权原则自行决定本国负面清单中所列举措施的种类、数量和内容。任何国家可以基于国家安全、公民生命健康安全、国家经济安全、保护自然资源或幼稚产业等原则，在任何行业设定不符措施；同时也可以在一个特定行业中依据本地化要求、股比限制、投资总额限制和高管人员要求和限制等约束条件设定相应的管理措施。一般情况下，负面清单管理应维持两项普遍的约束：一是保持现状，即对现有的不符措施，在相关协定生效后可延续、展期，也可变更和修改，只要这种修改没有增加之前的不符程度；二是保持透明，即对于现有负面清单内容允许保持、延续和修改，并允许出台新的限制性措施，只要履行相关的通知和磋商义务，缔约双方可以根据自己的原则选择任意一个规定。

（二）负面清单特征

1. 从基本制度看，负面清单一般包含四项基本内容，也是负面清单对应的一般义务

（1）践行透明度原则。负面清单管理模式的重要特征之一就是采用透明度原则，通过制定和公布负面清单让外国政府和投资者获得有关可投资领域和投资比例的明确信息，外国投资者可以依据一个国家的负面清单列表以自己的意志和市场规则自主决定在东道国境内的投资方向、领域、行业和比例。

（2）践行政府管理备案制。以备案制替代审批制，给予外资准入非清单列表领域更大自由。

（3）践行准入前国民待遇制度，国民待遇涵盖准入前和准入后两个阶段，在关于设立、收购、扩大、管理、运作、经营和出售或其他处置方面，东道国给予另一方投资者及其投资的待遇不应低于其在相似情形下给予本国投资者及投资的待遇。

（4）践行最惠国待遇原则。这是指以国家间协议为基础，缔约一方给予任何第

三国投资者及其投资的待遇将无条件地给予另一方缔约国的投资者及其投资。

2. 从主体角度看，强化多元主体良性互动

高效政府是经济和社会发展的关键，否则经济、社会的可持续发展是不可能的。高效政府是社会发展必需的条件之一，但是国家不是经济增长与社会发展的直接提供者，而是作为合作者、催化剂和促进者体现出来的。负面清单管理模式是通过负面清单给政府准确定位，政府依法严格执法禁止外资从事负面清单列入事项，依法对负面清单表外事项加强事中、事后监管，并强化政府服务，为经济社会可持续发展和企业发展提供各种公共服务。同时，负面清单管理模式赋予市场主体自由裁量权，推行私权自治，市场主体依照法律和市场需求自行做出判断，充分发挥市场机制资源配置作用。最后，负面清单推动政府职能转变，允许并鼓励社会主体依据私权自治和公平效率原则实现自主决策、自主参与和自主后果，最终形成“政府—市场—社会”多元主体良性互动局面。

3. 从负面清单存在形式看，包括国家之间签订的各种投资协定和单独负面清单列表

最早包含负面清单的国家间协定是《友好通商航行条约》，后来负面清单又逐渐出现在《紧密经济关系贸易协定》（CER）、《自由贸易协定》（FTA）、《双边投资协定》（BIT）、《经济伙伴关系协定》（EPA）和《国际投资协定》（IIA）等国家协议之中。国际条约中的负面清单曾经常以列表形式作为国家间投资协定的附件存在，负面清单列表内容完全是由缔约国依据自己意志和国内行业发展状况协商决定。负面清单的另一种存在形式就是主权国家自己制定的负面清单列表。目前，很多国家已经采用独立负面清单列表方式了。2013 年开始我国自贸区采用单独负面清单列表直接公布的方式，至今已颁布四版负面清单列表，对所有国家采用统一的一致的负面清单。

4. 从保障机制看，负面清单需要配备严格有效的事中、事后监管体制

负面清单管理模式使中国践行国际经贸规则，进一步扩大改革开放格局，是我国政府锐意改革、科学管理的一个理念创新。但是负面清单管理模式存在一定的风险：各国社会状况和经济状况不断发展变化，新行业会应时而生，传统行业也会不断发展变化，各国制定的负面清单不可能完全涵盖所有外资可能危及国家安全、公共利益和一国经济发展的领域，并且负面清单具有一定的稳定性和滞后性，同时资本逐利本性决定其无孔不入，必定要处心积虑地突破禁区，实现资本利益最大化。负面清单管理已经放开清单列表之外的所有投资领域，为了推动投资自由化，外资准入事前审核监

管已经被政府所放弃，有效的事中、事后监管机制在负面清单管理模式中变得更具意义。

5. 从负面清单列表涉及行业看，不符措施主要涉及公共安全、国家安全和战略行业

负面清单列表一般包括：列举不符措施所涉及行业、子行业、行业分类、所对应的正面义务、维持不符措施的政府层级、不符措施的法律依据、不符措施描述和过渡期等。负面清单列表涉及的行业主要包括两大类：一类是国家基础行业、公共服务行业和国家安全有关的产业；另一类是具有战略意义的产业，如专业服务业、社会服务业和金融服务业。负面清单行业分类标准一般包括联合国统计司制订的产品总分类（CPC）、国际海关理事会制订的协调商品种类和编码体系（HS）、国际标准产业分类（ISIC）、缔约方国内的标准产业分类（X-SIC）和缔约方国内行业分类标准等。一般情况下，缔约双方签订双边或多边投资协定时会选择采用一个国际或国内行业分类标准；东道国制定负面清单列表往往根据自己的国民经济行业分类体系。

6. 从表述方式看，负面清单概念表述方式多种多样

负面清单起源于国家间自由贸易协定中用于列明服务和投资承诺的一种方式，是指投资准入负面清单，正式法律术语是“负面清单”，是一系列不符措施的总称，即在外资市场准入阶段不适用国民待遇原则的特别管理措施的汇总。此外，负面清单还会以消极清单、否定清单、“保留条款”、否定列表、例外条款、不符措施列表、“不符措施”和外资准入“黑名单”等形式出现。目前，直接以负面清单形式出现的情况也很常见。

7. 负面清单以否定列表方式推崇国际投资自由

负面清单表现为一系列不符措施和禁止措施，但负面清单本质上是采用否定的形式扩大东道国开放领域，推动国家间外资准入自由。负面清单列表的发展趋势是逐步削减不符措施，负面清单不断缩短，不符措施与禁止措施逐渐减少，东道国允许外资准入的市场不断扩大，最终推动国家间投资自由化。

二、我国使用负面清单法律制度的发展与现状

我国负面清单制度可以说是姗姗来迟，最早于 2013 年在上海自贸区首先实施，经过两次修改后，目前的 2015 年版负面清单统一适用于沿海四大自贸区，2016 年新成立的 7 个自贸区片区暂时不予适用。建立自贸区是我国政府适应国际投资新方

向的大胆实践，其中负面清单外资管理制度实施的目的在于突破传统，探索出一条促进我国对外开放发展的新道路，通过外资管理体制的改革创新，形成一些可以复制推广的经验，进而在全国自贸区范围推广实施，同时也为我国以后对外的投资协定谈判奠定基础。

（一）2013 年版负面清单

2013 年 9 月 29 日，上海自贸区正式挂牌，9 月 30 日，上海市人民政府发布了 2013 年版负面清单，在适用范围上仅为上海自贸区区内。在内容上该版负面清单包括两部分：说明和负面清单列表。

说明部分指出了 2013 年版负面清单以外商投资法律法规、《总体方案》以及《2011 年产业指导目录》等为依据，列明我国上海自贸区内对外商投资项目和设立外商投资企业采取的与国民待遇不符的准入措施。负面清单按照《国民经济行业分类及代码》（2011 年版）分类编制，包括 18 个行业门类。其中，S 公共管理、社会保障和社会组织，T 国际组织 2 个行业门类不适用负面清单。

在负面清单列表部分，有 38 条是禁止外资进入的，有 74 条限制外商进入，剩余 79 条则对外商的股权比重等有所限制。通过与《2011 年产业指导目录》进行比较，如果将《2011 年产业指导目录》的限制类和禁止类的内容进行合并，就与 2013 版的负面清单内容没有太大差别。所以，2013 版负面清单只是《2011 年产业指导目录》形式上的过渡，在内容、形式上并没有太大变化。

（二）2014 年版负面清单的实施

与 2013 年版的负面清单相比，2014 年制定的负面清单主要是明确、细化了国际通行投资准则，进一步提高了负面清单制度的开放度及透明度。在适用范围上，这一版将负面清单限定为上海自贸区区内；在内容上，2014 年版负面清单与 2013 年版负面清单相比，缩减了 30% 左右。按 18 个产业门类分布，对外资既不禁止也不限制的有住宿和餐饮业和居民服务业；不禁止但是限制的有电力、热力、燃气和水供应、建筑业、金融业、卫生和社会工作；剩下 12 个门类为禁止且限制。

（三）2015 年版中国自由贸易试验区负面清单

我国目前的负面清单文本，自 2013 年第一次发布以来的几次修改都在不断地缩减内容。从 2013 年版负面清单的设置特征来看，其文本格式设置为门类、大类、中类和特别管理措施四项，这样的划分看似比较清晰，但是没有附加太多具体的描述，有些分类仍然比较模糊。2014 年版负面清单得到了一些改变，类型划分更简洁了一些，并且增加了一些具体的描述，让投资者更加清楚了投资领域的限制情况。

在具体的不符措施上，从原来的 190 条缩减为 139 条，缩短的条目达到了 51 条之多，将近三分之一；而与前两版负面清单相比，2015 年版负面清单又取得新的突破性调整，进一步缩小了限制范围，在文本设置上划分为序号、领域和特别管理措施三项，并附加了更多的具体描述，显得比较整体化和清晰化。清单中对行业领域做出了 15 项分类，制订了 122 项特别管理措施，相比修改前的负面清单，2015 年版缩减了 68 条之多，开放的范围进一步加大。同时，在行业分类上，2015 年版负面清单对 2014 年版清单中的 18 个门类划分也做了简化，制造业的比例大幅下调，并且删除了房地产业和建筑业，这样一来自贸区开放的领域就大大增加了。

2015 年版负面清单更加具体化了，但是具体化的程度还不够。比如，在金融领域，对文化、体育以及娱乐等领域的条款由原来的 8 条调整为 24 条，增加了对外商限制的具体化说明，从而提升了清单的透明度。但是在其他一些领域仍缺乏具体的说明，外来投资者对这些领域的限制措施仍存在一些理解上的困扰。在 2015 年新负面清单启用的两个多月时间里，自贸区吸引外资效果明显，但同时还存在许多问题。

（四）2016 年版市场准入负面清单《草案》

负面清单主要是针对外资管理的，随着国内经济的发展，我国计划将内外资都实行负面清单式的制度管理，这是我国对外商投资管理制度的一大创新。2016 年 4 月 12 日，我国印发了《市场准入负面清单草案（试点版）》（以下简称《草案》），规定在天津、上海、福建和广东四个省、直辖市试点，也就是目前我国四大自贸区所在的省市区域。《草案》在市场准入管理的行业类型上同 2015 年版外资准入负面清单一样，仍划分成禁止类和限制类，具体的管理措施共设立 328 项。其中禁止准入类 96 项，市场主体不得进入；限制准入类 232 项，政府规定进入该领域的限制条件，市场主体若投资该领域则必须满足该条件，否则不予准许；对于清单以外的，外来投资者和国内各类市场主体都可以平等地进入。

《草案》属于试点版，先行在四大自贸区进行试点。此前，自贸区实行的 2015 年版负面清单主要针对外资，此次《草案》版负面清单既包括外资，也包括内资。四大自贸区要同步实施两张清单，对向自贸区投资的外资来说，其既要遵循现行的 2015 年版自贸区负面清单，也要遵守《草案》的要求，现在是 328 项，而试点四省市的境内市场主体，其投资经营只要遵守《草案》版市场准入负面清单即可。可见，外资企业的准入门槛相对内资市场主体来说更高一些。面对两版负面清单，如何做好两者的协调是一个不可忽视的问题，否则对各类市场主体都将产生或多或少的困扰。

（五）2017 年版负面清单的实施

2017 年 6 月 16 日发布的第四版负面清单，在适用范围上适用于三批共 11 个自贸区。与此前的负面清单相比，在内容上 2017 年版负面清单依然是依据《国民经济行业分类》来编制，共划分为 15 个门类、40 个条目、95 项特别管理措施。2017 年版负面清单对金融业的具体描述中，取消了“外国银行分行不可从事《中华人民共和国商业银行法》允许经营的‘代理发行、代理兑付、承销政府债券’”的特别管理措施。同时，还取消了“外资银行获准经营人民币业务须满足最低开业时间要求”以及“境外投资者投资金融资产管理公司须符合一定数额的总资产要求”；在保险业务领域，也取消了“非经中国保险监管部门批准，外资保险公司不得与其关联企业从事再保险的分出或者分入业务”的特别管理措施。

国家发展改革委、商务部已于 2018 年 12 月 21 日发布了《市场准入负面清单（2018 版）》进一步减少社会资本市场准入限制，全面实施市场准入负面清单制度。建立信息公开机制。负面清单公布后，清单事项设定依据、办理流程等相关信息将向社会公开，便于市场主体实时查询，不断提升市场准入政策的透明度和清单使用便捷性。建立动态调整机制，适时对市场准入负面清单进行动态调整完善。

第五章　自贸区建设对我国国际贸易的影响

第一节　中国对外贸易战略的转型

一、对外贸易战略的内涵

（一）对外贸易战略的概念与特征

“战略”一词来源于军事，是指对战争全局的筹划和指导，后指具有全局意义的重大安排或计划。“战略”用于经济方面，是指国家在一定的历史时期内，根据一国的国情制定的一系列关于未来经济发展方向、目标等制度和政策的集合。它反映了国家的经济利益和政治利益。对外贸易战略是一国经济发展战略的一部分，它是根据一国（地区）总的经济发展战略的要求，结合国内外的实际环境，对通过参与国际分工与合作实现国内资源的有效配置的方式、对外贸易的发展目标和实现手段等所做的全局性战略规划，是一个国家或地区进行对外贸易的指导思想。

对外贸易战略作为一国经济发展战略的有机组成部分，从本质上应该服从和服务于一国的经济发展战略。但是，对外贸易战略和经济发展战略不是一般的整体和部分的关系，由于对外贸易战略是在世界经济的大环境下制定的如何参与国际分工、实现资源优化配置、促进经济发展的战略规划，可以决定一国经济战略的多方面内容，因此处于一国经济发展战略的核心地位。选择哪种对外贸易战略对一国的经济发展非常重要，以国际比较优势为原则的对外贸易战略，在很大程度上决定了这个国家将把比较优势产业的发展战略作为该国整体经济发展战略的重要内容。因此，在有些经济学家看来，对外贸易发展战略在一定程度上可以看成是一国的经济发展战略，它反映了该国经济发展的目标和方向。

处于一国经济发展战略核心地位的对外贸易发展战略具有全局性、整体性和稳定性的特征。对外贸易战略的全局性是指一国对外贸易战略的制定要着眼于国际经济和世界经济的分工体系，充分考虑到国内的资源条件和经济发展目标，所制定的各种制度和政策对一国的贸易和经济的发展应发挥指导思想的作用。整体性特征来源于一国对外贸易战略组成部分之间的相互关系。对外贸易战略的制定原则、指导思想、进出口战略、贸易体制和贸易政策等各部分之间，不是简单的串行或并行关系，而是相互联系、相互协调、相互促进、相辅相成的关系，其对促进贸易和经济发展从整体上发挥作用。对外贸易战略的稳定性特征是贸易战略的内在要求。对外贸易战略的制定是对未来贸易的发展方向、发展方式、发展目标等方面的确定，要发挥指导思想的作用，因而从根本上要求对外贸易战略在一定时期内保持稳定，不可朝令夕改。一国可以根据国际环境和国内环境的变化调整对外贸易发展战略，但是对外贸易战略的基础不可以随意变动。这样不仅有利于国内贸易和经济安全、有序地发展，也增强了世界各贸易伙伴与本国合作的可预见性。

（二）对外贸易战略的分类

20 世纪 70 年代以来，“亚洲四小龙”等新兴工业国家和地区的迅速崛起，引起了西方学者对经济发展问题的广泛关注。经过调查研究，西方经济学家和国际组织发现，与南亚和拉美国家相比，东亚国家和地区的工业化最突出的特点就是贸易政策及时由歧视进口向鼓励出口转变，经济的外向度比较高，并且贸易战略的选择是决定经济发展的主要因素之一。

在调查研究中，如何将发展中国家所采用的各种对外贸易发展战略从新古典经济学的角度进行分类，是西方经济学家遇到的非常棘手的问题。在经济学家提出的不同方案中，以“贸易奖励制度是否为中性”作为考察标准的方案得到了比较广泛的共识。这种划分的目的就是要把不同的贸易战略和自由贸易理论或保护贸易理论联系在一起，进而以新古典经济学为框架对不同的贸易战略做出理论解释。依据各自不同的研究目的和研究方法，西方经济学家和国际组织对发展中国家实行的贸易战略进行了不同的分类。

钱纳里（Chenery）等人应用多国计量模型进行分析和比较，把这些发展中国家的对外贸易战略划分为出口促进战略、进口替代战略和平衡战略三种。克鲁格（Krueger）利用统计数据对战后 10 个发展中国家制造业的有效保护率进行了测算，把发展中国家实际执行的贸易战略也分为三种类型，即出口促进战略、进口替代战略和温和的进口替代战略。比较普遍的分类方法是世界银行在 1987 年根据 1963—1985 年 41 个国家和地区的资料，把发展中国家的贸易战略分为坚定外向型、一般外向型、一般内向型和坚定内向型。由于这几种分类方法的基础相同，因而在各种分类中不存在明显的界限，只是各自的侧重点不同。因此，综合考虑了各种分类方法后，本节将发展中国家实施的贸易战略简单地分为三种，即进口替代战略、出口导向战略和混合发展战略。其他各种贸易战略的划分都依此为基础，因此这种分类方式更具有普遍性。

1.进口替代战略

进口替代战略又称内向型的发展战略，主要是通过建立和发展本国的工业，实现对进口工业制成品的替代，以达到削减进口、节约外汇、发展本国工业和减少对国外经济依附等目的。因此，实现发展中国家的民族工业化和消除不利贸易因素对国家经济的影响是进口替代战略的主要目的。第二次世界大战后初期，许多发展中国家都走向了政治独立，摆在它们面前的是如何在经济上寻求独立、和平等发展的紧迫任务。为了摆脱对发达国家的依赖，迅速找到摆脱贫困状态的捷径，发展中国家不约而同地把实现工业化和经济多元化作为经济的发展目标。为了实现这些目标，大多数发展中国家（最早是一些拉丁美洲国家）都采取了限制进口、保护民族工业的进口替代战略，这一战略在一些拉丁美洲国家持续到 20 世纪 80 年代。亚洲地区的国家实行进口替代战略的时间较晚，东亚和东南亚的一些国家先后在 20 世纪 50—70 年代实行过进口替代战略。非洲国家在取得独立后，对以本国原料为主的加工工业也实行过进口替代战略。

进口替代战略一般分为两个阶段：第一阶段主要是建立和发展一般的最终消费品工业，着重发展收音机、自行车、纺织品和食品等行业，实现对这些产品的进口替代。这些行业对专门人才和资金、技术的要求不是很高，而且其初级消费品在国内已经形成有效需求，因而这一阶段的进口替代战略比较容易实现。第二阶段是在对消费品的进口替代发展到一定程度以后，集中力量建立和发展生产资本品、中间产品的工业，如机械设备制造、石油提炼、炼钢轧钢、冶金、化工等需要大量资本和专门技术的工业，实现替代工业的升级。这一阶段进口替代战略的实施比较困难，由于发展中国家资金、技术、人才和市场等方面的限制，并不是任何国家都能成功实施该阶段的进口替代战略。

尽管实行进口替代战略并没有固定的模式和要求，但是从各国的实践来看，在实行进口替代战略的同时，各国在对外贸易政策方面都采取了一些比较相似的做法。

首先，高筑壁垒限制进口。各国的普遍做法是对国内重点扶持的幼稚产业和民族工业的产品，利用提高关税、颁发进口许可证、实行配额和押金制度等手段进行严格限制。即使允许进口类似产品，各国或各地区也有权指定外汇来源、采购地区、货物等级和价格以及进口事项。但是，对于本国发展工业急需的原料和机械设备的进口，则实行免税进口或只征收很低的关税，而且几乎没有数量限制。这种政策带有明显的歧视进口、拒绝参与国际分工的特点。

其次，实行优惠的国内政策。实施进口替代战略的国家通常对其重点扶持的国内工业部门实行税收减免政策，通过减免这些企业的税收负担和利用加速资本折旧等手段，加速国内重点发展工业的资本积累。有些国家还将国内有限的资源优先分配给重点扶植的产业，以加速国内工业化的进程。

最后，采取进口替代战略的国家一般都存在对本国货币汇率高估的现象，并以此来节约进口资本物品所需的外汇，并把有限的外汇分配给国内最急需的产业部门。

进口替代战略的主要优点是，对于所生产的工业品，国内的有效市场需求基本上已经存在，建立新工业的风险已大幅降低。同时，通过对本国幼稚工业和民族工业的保护，各国可以建立自己的工业体系，促进本国经济多元化健康发展。另外，进口替代战略在一定程度上解决了发展中国家的就业问题。但是，进口替代战略作用的发挥受到经济发展水平的约束，这在拉丁美洲国家的实践中得到了很好的证明。在 20 世纪 80 年代以前，拉丁美洲国家的经济一直保持持续、快速地增长，每年的国内生产总值增速几乎一直维持在 16%，超过了发展中国家和发达国家在当时的平均经济增长水平。但是 20 世纪 80 年代以后，拉丁美洲国家的经济发展速度明显放缓。这主要是由于经过一定时期的进口替代战略的保护，这些国家的国内工业得到了很大的发展，进口替代战略已经表现出与经济发展的不适应性，该战略自身的局限性随着经济的发展也表现得越来越明显。产生这种局限性的原因主要包括以下几个方面。

（1）进口替代战略是立足于国内市场的内向型的发展战略。国内的市场容量和市场结构决定了进口替代战略的发展潜力。市场容量较小是发展中国家的普遍特征，这也决定了这些国家在国内经济得到一定的发展之后，有限的市场需求将成为制约经济发展的主要因素。一旦国内的市场达到饱和，经济的增长速度就会受到抑制，甚至倒退。恩格尔定律表明，随着经济的发展，生活必需品的支出占收入的比重将不断缩小。因此，实行进口替代战略国家的产品市场需求经过一段时间后一定会饱和。

（2）实行进口替代战略容易造成国际收支失衡。发展中国家主要依靠农产品、资源等初级产品的出口换取外汇，用于进口国内经济发展所需的机器设备。由于初级产品换汇能力低，而进口产品所需外汇量较大，长期下去，极易导致一国国际收支失衡。

（3）实施进口替代战略要求国家对进口进行高度限制，受保护的行业在初期会避免来自国外的冲击而得到发展。但是，长期的保护会造成这些行业失去竞争意识，养成不求进取的惰性，对一国经济的发展产生不良影响。

从以上的分析可以看出，进口替代战略的实施应与相应的经济发展阶段相联系，在经过一定时期的发展后，进口替代战略就走到了尽头。在这一阶段的发展中国家要想促进经济的进一步发展，就需要转变战略，寻找新的经济发展道路。拉丁美洲国家的经济发展过程向人们展示了进口替代战略从适应到不适应的过程，亚洲新兴工业国家和地区则展示了转变进口替代战略的一种方式，即及时地转变为出口导向战略。

2. 出口导向战略

出口导向战略又称外向型的发展战略，主要是通过扩大制成品的出口，加强工业基础，促进整个经济的工业化。实施该战略的国家都把国际市场作为一国经济活动的中心，把促进工业制成品的出口作为一国经济发展的核心。20 世纪 50 年代，日本为了恢复第二次世界大战后的国内经济，采取了出口导向型的对外贸易发展战略，实现了国内的工业化。20 世纪 70 年代起，一些拉丁美洲国家和地区也从进口替代战略转向了出口导向战略。之后也有亚洲和非洲的一些国家和地区在实施进口替代战略受阻后，转向了出口导向型的贸易发展战略。

出口导向战略一般分为两种：一种是依靠初级产品来推动经济增长的“初级产品”出口导向战略；另一种是依靠制成品出口来带动经济增长的“次级产品”出口导向战略。实施出口导向战略的发展中国家大多遵循国际分工的比较优势原则，利用国内丰富的资源或廉价的劳动力等优势发展资源密集型和劳动密集型产品，通过参与国际分工和合作获取国际贸易的静态利益和动态利益，促进国内产业结构的升级，改善出口产品结构，实现国际收支平衡等国内经济发展目标。

从成功实施出口导向战略国家和地区的实践来看，该战略的实施一般都有比较类似的国内鼓励出口的政策措施配合。

首先，出口导向战略要求一国减少贸易壁垒，实施自由贸易。实施该战略的国家普遍降低了关税水平，并减少了配额、许可证等数量限制措施。在 20 世纪 80 年代中期，实施出口导向战略的亚洲新型经济国家和地区的平均保护水平只有 24%，而同期在其他亚洲国家的平均保护水平为 42%，实施进口替代战略的南美各国的平均保护水平则高达 46%。

其次，各国对出口部门采取了特殊优惠政策。这些国家普遍实施对出口企业税收优惠政策，有的国家还对出口的产品实施退税政策。出口企业在资金融通方面也享有特殊待遇，一些国家对出口企业提供出口信贷、外汇担保等措施鼓励企业发展出口贸易。例如，我国台湾地区的出口贷款利率在 1962 年只有 7.5%，远低于当时普通贷款利率 12% ～19% 的水平。

最后，采取出口导向战略的国家还采用了货币对外贬值的策略，促进出口贸易发展。在货币对外贬值的条件下，国内出口产品的竞争力明显增强。1960—1975 年，韩国的出口实际汇率始终大于进口的实际汇率。1960 年，韩国的出口实际汇率为 1 美元 =295 韩元，进口实际汇率为 1 美元 =200 韩元；1965 年，出口实际汇率为 1 美元 =281 韩元，进口实际汇率为 1 美元 =270 韩元；1975 年，出口实际汇率为 1 美元 =267 韩元，进口的实际汇率为 1 美元 =241 韩元。此外，一些国家还专门设置了促进出口贸易的专门管理机构。

出口导向战略克服了发展中国家国内市场狭小的限制，把国内市场和国际市场融合在一起，在一定程度上形成了无限的市场容量，有利于这些国家引进先进技术，改善产业结构，利用规模经济促进国内经济全面发展。亚洲各国通过创造条件，在 20 世纪 60—70 年代利用出口导向战略实现了经济腾飞。但应该看到，出口导向战略并非完美无缺，随着经济的发展和内外部环境的变化，出口导向战略也表现出种种不足。

（1）实施出口导向战略容易导致国家对国际市场过度依赖。采取出口导向战略的国家和地区的经济运行对世界经济，尤其对美国、日本等少数发达国家的经济形成严重依赖。由于亚洲各国和地区主要发展加工工业，它们所需的生产要素主要依赖发达国家及其跨国公司，而它们生产的产品主要销往发达国家。第二次世界大战后，美国成为吸收亚洲国家和地区出口产品的主要市场，而日本则成为这些国家进口机械设备的主要对象。经济发展造成各国对美国保持巨额的贸易顺差，对日本则是巨额的贸易逆差，对两国经济依赖严重。1998 年亚洲金融危机爆发的一部分原因，也正是这些国家和地区对发达国家资本的过度依赖性造成的。

（2）发达国家已经建立起极具效率的工业，发展中国家建立自己的工业与其竞争比较困难。发展中国家主要通过分享国际贸易利益来实现本国的产业结构升级，但是实施出口导向战略的国家在要求别国开放市场的同时，也必然要开放自己的市场。

在发达国家实力雄厚的大企业的竞争压力下，如何建立本国的工业基础，实现产业结构的升级，是发展中国家面临的一大难题。

此外，20 世纪 70 年代以后发达国家经济进入了衰退期，新贸易保护主义抬头，发达国家常常对发展中国家的劳动密集型的出口产品实施各种贸易限制。与此同时，发达国家极力开拓发展中国家的市场，利用各种机会占领发展中国家市场。在这种条件下，采取出口导向型的发展战略能否获得成功值得考虑。

进口替代战略和出口导向战略从本身来讲，不存在孰优孰劣的问题。各国对战略的选择总是受到国内和国外条件的限制，在特定的经济环境下，两种战略都能促进经济的发展。由于这两种战略各有其自身的优点和发展局限性，因此任何一种战略都不能带来经济的持续增长。在对这两种战略的优点和缺点进行研究的基础上，人们又提出了第三种对外贸易发展战略，即混合发展战略。

3. 混合发展战略

混合发展战略是在 20 世纪 80 年代由中国学者提出的。该战略主要是对进口替代战略和出口导向战略的结合。该战略强调既不过分保护进口，也不过度鼓励出口，对进出口采取一种中性的政策。对于如何实现进口替代战略和出口导向战略，主要有三种观点：许新礼（1987）认为，应该综合运用两种战略的优势，实施双层次的、重点有序的综合发展战略；任纪军（1991）认为，应该平衡交叉运用进口替代战略和出口导向战略；薛家骥（1992）则认为，进口替代战略以国内市场为主要目标，出口导向战略以国际市场为主要目标，应交替使用两种战略。但是，也有学者认为出口导向战略要求比较自由的贸易政策，而进口替代战略要求高度保护的贸易政策，因而这种相互冲突的政策要求会使这两种贸易发展战略的结合在实际应用中产生混乱，不能达到预期的战略目标。

在实践中，印度和巴西曾经对这两种战略的结合进行了尝试，但是两国的战略结合并不完全符合混合发展战略的内涵。印度在 20 世纪 50 年代和 60 年代实施进口替代战略受阻后，从 20 世纪 70 年代初开始尝试进口替代和出口导向发展战略结合的新战略，但是由于开放的程度不足以及对国内的工业保护过度，它实际采取的战略只是对进口替代战略做了少量的修正，本质上并没有改变，因而实施效果不佳。从 20 世纪 60 年代中期开始，巴西也采取了混合使用两种贸易发展战略，却创造了经济快速发展的奇迹。因此，对于进口替代战略和出口导向战略能否实现结合，发挥出两个战略各自的优点，实现优势互补这个问题的回答，还有待于进一步研究。

（三）对外贸易战略的目标、依据、体制和政策

对外贸易战略的目标是为了实现特定的对外贸易目标而制定的，是对外贸易战略的灵魂，是战略实施步骤和策略措施的最终导向。对外贸易战略目标可以分为总体目标和具体目标；也可以分为长期目标、中期目标和短期目标。我国在每个五年计划中都对对外贸易应实现的目标做了规定，如在《“十三五”规划纲要》中规定构建全方位开放新格局应实现的目标。

由于对外贸易战略的目标是一国经济发展目标的有机组成部分，因此对外贸易战略目标具有服从和服务于国内经济发展目标的特点。但是，当今世界经济全球化的趋势迫使各国融入世界经济体系之中。因此，对外贸易战略的制定既要立足于国内的资源、要素禀赋和经济发展水平，充分发挥比较优势，又要注意到世界经济的发展正在走向综合化，要求贸易战略体现商品和服务、利用外资和对外投资、知识产权的保护和开发、双边合作和多边合作的趋势。所制定的对外贸易战略既要有利于国内产业结构的升级，有利于比较优势的动态转化，又要有利于促进世界经济双边和多边合作。综合性和开放性是对现代对外贸易战略的要求。

任何对外贸易战略制定后都需要相应的对外贸易体制的配合才能付诸实践。对外贸易体制的决策结构和形式、决策的执行过程和效果，对对外贸易战略的最终成败及其实施效率具有直接的影响。从制度经济学的角度考虑，对外贸易体制主要通过决策机制、信息机制和动力机制逐步实现对外贸易战略的目标意图。对外贸易体制通过收集、处理信息推进对外贸易战略的实施，并且根据实际条件的变化及时纠正贸易战略实施过程中出现的偏差，调节对外贸易中的利益分配关系。因此，对外贸易战略要达到预期的目标效果，有赖于适合该战略的科学的对外贸易体制。一国对外贸易体制的改革对该国对外贸易战略的实现具有重大意义。

对外贸易政策是对外贸易战略和对外贸易体制实现结合的保证，是对外贸易战略的实现策略或手段。对外贸易战略的综合性特征要求其配套的外贸政策也应该是科学的、综合的。对外贸易政策应该包括总体政策、具体政策和国别政策。总体政策规定一国对外贸易的总的方针和方向，具体政策包含产业政策、结构政策、商品政策等相关的配套政策。国别政策主要是根据国家之间的关系决定的，体现的是一国的政治利益。此外，对外贸易政策还包括针对具体对外贸易目标相关配套政策。不仅如此，要实现对外贸易战略和对外贸易体制的结合，对外贸易政策就要兼顾对外贸易战略和对外贸易体制的特殊性。对外贸易政策应该能够较好地实现对外贸易战略的前瞻性和自身滞后性之间的平衡，保证对外贸易战略目标实现的连续性。

二、中国对外贸易战略转型的历史进程

根据新中国成立以来中国对外贸易发展的实践和国际经济学界对对外贸易发展战略的分类，中国的对外贸易总体战略大体上经历了以下三个阶段。

（一）改革开放前的进口替代战略

中国改革开放以前的对外贸易战略是一种极端的进口替代战略。在这一阶段，中国开展对外贸易的目的是“互通有无，调剂余缺”，强调自力更生，只有自己不能生产的才进口，而不是根据国际分工的比较优势原则参与国际分工、发展对外贸易。这主要是由中国当时的国内和国外环境、经济建设的指导思想和经济体制等主客观因素决定的。当时新中国刚成立不久，国内的工业经历了多年战争的摧残，百废待兴，而国际上由于资本主义和社会主义两大阵营的对立，造成西方资本主义国家对中国实行经济封锁。面对国内、国外如此严峻的形势，中国不得不采取独立自主、自力更生的发展战略来建立和发展自己的工业体系，恢复国民经济发展。而且，中国当时实行的是高度集中的计划经济体制。在这种体制下，为了保护国内幼稚产业的发展，防止西方资本主义经济冲击，维护社会主义制度以及避免国际收支逆差和对外举债，中国基本上采取了封闭防范式的做法，在经济建设，特别是对外经济发展方面采取了极端排斥的态度，实行的是一种在几乎封闭状态下的进口替代战略。

改革开放以前的进口替代战略在当时的历史环境条件下对中国的贸易和经济发展起到了积极的作用。在 1952—1978 年期间，中国的对外贸易额增长了近 5.5 倍，其中出口增长约 6.2 倍，进口额也增长了 6 倍。经济增长率在 1949—1978 年达到了平均 7.3% 的水平，工业产值的平均增长率在 1953—1978 年期间也达到了 11.3% 的水平。此外，中国还初步建立起比较完整的民族工业体系，实现了出口产品由以农产品为主到以轻工业产品为主的过渡。在劳动力资源充裕的基础上，形成了劳动密集型的轻工业产品略占优势的出口商品结构，在国际竞争中获得了一定的比较优势。

但是，长期实行进口替代战略也对中国经济的发展带来了不利的影响。由于进口替代战略从本质上排斥进口，同时也造成了对出口的歧视，而且它不是以比较优势为原则发展对外贸易，加之采取的是一种极端的进口替代战略，因此中国一直孤立于世界经济之外，不能获得国际贸易的各种静态利益和动态利益。对国内产业的高度保护导致了资源配置的低效率，高度集中的计划经济体制使企业缺乏竞争意识和效率观念。不仅如此，因为优先发展重工业，使中国人民的生活水平长期受到抑制。另外，农业由于受到歧视而发展滞后、结构失衡，也影响中国经济的进一步发展。

（二）有限开放时期的混合发展战略

这一阶段是指 1978—1992 年，在此期间，中国基本上实行的是混合型发展战略。这种转变从 1978 年将对外开放作为中国的基本国策后开始，但中国对外贸易战略的转变不是一蹴而就的，而是采取了由点到面逐步转变的过程。

首先，在战略转变之初，中国的经贸发展战略仍是具有内向型特征的进口替代战略。但是随着经济的发展，这种模式越来越表现出与改革进程的不适应性。国内经济体制的改革逐步实现由高度集中的计划经济体制向市场经济体制的转变，原来计划经济体制下的对外贸易战略随着其赖以存在的体制基础的转变，也就必然要表现出其与新体制之间的冲突。其次，进口替代战略的实施过程中，中国采取了高估汇率的政策，其结果只是改变了进口的结构，对进口的数额并没有起到预期的抑制作用，反而抑制了出口的发展，没能改善外汇紧缺的局面，并且影响了国内资源的优化配置。最后，中国在 1986 年提出“复关”申请，为了适应关税及贸易总协定（GATT，简称关贸总协定）所倡导的自由贸易原则，早日恢复中国在关贸总协定中的缔约国地位，需要对实施的高度保护的进口替代战略进行调整。

从 20 世纪 80 年代中期开始，根据中国经济发展中出现的种种问题，国内对在开放条件下的对外贸易发展战略选择进行了深入的理论探索。在结合国外经验的基础上，有些学者提出了实行进口替代战略和出口导向战略相结合的混合贸易战略，即在全国实行以进口替代为主，与出口导向相结合的对外贸易发展战略。在沿海经济特区和有条件的地区实行出口导向发展战略，在中西部地区实行进口替代战略，充分发挥这两种战略的优势，利用出口导向战略增加外汇收入，利用进口替代战略维护国民经济基础。两种战略相互作用，实现国民经济结构的合理化、高级化。在 20 世纪 80 年代后期，又有学者提出了国际大循环战略，也称为大进大出战略。它要求充分利用农村劳动力的资源优势发展劳动密集型产品出口，利用赚得的外汇收入尽快实现其向资本或技术密集型行业的转变。这种战略既解决了农村的剩余劳动力问题，又树立起了世界经济的整体观念和国际意识。但是，以该战略进行对外贸易将使国家处于比较低的国际分工层次，不利于经济的长期发展。

20 世纪 80 年代中期以后，中国开始将上述经济发展战略的构想付诸实践。在沿海经济特区，通过大力吸引外资，发展劳动密集型的加工业，充分利用了中国丰富的劳动力资源。从沿海到中西部地区，采取了梯度开放的战略。到 20 世纪 90 年代初期，中国已经基本实现了出口商品由以初级产品为主向以工业制成品为主的重要转变，国内的经济也得到了快速发展。然而，中国当时实行的对外贸易政策各地区差异很大，造成了各地不公平的竞争地位。各地为了地区利益竞相争夺资源，实施地区限制，人为地分割国内市场，对沿海经济的发展带来了不利影响。不仅如此，国家这种倾斜的对外贸易政策还造成了地区经济发展的不平衡，影响国内经济运行的稳定。对外贸易体制亟须改革，对外贸易政策亟须调整。

（三）21 世纪中国对外贸易的发展

进入 21 世纪后，我国外经贸发展的外部环境和自身条件发生了新的重大变化。从世界范围来看，近年来经济全球化大潮汹涌澎湃，在许多方面推动着各国经济对外开放的不断扩大和深化。

首先，以信息技术为核心的新技术革命浪潮日益高涨，促进各国经济和对外开放的基础和条件发生重大变革和进步。其次，全球市场经济的大发展推动着世界各国经济的大开放和大融合。经济全球化的本质就是市场经济的全球扩展。一方面，世界市场的规模和容量日益扩大，其领域和范围不断拓展；另一方面，不同社会制度和经济发展水平国家的经济管理体制和运行机制日益趋同，开始形成真正意义上的全球统一大市场。再次，全球多边贸易体系的日益加强推动了全球贸易自由化步伐的不断加快。世界贸易组织（WTO）成立以来，多边贸易体系的功能不断加强，管辖范围大大扩展，推动了全球贸易谈判不断取得新的进展，加速了世界贸易自由化的进程，扩展了世界贸易自由化的领域。最后，随着资本全球化运动的加速和扩大，世界跨国生产经营体系日益成熟。一方面，全球金融市场日趋高度一体化，货币资本流动规模急剧膨胀，资本流动自由化程度不断提高；另一方面，各国对外直接投资在资本流动中的比重不断提高，跨国生产经营正在成为最重要的国际经济合作形式。

为顺应经济全球化发展的要求，我国加入了 WTO，这标志着我国对外开放进入了一个新时期。我国将由过去范围和领域有限的市场开放转变为全方位的市场开放，由过去单方面为主的自我开放转变为与各成员间双向的相互开放，由过去以试点为特点的政策性开放转变为在法律框架下的可预见的开放。这对我国对外经贸的发展提出了更高、更新的要求。

首先，进一步提高国民经济的整体开放度，加快形成对内对外全方位、多领域、多渠道的开放新格局。一方面，随着我国履行加入 WTO 的各项承诺，绝大多数行业和部门对外资外商的开放步伐明显加快，原有的市场准入各种限制逐步减少或取消，更多的国外生产和服务企业正以更大的规模、更多的投资、更灵活的经营形式、在更广泛的领域进入中国；另一方面，加入 WTO 也使我国“走出去”获得更有利的条件，要求我国的商品、技术、资金和劳务应以更大的规模和更快的速度走上国际市场，尤其是要大力推动企业拓展跨国生产经营，扩大对外投资和拓展各种服务出口，积极开展多种形式的国际经济技术合作与交流，并形成全球各区域合理分布的多元化市场。

其次，加快实现外经贸增长方式的根本转变，促进技术创新和技术进步，全面提高我国的国际竞争力。1998 年东南亚金融危机的爆发对我国外经贸工作所造成的困难和障碍，已经暴露出我国在产业结构、产品结构和增长方式等方面存在的许多不足。随着我国进一步加入和全面参与国际市场竞争，加快调整产业产品结构和转变外经贸增长方式则更具有紧迫性。虽然近年来我国外经贸产业和产品结构已有明显转变，但与发达国家相比差距仍然不小，更难以适应 21 世纪知识经济发展的要求。我国对外经贸只有加快向“集约化发展”和“以质取胜”的方向转变，不断提高质量、素质和效率，把扩大规模和提高水平有机结合起来，才能更积极地迎接外来竞争的挑战，更有效地拓展国际市场，在更加激烈的国际竞争中立于不败之地。

最后，进一步深化外经贸体制的改革，加快制度创新和管理创新，推动外经贸各项活动的有机结合和相互促进。随着我国开放的扩大和深化，外经贸体制必须适应世界经贸发展的趋势，能够促进商品、资金、技术、劳务的自由流动，实现外经贸经营主体的多元化，促进对外投资、服务贸易、技术交流、货物贸易和利用外资等各项对外经贸活动的密切配合。同时，又要符合多边贸易体制的规则要求，严格遵循国际经济活动的各种游戏规则。这要求我国从体制到机构、从政策到措施都要加快调整和不断完善，尽快建立起既符合国际惯例和通行规则，又能促进贸易、生产、科技、金融等部门的密切合作，商品、技术和服务等贸易一体化协调发展，推动多边、区域和双边各层次经贸合作紧密结合的对外经贸新体制。

由此可见，我国在新时期发展大经贸，实现大开放、大转变和大融合的意义和作用不仅没有削弱，而且更为突出。同时，新形势对我国对外经贸发展提出的新任务，也使实施大经贸战略的内涵更为丰富，要求进一步提高。

三、“逆全球化”思潮下中国对外贸易转型的路径选择

（一）我国对外贸易转型的目标

中国经济正处于由外向型向内需型、粗放型向集约型、规模扩张向结构优化转变的关键时期，只有增强我国外贸竞争优势，才能在外贸转型中发挥更大的促进作用。

我国短时间的外贸发展目标是“稳增长、调结构、促平衡”。外贸传统优势进一步巩固，外贸竞争优势培育取得实质性进展。这就要求我国在保持传统外贸竞争优势的同时，积极调整我国对外贸易的结构，保证外贸规模的同时促进外贸结构的优化升

级，从经济层面来说，我国的对外贸易转型升级其实就是将对外贸易发展的模式与我国的资源配置方式进行转变升级，其所涉及的范围将会更加广泛。我国的对外贸易转型升级不仅要包括对外贸易发展的方式、对外贸易发展的形态，还要包含对外贸易发展过程中的政治建设与法律法规完善等。具体来讲，要着力优化国际市场布局，推进市场多元化；着力优化国内区域布局，推动东、中、西部协调发展；着力优化外贸商品结构，提升出口附加值和技术含量；着力优化经营主体结构，促进各类企业共同发展；着力优化贸易方式、推进外贸转型升级。因此，在我国经济新常态发展的过程中，应该通过多种措施促使我国对外贸易得以快速、持续地转型发展，最终实现从贸易大国向贸易强国的目标转变，如表 5-1 所示。

表 5-1　我国外贸发展目标的具体表现

优化国际市场布局	推进市场多元化
优化国内区域布局	推动东、中、西部协调发展
优化外贸商品结构	提升出口附加值和技术含量
优化经营主体结构	促进外贸产业、企业共同发展
优化贸易发展方式	推动对外贸易转型升级

现阶段我国外贸转型的目标是贸易结构进一步优化，发展动力加快转换，外贸发展的质量和效益进一步提升，贸易大国地位巩固，贸易强国建设取得重要进展。

外贸结构进一步优化。努力推进“五个优化”。一是优化国际市场布局。在巩固传统市场的同时，提高“一带一路”沿线国家等新兴市场在全国外贸中的比重。二是优化国内区域布局。在巩固东部沿海地区外贸的同时，更加发挥中、西部地区在全国外贸中的作用。三是优化商品结构。在稳定传统优势产品出口的同时，提高出口品牌、高技术含量产品在全国外贸中的比重。四是优化外贸经营主体。在坚持外贸大中小企业并重、多种所有制企业共同发展的同时，培育一批具有较强创新能力和国际竞争力的跨国公司。五是优化贸易方式。不断创新贸易方式，做强一般贸易，提升加工贸易，发展其他贸易方式。

外贸发展动力加快转换。努力实现五个转变：一是推动出口由货物为主向货物、服务、技术、资本输出相结合转变；二是推动竞争优势由价格优势为主向技术、标准、品牌、质量、服务为核心的综合竞争优势转变；三是推动增长动力由要素驱动为主向创新驱动转变；四是推动营商环境由政策引导为主向制度规范和法治化、国际化转变；五是推动我国在全球经济治理的地位由遵守、适应国际经贸规则为主向主动参与国际经贸规则制订转变。

（二）我国对外贸易转型的路径

在“逆全球化”的背景下，我国对外贸易转型刻不容缓，需要在以下几方面深入发掘转型潜力，探寻外贸转型发展的路径。我国对外贸易转型的路径分为五类，具体如下。

1. 由高速规模扩张向中低速效益增长转变

以往外贸出口作为拉动我国经济增长的三驾马车之一，为我国经济腾飞做出了巨大贡献。以往外贸增速一直保持着高速增长的态势，外贸规模与数量急剧扩张，在2013—2015年，我国连续三年保持世界第一货物贸易大国地位，这是我国外贸发展取得的巨大成就。但在“逆全球化”思潮下，随着我国整体经济增速下滑，外贸增速也下滑明显，以往高速增长的外贸态势已经不复存在，单纯追求规模数量的扩张难以提升我国外贸竞争力，提高外贸产业组织效率才是推动外贸持续发展的有效方式。需要转变单纯外贸高速增长的观念，适当降速提质增效，适应中低速外贸增长的现状，把重点放在效益提升上，不再过度关注贸易数量的提高，但一定的贸易数量是提高效益的基础，需要将二者有机结合，形成良性互动促进发展机制。

2. 由粗放数量型向集约质量型转变

以往粗放式的对外贸易规模扩张只能获得量的积累，未能体现质的提高，生产效益不高。进入新常态的发展环境下，高增速的扩张一去不复返，需要更加注重质量与效益，需要平衡外贸增速与产品质量、生产效益之间的动态关系。我国对外贸易的转型，其实也是国际贸易的产业转型问题，我国现有国际贸易产业大而不强是不争的事实，从外贸产业的效益、效率、功能与竞争力来讲，我国外贸产业与西方发达经济体相比仍然落后，外贸控制力、渠道控制力、品牌知名度、营销管理技巧、人员素质等方面还有较大的差距。我国外贸的转型是要从过去粗放的、追求数量的增长方式转变为向集约的、追求质量效益的、进出口均衡增长的方式转变。我国需要打造强大的国际贸易产业，扭转贸易条件恶化的局面，提高国际贸易收益水平，实现国际贸易地位、竞争力强大提升，促进外贸转型升级，保持对外贸易又好又快地可持续发展。国际贸易产业不仅要优化商品结构、市场结构、贸易方式结构，还需要协调进出口关系、货物贸易与服务贸易的关系、外贸与内贸的关系等，提升外贸增长效益和质量。

3. 由要素资源驱动向创新驱动转变

要素资源驱动的发展方式已经不可持续，需要通过技术创新探索对外贸易转型与发展的新道路，加大科技创新力度，深入实施科技兴贸战略。外贸创新不仅是生产工艺与产品的创新，更是经营管理、组织改革以及销售、贸易技术的创新。不仅是管理、制度层面的创新，更是新市场、新领域的创新。外贸创新应该包括与贸易有关的信息技术、金融服务、仓储物流等贸易过程和服务的创新，这能充分促进外贸信息化、现代化的发展，在生产、服务、制度等环节加强技术与管理创新，以此增强市场竞争力。

4. 由非均衡发展向多元平衡发展转变

对外贸易的非均衡表现为多方面，包括进出口规模不平衡、商品结构不平衡、货物贸易与服务贸易不平衡、外贸对象与我国外贸地域发展不平衡、国内外贸不均衡、“走出去”与“引进来”不均衡等现象。这些非均衡现象表现出我国对外贸易长期存在的问题，以往过于注重出口规模而忽视进口，商品的进出口结构严重不合理，出口产品附加值低、货物贸易与服务贸易比例失调、国内东、中、西部外贸发展布局不合理、对外投资比例过低等问题急需处理，否则将严重影响我国对外贸易的健康发展。要促进外贸全面均衡发展，调节商品、贸易、地域结构，走多元均衡发展道路，协调统一，将会是我国外贸转型与发展的必由之路。

5. 由外部被动牵引向内部主动供给侧改革转变

外贸增速下滑受到外需低迷、全球性制造业增长乏力以及国外经济下行压力持续加大等外部因素影响，以往的外贸主动权掌握在外商手中，我国外贸只能顺应被动式接受，在加工贸易上体现得更为明显，这与外贸“转动力、提质量”的转型发展效果欠佳有关。而加快推动外贸供给侧结构性改革，是实现外贸转型发展的有效途径。长期粗放式发展模式，在带来一定经济发展利益的同时，也因其附加值低、利润不高等特征而备受诟病。会致使具有“世界工厂”美誉下的一般制造业形成严重的产能过剩，特别是在遭遇到全球经济深度调整期周期性矛盾和结构性矛盾并存发展时，产能过剩的现象更为明显。这会使原本利润微薄的外贸企业，遭遇盈利能力下降和债务风险上升的挑战和困难，其必然结果就是外贸增长动力缺乏和增速放缓，这正是当前中国外贸发展面临的现实困境。因此，从供给侧结构性改革角度寻求出路，实质上就是要通过改革，改变以往的粗放式发展模式，就是要从以往要素驱动和投资驱动，向创新驱动方向转变，从而提升外贸发展的质量和效率，由被动变主动，增强外贸企业的持续创新能力；注重外贸长期可持续发展。减少“低端无效供给”，增加“高端有效供给”。在巩固传统进出口模式的同时，努力发展新型贸易业态，打造外贸供给方式与结构多样化，是外贸供给侧结构性改革的重要内涵。

第二节　国际贸易规则重构与自贸区战略

近年来，以美欧为代表的西方发达国家经济体试图通过 TPP（跨太平洋伙伴关系协定）、TTIP（跨大西洋贸易与投资伙伴关系协定）以及 TISA（国际服务贸易协定）等谈判，形成新一代全球贸易与投资规则。而这一颠覆全球经济贸易秩序的体系，并没有将中国纳入其中，面对这一情况，中国必须以开放积极的姿态主动参与，争取更大的全球经济治理话语权。近期中国积极推进的“一带一路”与自贸区建设正是中国以开放促改革，争夺新一波全球化浪潮中主动权的有力支撑。

习近平总书记指出：“加快实施自由贸易区战略，是我国积极参与国际经贸规则制定、争取全球经济治理制度性权力的重要平台。”中国自由贸易试验区是中央从我国更好地应对国际经济贸易和投资规则变化与挑战角度出发，提高对外开放水平，以开放促改革促发展的一块试验田。

一、国际贸易规则重构的应对

2015 年 12 月 11 日，在三亚举行的“三亚·财经国际论坛”中，全国人大常委会委员、全国人大外事委员会主任委员傅莹指出：“世贸组织多哈回合谈判名存实亡，美国为了维护在世界经济事务中的主导权，积极促成跨太平洋伙伴关系协定（TPP）和跨大西洋贸易与投资伙伴协定（TTIP），在没有吸纳所有主要经济体参与的情况下，另行确立新的规则体系。这不能不令人怀疑，美国是在重筑‘经贸之墙’，而不是‘拆墙’。”目前，以美国为首的发达国家主导的全球贸易与投资体系重构主要有以下趋势性特点。

（一）平台重构

多哈回合谈判未能取得实质进展，世界贸易的主要平台由 WTO 多边贸易谈判逐渐转向区域性贸易谈判平台，特别是以美国为主导的跨太平洋伙伴关系协定（TPP）与跨大西洋贸易与投资伙伴协定（TTIP）。

（二）重心转移

贸易规则重构各国关心的重点已从单纯的货物贸易转移到“货物贸易、服务贸易、投资”三位一体的贸易伙伴关系构建，从过去以关税减让为主的合作深化到包括知识产权、货币兑换、监管规则统一、环境标准、劳工关系等多个领域。

（三）机制强化

越来越多地采用负面清单方式对贸易与投资行为进行约束，提高了政策透明度和自由度，争端处理越来越规范化，国际仲裁机制成为解决投资者与政府争端的普遍接受的方式。

TPP+TTIP+TISA 的全球经贸格局一旦形成，将有可能使世贸组织（WTO）与 APEC（亚太经合组织）面临被架空的形势，而中国则面临被边缘化的危险。中国作为全球第二大经济体、世界贸易大国，经济发展与国际贸易形势的演变密切相关，面对目前的博弈形势，中国必须积极参与到全球经贸规则的制定中去。

长期以来，中国的贸易自由化路径依赖于多边贸易体制，而中国的区域贸易战略在 21 世纪才刚刚起步。与 WTO 的一致同意规则不同，新的贸易规则的制定越来越倾向于区域化，新的谈判以更深程度的消除壁垒、建立经济合作伙伴关系为目的。为了制衡 TPP 与 TTIP 的影响力，提升中国在国际贸易体系中的地位，避免成为新规则的被动接受者，中国加快了与其他国家建立区域自由贸易区的进程，建立了中国—东盟自贸区、中国—韩国自贸区等。但仍然需要重点加强以下几个方面的工作。

1. 推进高水准的自贸协议谈判

中国当前谈判和建设的自贸区普遍以关税减让为主，并没有太多涉及像 TPP、TTIP 这种自贸协定所涉及的知识产权、监管标准、货币兑换等非传统自贸协定内容，这与高水准的自贸协定和全面的贸易伙伴关系尚有差距。如果不改变这一现状，将不利于在未来的多边或双边谈判中达成更为“互惠双赢”的协议。

2. 进一步推动已有自贸区的升级

中国积极推动的亚洲基础设施投资银行的设立、“一带一路”的对外开放战略行动，都将对中国—东盟自贸区、中国—中亚自贸区、中国—海合会（海湾阿拉伯国家联合会）自贸区产生积极影响，从而巩固中国在亚太自贸区的主导地位，并实现“突围”，打造与 TPP 相媲美的世界跨度最大的新兴经济带。

3. 推动经济新常态下的新一轮改革，以开放倒逼改革

中国已经进入了经济结构重构和增长动力重塑的经济转型阶段，要培养能够应对未来国际贸易新趋势的“硬实力”，需要解决的关键因素还是国家内生的发展机制。中国改革开放 40 年的历史经验证明了改革与开放是一体两面的战略组合，新常态下

的改革，必须在开放的过程中不断检验现有经济体制合理性，才能促进整体社会找到差距，使改革一步步深入。

二、“一带一路”与自贸区战略

（一）“一带一路”的解读

“一带一路”是“丝绸之路经济带”和“21 世纪海上丝绸之路”的简称。它将充分依靠中国与有关国家既有的双多边机制，借助既有的、行之有效的区域合作平台。2013 年 9 月和 10 月，中国国家主席习近平在出访中亚和东南亚国家期间，先后提出共建“丝绸之路经济带”和“21 世纪海上丝绸之路”的重大倡议，得到国际社会高度关注。

“一带一路”不是一个实体和机制，而是合作发展的理念和倡议，是依靠中国与有关国家既有的双多边机制，借助既有的、行之有效的区域合作平台，旨在借用古代“丝绸之路”的历史符号，高举和平发展的旗帜，主动地发展与沿线国家的经济合作伙伴关系，共同打造政治互信、经济融合、文化包容的利益共同体、命运共同体和责任共同体。

“一带一路”贯穿亚欧非大陆，一头是活跃的东亚经济圈，另一头是发达的欧洲经济圈，中间广大腹地国家经济发展潜力巨大。“丝绸之路经济带”重点畅通中国经中亚、俄罗斯至欧洲（波罗的海）；中国经中亚、西亚至波斯湾、地中海；中国至东南亚、南亚、印度洋。“21 世纪海上丝绸之路”的重点方向，一是从中国沿海港口过南海到印度洋，延伸至欧洲；二是从中国沿海港口过南海到南太平洋。

中国国家发展改革委、外交部、商务部于 2015 年 3 月 28 日联合发布《推动共建丝绸之路经济带和 21 世纪海上丝绸之路的愿景与行动》，就“一带一路”建设过程中的五大合作重点提出倡议。

第一，在政策沟通方面，加强政府间合作，积极构建多层次政府间宏观政策沟通交流机制。沿线国家可以就经济发展战略和对策进行充分交流对接，共同制定推进区域合作的规划和措施。

第二，在设施联通方面，宜加强基础设施建设规划、技术标准体系的对接，共同推进国际骨干通道建设，逐步形成连接亚洲各次区域以及亚欧非之间的基础设施网络。强化基础设施绿色低碳化建设和运营管理，在建设中充分考虑气候变化影响。抓住交通基础设施的关键通道、关键节点和重点工程，优先打通缺失路段，畅通瓶颈路段，提升道路通达水平。推进建立统一的全程运输协调机制，推进港口合作建设，拓展建立民航全面合作的平台和机制。加强能源基础设施互联互通合作，推进跨境电力和输电管道建设。共同推进跨境光缆等通信干线网络建设，畅通信息丝绸之路。

第三，在贸易畅通方面，宜着力研究解决投资贸易便利化问题，消除贸易和投资壁垒，积极同沿线国家和地区共同商建自由贸易区。改善边境口岸通关设施条件，加快边境口岸“单一窗口”建设，降低通关成本，提升通关能力。拓宽贸易领域，优化贸易结构，挖掘贸易新增长点，促进贸易平衡。发展跨境电子商务等新的商业业态，大力发展现代服务贸易。加快投资便利化进程，消除投资壁垒。拓展相互投资领域。推动新兴产业合作，促进沿线国家加强在新一代信息技术、生物、新能源、新材料等新兴产业领域的深入合作。优化产业链分工布局，扩大服务业相互开放，探索投资合作新模式，鼓励合作建设境外经贸合作区、跨境经济合作区等各类产业园区，在投资贸易中加强生态环境、生物多样性和应对气候变化合作，共建绿色丝绸之路。中国欢迎各国企业来华投资，鼓励本国企业参与沿线国家基础设施建设和产业投资。

第四，在资金融通方面，扩大沿线国家双边本币互换、结算的范围和规模。推动亚洲债券市场的开放和发展，共同推进亚洲基础设施投资银行、金砖国家开发银行的筹建，有关各方就建立上海合作组织融资机构开展磋商，加快丝路基金组建运营。支持沿线国家政府和信用等级较高的企业和金融机构在中国境内发行人民币债券。加强金融监管合作。

第五，在民心相通方面，扩大相互间留学生规模，开展合作办学，中国每年向沿线国家提供 1 万个政府奖学金名额。加强旅游合作，扩大旅游规模，联合打造具有丝绸之路特色的国际精品旅游线路和旅游产品，提高沿线各国游客签证便利化水平。加强科技合作，积极开拓和推进与沿线国家在青年就业、创业培训等领域的务实合作。

“一带一路”与自贸区建设将互相配合，共同构成中国对外开放的新格局。2015 年 12 月 5 日，中共中央政治局会议明确指出，“一带一路”建设将成为 2016 年工作重点任务。在同日举行的中共中央政治局集体学习会上，习近平总书记强调，要加强顶层设计、谋划大棋局，构筑起立足周边、辐射“一带一路”、面向全球的自由贸易区网络，积极同“一带一路”沿线国家和地区商建自由贸易区。以“一带一路”为纲，“自由贸易区”为目的的对外开放布局已经显现。

商务部研究院国际市场研究部副主任白明提出：“目前，中国正从贸易大国向贸易强国转变，在此背景下，中国需要从利用全球化向主导全球化过渡。‘一带一路’和自贸区建设不仅明确了中国在这一过程中的定位，而且为中国取得这种主动性地位提供了条件。”“一带一路”规划将以推动建设自由贸易园区或港区的形式推动经济走廊建设，加快区域经济一体化是“一带一路”建设的基本要求和重要内容。目前，中国正在推进一系列自贸区谈判，逐步构建辐射“一带一路”的高标准自贸区网络。

在亚太地区，未来自贸区建设包括推动中国—东盟自贸区升级，推进中巴自贸区第二阶段谈判和区域全面经济伙伴关系协定谈判，推动重启中国—海合会自贸区谈判；推动亚太贸易协定取得新进展；推进上海合作组织、大湄公河、泛北部湾、中亚等区域、次区域合作建设，完善孟中印缅经济走廊合作机制，加强中巴经济走廊建设规划等。

而在国内，各地也正在寻求对接“一带一路”的突破口。据报道，新疆提出建设中国中亚自由贸易区，宁夏提出建设中国—海合会自贸区先行区。连云港拟申报建设中哈连云港自由贸易区和连云港自由贸易港区，在此基础上申报建设“丝绸之路经济带”自由贸易区。

（二）“一带一路”与我国自贸区发展战略的联系

国际经贸规则的重构、经济新常态背景下结构转型与增长动力的重塑要求我们回答：下一步的对外开放战略该如何调整，来充分利用国际市场、国际资源，来服务于结构升级和增长动力的转换。

在以往党和国家的政策文件中，对外开放举措中可被冠以“战略”的名称有两个：一是“一带一路”，二是自贸区战略。“一带一路”旨在借用古代“丝绸之路”的历史符号，主动地发展与沿线国家的经济合作伙伴关系，共同打造政治互信、经济融合、文化包容的利益共同体、命运共同体和责任共同体。其战略意义包括：一方面，发展相对滞后的中国西部本应成为东部沿海发达地区产业转移的目的地，但基础设施落后妨碍了产业的合理转移。通过“一带一路”可以撬动西部基础设施建设，扩大向西和向南的对外开放。另一方面，可以带动中国现有产能和优势产能（如高铁），开辟新的出口市场，将自身的产能优势、技术与资金优势、经验与模式优势转化为市场与合作优势。再者，“一带一路”将推动全球再平衡，通过改变亚洲各区域间发展不平衡、联而不通、通而不畅的格局，深化区域合作，缩短与欧美国家贫富差距，维持经济的稳定增长，这也是所有参与国和丝路沿线国家的共同愿望。

而自贸区的设置则是我国主动应对国际经贸规则变化的“先行先试”。我国目前实施的自由贸易区有两类。

第一类是我国单方自主地对境外所有经济体开放的自由贸易区，如中国上海自由贸易试验区；第二类是双边或区域的贸易投资自由化协议的自贸区。第一类自贸区包含了许多对外开放的新内容，其中最重要的是贸易投资便利化改革以及具有接受国际新规则压力测试的政策含义。目前已经取得突破性进展，形成包括上海、广东、福建、天津四大自贸区的建设格局，第三批自贸区也在筹划建设中。

第二类自由贸易区包括中韩、中澳自贸区谈判和 2014 年启动的亚太自由贸易区等。例如，韩国是全球第 14 大经济体，中韩贸易将近 3 000 亿美元。澳大利亚的经济制度和法律法规几乎与欧盟没有区别，如果中国能够和澳大利亚达成一个高水平的，涉及几乎所有目前自贸协定谈判各种议题的协议，那就意味着中国有能力也有自信，全面地参与全球无论是双边还是多边的高标准自贸协定谈判。亚太自贸区则更具有历史标志性意义：这是第一次由中国首倡、中国设置议题、中国提出行动计划和时间表的国际经济治理新方案，也是未来中国在制定国际规则中占据主导地位的新标志。

三、中国自贸区建设与战略布局

（一）中国自贸区建设目标

2015 年 12 月 17 日，国务院发布了《国务院关于加快实施自由贸易区战略的若干意见》，对自贸区建设进行了顶层设计，提出自贸区建设的近期和中长期目标：近期，加快正在进行的自由贸易区谈判进程，在条件具备的情况下逐步提升已有自由贸易区的自由化水平，积极推动与周边大部分国家和地区建立自由贸易区，使中国与自由贸易伙伴的贸易额占中国对外贸易总额的比重达到或超过多数发达国家和新兴经济体水平。中长期，形成包括邻近国家和地区、涵盖“一带一路”沿线国家以及辐射五大洲重要国家的全球自由贸易区网络，使中国大部分对外贸易、双向投资实现自由化和便利化。

在自贸区建设中应遵循以下基本原则。

一是扩大开放，深化改革。加快实施更加主动的自由贸易区战略，通过自由贸易区扩大开放，提高开放水平和质量，深度参与国际规则制定，拓展开放型经济新空间，形成全方位开放新格局，开创高水平开放新局面，促进全面深化改革，更好地服务国内发展。

二是全面参与，重点突破。全方位参与自由贸易区等各种区域贸易安排合作，重点加快与周边、“一带一路”沿线以及产能合作重点国家、地区和区域经济集团商建自由贸易区。

三是互利共赢，共同发展。树立正确的义利观，兼顾各方利益和关切，考虑发展中经济体和最不发达经济体的实际情况，寻求利益契合点和合作公约数，努力构建互利共赢的自由贸易区网络，推动我国与世界各国、各地区共同发展。

四是科学评估，防控风险。加强科学论证，做好风险评估，努力排除自由贸易区建设中的风险因素。同时，提高开放环境下的政府监管能力，建立健全并严格实施安全审查、反垄断和事中、事后监管等方面的法律法规，确保国家安全。

（二）中国自贸区建设历程

加快实施自由贸易区战略是我国新一轮对外开放的重要内容。党的十八大提出加快实施自由贸易区战略，十八届三中、五中全会进一步要求以周边为基础加快实施自由贸易区战略，形成面向全球的高标准自由贸易区网络。当前，全球范围内自由贸易区的数量不断增加，自由贸易区谈判涵盖议题快速拓展，自由化水平显著提高。我国经济发展进入新常态，外贸发展机遇和挑战并存，“引进来”“走出去”正面临新的发展形势。加快实施自由贸易区战略是我国适应经济全球化新趋势的客观要求，是全面深化改革、构建开放型经济新体制的必然选择。

1.国内自由贸易试验区（第一类自贸区）建设

我国目前建设的国内四大自贸区之所以称为“自由贸易试验区”，熟悉中国历史的人明白，这是中国惯用的一种改革策略，先建立“试验点”，探索经验，成功后再推广至全国。不难看出，中国新一轮的改革也遵循了这一思路。自贸区总方案更是开宗明义：“经过 2 至 5 年的改革试验，加快政府职能转变，扩大开放空间，用倒逼机制推动转型升级。”

2013 年 3 月，新一届中央政府成立后，国务院总理李克强在上海调研期间表示，鼓励支持上海积极探索，建立一个自由贸易试验区，进一步扩大开放，推动完善开放型经济体制机制。

2013 年 7 月 3 日，国务院常务会议通过《中国（上海）自由贸易试验区总体方案》，强调建设自贸区是顺应全球经贸发展新趋势，更加积极主动对外开放的重大举措，有利于培育我国面向全球的竞争新优势，构建与各国合作发展的新平台，拓展经济增长的新空间，打造中国经济“升级版”。8 月，国务院正式批准设立中国（上海）自由贸易试验区。9 月 29 日，上海自贸区正式挂牌成立。

2014 年政府工作报告在回顾上年成绩时说，“设立中国（上海）自由贸易试验区，探索准入前国民待遇加负面清单的管理模式”，在部署当年工作时说，“建设好、管理好中国（上海）自由贸易试验区，形成可复制可推广的体制机制，并开展若干新的试点”。

2014 年 12 月，国务院决定推广上海自贸区试点经验，设立广东、天津、福建三个自贸试验区，并扩展上海自贸区的范围。沪、粤、津、闽四地自贸区总面积将分别达到 120.72 平方千米、116.2 平方千米、119.9 平方千米、118.04 平方千米。

2015 年 3 月 24 日，中共中央政治局召开会议，审议通过广东、天津、福建自由贸易试验区总体方案和进一步深化上海自由贸易试验区改革开放方案。4 月 21 日，正式挂牌成立广东、福建、天津自由贸易试验区。

2015 年在 4 月 8 日第二批自贸区获批成立后，全国各省份紧跟时代潮流，在已公布的 24 份各省份“十三五”规划建议稿中，明确提出要申报自贸区的有 12 个省份（自治区），分别是：山东、黑龙江、内蒙古、贵州、江西、浙江、云南、广西、陕西、海南、湖南、甘肃。

2015 年 12 月，国务院副总理汪洋主持召开了国务院自贸区部级联席会议第二次全体会议，听取自贸试验区半年工作进展情况报告，商务部向部际联席会议提交了 21 项拟在全国复制推广的改革经验。

2. 国际自贸区谈判与协定（第二类自贸区）进展

据商务部的报道，截至 2015 年年底，我国已经签署并实施 14 个自贸协定，涉及 22 个国家和地区，自贸伙伴遍及亚洲、拉美、大洋洲、欧洲等地区。这些协定分别是我国与东盟、韩国、澳大利亚、新加坡、巴基斯坦、冰岛、瑞士、智利、秘鲁、哥斯达黎加、新西兰的自贸协定，内地与香港、澳门的《更紧密经贸关系的安排》（CEPA），还有大陆与台湾的《海峡两岸经济合作框架协议》（ECFA）。我国也正在推进多个自贸区谈判，包括《区域全面经济伙伴关系协定》（RCEP）、中日韩、中国—海合会等自贸区谈判。总体来看，自贸区建设促进了我国与有关国家和地区的经贸合作，取得了互利共赢的成果。中国自贸区建设按照中央的战略布局，已经进入了规范化、快速发展的时期，与其他国家和地区共建自贸区的战略举措取得了突破进展。

一是成功签署并实施中韩自贸协定。经过 2 年多的谈判，2015 年 6 月 1 日，商务部高虎城部长和韩国产业通商资源部部长尹相直在韩国首尔签署中韩自贸协定。在完成各自国内程序后，中韩自贸协定已于 2015 年 12 月 20 日生效。中韩自贸协定是我国迄今为止对外签署的涉及国别贸易额最大的自贸协定，对中韩双方而言是一个互利、双赢的协定，实现了“利益大体平衡、全面、高水平”的目标。根据协定，在开放水平方面，双方货物贸易自由化比例均超过税目 90%、贸易额 85%。协定范围涵盖货物贸易、服务贸易、投资和规则等共 17 个领域，包含了电子商务、竞争政策、政府采购、环境等新议题。同时，双方承诺在协定生效后将以负面清单模式继续开展服务贸易谈判，并基于准入前国民待遇和负面清单开展投资谈判。

二是成功签署并实施中澳自贸协定。经过历时 10 年的谈判，2015 年 6 月 17 日，中澳自贸协定正式签署。在完成各自国内程序后，中澳自贸协定已于 2015 年 12 月 20 日生效。中澳自贸协定实现了“全面、高质量和利益平衡”的目标，是我国与其他国家迄今已商签的贸易投资自由化整体水平最高的自贸协定之一，在一些领域创新了谈判模式。在服务领域，澳方承诺自协定生效时对中方以负面清单方式开放服务部门，成为世界上首个对我国以负面清单方式做出服务贸易承诺的国家，中方以正面清单方式向澳方开放服务部门。澳方还在假日工作机制等方面对中方做出专门安排。在投资领域，双方自协定生效时起将相互给予最惠国待遇。双方还同意未来以负面清单模式谈判投资和服务的开放升级。

三是如期完成中国—东盟自贸区升级谈判并签署升级《议定书》。经过 2 年 4 轮谈判，2015 年 11 月 22 日，高虎城部长与东盟十国部长分别代表中国政府和东盟十国政府，在马来西亚首都吉隆坡正式签署中国—东盟自贸区升级《议定书》。该《议定书》是我国在现有自贸区基础上完成的第一个升级协定，内容涵盖货物贸易、服务贸易、投资、海关合作与贸易便利化、经济技术合作等领域，是对原有协定的丰富、完善和补充，体现了中国与东盟深化和拓展双方经贸合作的共同愿望。中国—东盟自贸区的升级，将为双方经济发展提供新的助力，加快建设更为紧密的中国—东盟命运共同体，推动实现 2020 年双边贸易额达到 1 万亿美元的目标，并促进《区域全面经济伙伴关系协定》谈判和亚太自贸区建设进程。

四是推动《区域全面经济伙伴关系协定》（RCEP）谈判取得实质性进展。RCEP 谈判于 2012 年启动，是目前亚洲正在建设的规模最大的自贸区，涵盖了全球一半以上的人口，经济和贸易规模占全球的 30%，其中还包括中国和印度这两个世界上人口最多的国家。2015 年，在中方推动下，谈判取得了积极的进展。在 2015 年 8 月的吉隆坡 RCEP 经贸部长会上，经过中方大力引领，会议按照中方方案全面结束模式谈判，进入实质性出要价阶段。2017 年 11 月 14 日，区域全面经济伙伴关系协定领导人会议在菲律宾马尼拉举行，会后发表的联合声明强调 RCEP 有助于经济一体化和实现包容性增长，欲促各国代表加紧磋商以早日达成协议。2018 年，李克强总理在新加坡出席第二次 RCEP 领导会议，他表示，RCEP 是基于 WTO 规则基础上更高水平自贸协定的区域合作协议，在当前贸易保护主义、单边主义抬头的背景下，这一协议的达成有利于区域各国向世界发出积极信号。

第三节　自贸区建设过程中的贸易制度创新

一、我国对外贸易法律制度存在的问题

在经济全球化的驱动下，特别是加入世界贸易组织以来，我国积极融入国际贸易多边体制，对外贸易管理制度不断完善，建立了比较完整的开放型经济体系，对外贸易有了快速发展，取得了一定的成果，主要表现为对外贸易经营主体活力增强，贸易规模持续扩大，国际市场份额显著提高，市场结构趋向多元，出口商品结构不断优化，顺差规模有所减少，贸易竞争力不断加强。但是，在对外贸易快速发展的过程中，也存在着一些负面影响因素。

（一）政府对对外贸易的管理及服务缺乏规范化、法制化

目前，我国对外贸易的法律体系尚不完全适应世界贸易组织法律框架，对外贸易管理体制也不太适应国际经贸游戏规则。虽然制定有《对外贸易法》，但是与之相关的配套法规还没有健全。现行法律多强调政府的管理职能，授予政府诸多管理对外贸易活动的权力，但对规范政府管理行为以及政府的公共服务职能的规定却很少，导致政府的管理权力无限扩张、服务职能极度弱化的局面。政府对对外贸易的管理仍然存在计划经济的痕迹，各类行政审批过于烦琐复杂，审批范围过广、时限过长，审批的透明度和可预见性差，审批的法律依据性不强，随意性和自量权过大，对外贸易政策保护过度，部门保护和地方保护现象时有发生，同时规范、监管市场秩序的力度不够，未能建立统一的行业标准和行业监管体系，政府政策和执行缺乏统一性和透明度。此外，我国对外贸易政策与对外贸易的措施没有很好地配合，对外贸易政策提出的各种贸易思路，在真正的对外贸易实施过程中，存在偏差和不符合的情况，使贸易措施没有很好地执行和配合贸易政策，不利于对外贸易政策的实现。

由于法律政策的环境不够理想，各地政府管理和服务的差异，加之其他因素的影响，我国对外贸易地区发展不平衡问题还很突出。过度的贸易保护又使企业抗风险能力偏低，失去了生存的危机感和紧迫感，无法真正激发企业的最大潜力，我国的很多产业不仅没有赶超世界发达国家的先进水平，反而距发达国家的水平越来越远，具备自主知识产权、自主品牌、自主营销渠道的产品比重低，出口产品处于全球价值链低

端。同时，贸易摩擦逐渐增多，外贸市场日益遭到挤压，对我国产品的出口造成不利的影响。

此外，我国的商品出口遭遇了严重的技术性贸易壁垒。技术性贸易壁垒，是指一国或区域组织以维护其基本安全，保障人类及动植物的生命及健康和安全、保护环境、防止欺诈行为、保证产品质量等为由而采取的一些强制性或自愿性的技术性措施。我国有一半以上的出口企业不同程度地遭遇了国外技术性贸易壁垒，且已经从生产流通领域扩展到生产加工领域，不仅包括货物商品，还延伸到金融、信息等服务领域，严重地影响了我国的商品出口，提高了我国的贸易成本，引发了贸易争端，造成地区产业发展不平衡。

（二）服务贸易法律体系不完善，服务管理体制落后

近年，中国先后颁布了《商业银行法》《外资企业法》《保险法》《外资金融机构管理条例》等一批涉及服务贸易领域的重要法律法规，对构筑真正适应社会主义市场经济和国际通行规则需要的统一开放、有序竞争、规范管理的服务贸易体制起到了重要作用。但是，我国服务贸易立法尚未形成体系，没有一个关于服务业的一般性法律，相当一部分领域的法律处于空白状态。已颁布的一些关于服务贸易的法律法规不仅比较抽象、缺乏可操作性，而且立法层次低、缺乏协调，影响到我国服务立法的统一性和透明度。另外，我国对外服务贸易的立法与国际上通行的服务贸易法律存在衔接上的差距，对某些特定领域的规定有不同的表述，这对我国参与国际经贸合作，提升我国的经济地位将是不小的阻碍。

由于服务业是由许多相关行业组成的产业群，国际服务贸易涉及的行业范围极广，国际社会要求一国对其国内的服务业进行整体协调和管理。但目前我国对外服务贸易的国内管理过度，中央和地方进行共同管理，中央与地方在服务业对外贸易政策和规章方面还存在着一定的差别，且对服务业的每个产业都设有很多条条框框，管理门槛、准入门槛高，有很多计划经济体制下形成的不合理的管理理念和制度，限制了成本竞争，限制了服务业的创新。服务业多头管理也使政出多门甚至相互掣肘，服务中又互相推诿。此外，服务业的统计也不规范，在行业划分标准、服务标准等方面有些地方不符合国际惯例。

我国在对外服务贸易法律及管理体系的瑕疵给对外服务贸易的发展带来了不小的障碍。一是政府对待服务业的观念落后。服务业长期以来处于政企不分、政事不分，营利性机构与非营利性机构不分。许多服务领域至今仍被当作非生产性的活动，本可以产业化经营、商业化运作的服务领域，却被当作公益性、福利性的社会事业来办。

二是管制多，开放程度相对较低。我国在外资准入资格、进入形式、股权比例和业务范围等方面还存在较多的限制，如电信业在 2000 年 9 月才出台《外资电信管理规定》，容许以合资的方式进入；公路运输方面在 2001 年 11 月才发布《外商投资道路运输业的管理规定》，容许独资方式进入货运，而客运仅限于合资，铁路于 2000 年 8 月才以合资的方式开放货运；而对金融业的业务范围和地域一直实施严格的限制。三是政策导向不合理。由此导致服务贸易发展滞后，服务贸易规模偏小，整体水平差，服务贸易的发展水平落后于货物贸易的发展水平，服务贸易出口与货物贸易出口的比例为 1 ∶ 9，远低于世界平均 1 ∶ 4.2 的水平（美国这一比例为 1 ∶ 2.6），且服务贸易结构也不合理，目前我国服务贸易出口主要集中在运输、旅游、建筑等传统服务部门，服务贸易的区域发展不够平衡。四是政府垄断经营严重，影响了服务贸易的自由化。例如，政府在电信、金融、保险、教育等行业制定比较全面的保护政策，绝大多数行业国有企业仍占据主体地位，甚至绝对地位，其比例大大高于工业，造成了这些行业的强垄断性，不仅破坏了正常的公平竞争秩序，而且导致了服务业缺乏竞争，效率低下。服务业市场化程度低还表现在，政府承担了本该由市场承担的服务以及市场中介机构多依附于政府部门，使中介机构不能做到独立、客观、公正地执业，影响了中介机构的商誉及其对市场的开拓。

二、我国自贸区建设过程中的贸易制度创新 —— 以上海自贸区为例

（一）创新监管服务模式

在贸易领域，上海自由贸易区遵循“一线（国境线）逐步彻底放开、二线（自贸试验区与境内区外之间分界线）安全高效管住、区内流转自由”的原则，在自贸试验区建立与国际贸易等业务发展需求相适应的监管模式。

在“一线放开”方面创新监管模式，提出要将一线监管集中在对人的监管，口岸单位（包括海关、边防、检验检疫等）只做必要的检验检疫等工作；特别是海关方面将不再采用批次监管的模式，而采用集中、分类、电子化监管模式，达到自由贸易试验区内人与货物的高效快捷流动。在“二线安全高效管住”方面，就是管住自贸试验区的空间分界线，即对进出园区内外的货物进行监管。

按照通关便利、安全高效的要求，在自贸试验区开展海关监管制度创新，促进新型贸易业态发展。从自贸区挂牌成立之初，海关总署就从创新海关监管、支持功能拓展、推进政策落实、加强风险防控、建立协作机制等 5 个方面出台了 18 条措施，提出了“一线放开、二线安全高效管住”通关模式、选择性征税等措施。在海关总署的

领导下和前期试点的基础上，上海海关又先后分批推出 23 项“可复制、可推广”的监管服务新制度。

第一项：先进区、后报关制度。原来一线进境货物实行先报关再入区的通关作业流程，在一线进境货物入区环节，企业先向海关申报进境备案清单，海关办理完通关手续后，企业再凭放行单据将货物运至区内。现调整为对于一线进境货物，海关依托信息化系统，允许企业凭进境货物的舱单信息先提货进区，上海海关所辖口岸监管场所经营人凭电子信息办理相关货物的提离手续，货物运至区内后，企业再在规定时限内向海关进行进境备案清单申报。

第二项：区内企业货物流转自行运输制度。根据原制度规定，试验区范围内 4 个海关特殊监管区域之间货物的流转采取转关运输方式，并用海关监管车辆运输货物。新制度规定，试验区内企业，可以使用经海关备案的自有车辆或委托取得相关运输资质的境内运输企业车辆，在试验区内自行结转货物。

第三项：加工贸易工单式核销制度。依托对使用企业资源计划系统（ERP）的加工生产制造企业实施的联网管理，取消单耗审核与备案，以企业每日自动发送的工单数据为基础进行核销。

第四项：保税展示交易制度。之前仅允许企业在区内开展保税展示。新制度允许区内企业在向海关提供足额税款担保（保证金或银行保函）后，在区外或区内指定场所进行保税货物的展示，对展示期间发生内销的货物实施先销后税、集中申报。

第五项：境内外维修制度。改革前仅允许区内企业开展区内生产出口产品的返区维修，且维修业务规范不明确。改革后支持自贸试验区内企业开展高技术、高附加值、无污染的境内外维修业务，海关参照保税加工的监管模式，依托信息化管理系统实施管理，拓展区内维修业务范围，促进高技术、高附加值、无污染的境内维修业务发展。

第六项：期货保税交割制度。允许区内企业在自贸试验区内以保税监管状态的货物为标的物，开展期货实物交割。将实施区域从洋山保税港区扩大到整个自贸试验区，交割商品从铜和铝扩展至上海期交所所有上市商品品种。

第七项：融资租赁制度。海关对融资租赁货物按照审查确定的分期缴纳的租金分期征收关税和增值税。同时允许符合规定条件的企业，可以保证书的方式提供担保，降低企业成本，进一步吸引融资企业入区经营。实施区域从浦东机场综合保税区扩大到整个自贸试验区，将上海航运服务与金融服务的资源优势、创新优势、环境优势，与海关特殊监管区域保税功能优势相结合，推动试验区建设成为国内一流的融资租赁特别功能区与金融创新实践区。

第八项：批次进出、集中申报制度。改变传统逐票申报方式，改“一票一报”为“多票一报”，允许企业货物分批次进出，在规定期限内集中办理海关报关手续。

第九项：简化通关作业随附单证。对一线进出境备案清单以及二线不涉税的进出口报关单取消随附单证的要求，必要时，再要求企业提供相关随附单证。之前，上海海关会同上海出入境检验检疫局已决定取消一线进境环节通关单的验核。

第十项：统一备案清单。改革前，外高桥保税区、保税物流园区备案清单申报项为 36 项，洋山保税港区和浦东机场综合保税区备案清单申报项为 42 项。改革后，统一简化区内备案清单格式，申报要素统一规范为 30 项。

第十一项：内销选择性征税制度。对设在自贸试验区内的企业生产、加工并经“二线”销往国内市场的货物，企业可根据其对应进口料件或实际报验状态，自主选择内销货物按进口料件或按实际报验状态缴纳进口关税。

第十二项：集中汇总纳税制度。将传统的海关主导型税收征管模式转变为企业主动型的征管模式。在有效担保前提下，允许企业在规定的纳税周期内，对已放行货物向海关自主集中缴付税款，海关由实时性审核转为集约化后续审核和税收稽核。

第十三项：保税物流联网监管制度。将传统的阶段性盘库方式改为动态、实时的仓库核查模式。对符合条件的使用仓储管理系统（WMS）的企业，实施“系统联网 + 库位管理 + 实时核注”的仓储物流海关监管模式，对货物进、出、转、存情况做到实时掌控和动态核查。

第十四项：智能化卡口验放管理制度。升级改造自贸试验区卡口设施，简化卡口操作环节，实现自动比对、自动判别、自动验放。

第十五项：推进海关 AEO 互认制度。AEO 即“经认证的经营者”。目前，中国内地海关和中国香港、中国台湾、新加坡、韩国、欧盟已经签署 AEO 互认的合作协议。自 2004 年 7 月 1 日，在上海自贸区内推进海关 AEO 互认。

第十六项：企业信用信息公开制度。定期编制并公布《中国（上海）自由贸易试验区海关企业信用信息公开目录》，采用主动公开和依申请公开两种途径对外公布经海关注册登记的试验区内企业相关信用信息。

第十七项：企业自律管理。把海关稽查部门对企业单一的强制性查处违规行为，变成同时给企业一条主动向执法机构报告相关行为的途径。

第十八项：企业协调员制度。协调员制度，原先是海关总署在上海海关 2013 年年底开始全面试点的一项工作，面向 AA 类高资信企业的特别优惠服务措施，此次改革，通过构建“上海海关企业协调员服务平台”，指定专人担任企业协调员，协助企业提升管理水平。将在自贸区中拓展至B类以上且有实际需求的企业。

第十九项：一次备案、多次使用制度。区内企业经一次账册备案后，不再需要向海关重复备案，就可以开展“批次进出、集中申报”“保税展示交易”“境内外维修”“期货保税交割”“融资租赁”等需要海关核准开展的业务。

第二十项：授权试验区内海关办理企业适用A类管理事项制度。海关的企业分类共分五类，A类是第二类。原先这类企业的评定是权属于上海海关，这次由上海海关放权至自贸区海关。

第二十一项：自动审放、重点复核制度。创新海关审单作业模式，以企业信用为前提，对低风险单证实施计算机自动验放。

第二十二项：引入社会中介机构辅助开展海关保税监管和企业稽查制度。将中介机构引入海关保税监管和企业稽查工作中，拓宽中介机构参与海关监管的业务领域、作业环节和工作范围。

第二十三项：自主报税、海关重点稽核制度。运用“守法便利”理念，将海关审核把关为主转变为企业自主申报为主，将海关事前监管为主转变为事前、事中、事后监管联动。

按照进境检疫、适当放宽进出口检验，方便进出、严密防范质量安全风险的原则，在自贸试验区开展检验检疫监管制度创新。自2014年1月27日起，检验检疫部门开始实施“入境免签政策”，对自贸区入境保税仓储、保税加工、保税展示等保税货物免予签发入境通关证明，海关也不再验核检验检疫入境通关证明。检验检疫部门在自贸试验区运用信息化手段，建立出入境质量安全和疫病疫情风险管理机制，实施无纸化申报、签证、放行，入境货物到港后，企业凭海运仓单或空运提单信息24小时全天候向检验检疫部门电子申报，检验检疫相关信息化系统即时电子审单、即时反馈电子监管指令；无须检疫的货物，企业可直接提运进区入库；必须检疫的货物，企业可先提运进区，在区内接受检疫查验后入库储存。区内货物出区依企业申请，实行预检验制度，一次集中检验，分批核销放行。进出自贸试验区的保税展示商品免于检验。区内企业之间仓储物流货物，免于检验检疫。在自贸试验区建立有利于第三方检验鉴定机构发展和规范的管理制度，检验检疫部门按照国际通行规则，采信第三方检测结果。

在促进贸易便利化方面，上海出入境检验检疫局的另一项重要举措是“通报通放、快检快放、即查即放”试点。“通报通放”是指从自贸区各口岸入境货物的报检和通关手续，在上海出入境检验检疫局辖区内任何一个分支局、办事处均可办理。

"快检快放"便利化措施，对企业进口产品实施以合格保证为基础的评定程序，对出口产品推行"企业分类管理＋产品风险监测＋出口抽批放行"的监管模式。对企业开放检验检疫下属实验室检测资源，符合条件的企业自建实验室出具的检验报告，并采信试点范围内第三方检验机构出具的进出口产品检验结果。此外，还鼓励符合条件的企业申报"国家出口免验商品"等。

为加强海关、质检、工商、税务、外汇等管理部门的协作，自贸区加快完善一体化监管方式，推进组建统一高效的口岸监管机构，建立国际贸易单一窗口，实现部门之间信息互换、监管互认、执法互助。企业可以通过单一窗口一次性递交各管理部门要求的标准化电子信息，处理结果通过单一窗口反馈。

自贸试验区简化区内企业外籍员工就业许可审批手续，放宽签证、居留许可有效期限，提供入境、出境和居留的便利。对接受区内企业邀请开展商务贸易的外籍人员，出入境管理部门应当按照规定给予过境免签和临时入境便利。对区内企业因业务需要多次出国、出境的中国籍员工，出入境管理部门应当提供办理出国出境证件的便利。

（二）实施促进贸易的税收政策

目前，上海自由贸易区共涉及七项税收政策，其中两项鼓励投资，五项鼓励贸易。鼓励贸易的税收政策，一是将在试验区内注册的融资租赁企业或金融租赁公司在试验区内设立项目子公司，纳入融资租赁出口退税试点范围；二是对试验区内注册的国内租赁公司或租赁公司设立项目子公司，经国家有关部门批准，从境外购买的空载在25吨以上的给航空公司使用的飞机，享受进口环节的增值税政策；三是对设立在试验区内的生产企业加工的货物，根据企业的申请，试行对内销货物按照对应的关税政策，简称为"选择性征税政策"；四是在现行的政策框架下，对试验区内的生产企业和生产性服务企业，进口所需的机器设备等货物予以免税，但生活性的服务企业进口的货物以及法律法规和相关规定明确不予免税的货物除外；五是完善起运港退税的政策。适时研究扩大启运地、承运企业和运输工具等试点范围。

（三）进一步扩大开放服务贸易

1. 商贸服务方面

增值电信业务方面。根据工业和信息化部、上海市人民政府《关于中国（上海）自由贸易试验区进一步对外开放增值电信业务的意见》，已经对WTO承诺开放，但外资股比不超过50%的信息服务业务、存储转发类业务等两项业务，外资股比可试点突破50%。其中信息服务业务仅含应用商店。新增试点开放四项业务：呼叫中心业务、国内多方通信服务业务、因特网接入服务业务（为上网用户提供因特网接入服务）、国内因特网虚拟专用网业务。其中，呼叫中心业务、国内多方通信服务业务、因特网接入服务业务（为上网用户提供因特网接入服务）外资股比可突破 50%；国内因特网虚拟专用网业务外资股比不超过 50%。在线数据处理与交易处理业务（经营类电子商务）外资股比不超过 55%。申请经营上述电信业务的企业，注册地和服务设施须设在试验区内。因特网接入服务业务（为上网用户提供因特网接入服务）的服务范围限定在试验区内，其他业务的服务范围可以面向全国。2015 年 1 月 13 日，工信部通信发展司发布了《关于在中国（上海）自由贸易试验区放开在线数据处理与交易处理业务（经营类电子商务）外资股权比例限制的通告》。该通告指出，在自贸区内在线数据处理与交易处理业务（经营类电子商务）的外资股权比例可至 100%。

游戏机、游艺机销售及服务方面。根据上海市人民政府办公厅印发市文广影视局等制订的《中国（上海）自由贸易试验区文化市场开放项目实施细则》，开放措施允许外资企业从事游戏游艺设备的生产和销售，通过文化主管部门内容审查的游戏游艺设备可面向国内市场销售。

商品的批发和零售业方面。允许外商以独资形式从事盐的批发，服务范围限于试验区内；允许外商以独资形式从事植物油、食糖、化肥的批发、零售、配送，粮食、棉花的零售、配送，取消门店数量限制；取消对外商投资邮购和一般商品网上销售的限制。

2. 交通运输业方面

放宽外商投资国际运输的股权比例。允许外商以独资形式从事铁路货物运输业务；允许外商以合作形式从事道路客运站（场）经营；允许港、澳投资者以合资（外资比例不超过 49%）、合作形式从事出入境汽车运输业务；允许中资公司拥有或控股拥有的非五星旗船，先行先试外贸进出口集装箱在国内沿海港口和上海港之间的沿海捎带业务；允许设立外商独资国际船舶管理企业；允许外商以独资形式从事国际海运货物装卸、国际海运集装箱站和堆场业务；允许外商以合资、合作形式从事公共国际船舶代理业务，外方持股比例放宽至 51%；允许外商以独资形式从事航空运输销售代理业务。

提升国际航运服务能级。积极发挥外高桥港、洋山深水港、浦东空港国际枢纽港的联动作用，探索形成具有国际竞争力的航运发展制度和运作模式。积极发展航运金融、国际船舶运输、国际船舶管理、国际航运经纪等产业。加快发展航运运价指数衍生品交易业务。推动中转集拼业务发展，允许中资公司拥有或控股拥有的非五星旗船，先行先试外贸进出口集装箱在国内沿海港口和上海港之间的沿海捎带业务。支持浦东机场增加国际中转货运航班。充分发挥上海的区域优势，利用中资“方便旗”船税收优惠政策，促进符合条件的船舶在上海落户登记制度，在试验区实行已在天津试点的国际船舶登记政策，简化国际船舶运输经营许可流程，形成高效率的船籍登记制度。

3. 专业服务方面

律师服务、资信调查、旅行社、人才中介服务、投资管理业务、工程设计以及建筑服务将进一步扩大开放。自贸区将探索密切中国律师事务所与外国以及港澳台地区律师事务所业务合作的方式和机制；允许设立外商投资资信调查公司；允许在试验区内注册的符合条件的中外合资旅行社，从事除台湾地区以外的出境旅游业务；允许设立中外合资人才中介机构，外方合资者可以拥有不超过 70% 的股权；允许港澳服务提供者设立独资人才中介机构，外资人才中介机构最低注册资本金要求由 30 万美元降低至 12.5 万美元；对试验区内为上海市提供服务的外资工程设计（不包括工程勘察）企业，取消首次申请资质时对投资者的工程设计业绩要求；对试验区内的外商独资建筑企业承揽上海市的中外联合建设项目时，不受建设项目的中外方投资比例限制；取消对外商投资房地产中介或经纪公司的限制；允许取得中国注册会计师资格的香港、澳门专业人士担任会计师事务所合伙人；取消对外商投资进出口商品认证公司的限制，取消对投资方的资质要求。

4. 文化和社会服务方面

文化服务业方面，取消外资演出经纪机构的股比限制，允许设立外商独资演出经纪机构，为上海市提供服务；允许设立外商独资的娱乐场所，在试验区内提供服务；允许外商以独资形式从事摄影服务（不含空中摄影等特技摄影服务）。在社会服务领域，允许举办中外合作经营性教育培训机构和中外合作经营性职业技能培训机构；允许设立外商独资医疗机构；取消外商投资医疗机构最低投资总额和经营年限限制。

第六章　自贸区建设对我国对外投资的影响

第一节　金融领域开放创新的探索

上海自贸区是中国第一个自贸区，也肩负着为国家探索道路、积累经验的任务。同时，上海也是我国传统的金融中心，上百年的积累让上海具备了独特的金融底蕴。在未来发展的蓝图中，上海不仅是中国的金融中心，更应成为亚太地区乃至全球的金融中心，因此上海自贸区对金融领域开放创新的探索，是全国最为先进、最具代表性的。本书以上海自贸区为主，结合我国自贸区发展现状，对比周边几个国家的自贸区发展特点，分析我国自贸区建设过程中的金融开放创新探索。

一、金融制度创新

自贸试验区金融制度创新的关键是，在推动金融服务开放的过程中形成一套科学、有效的金融风险防范机制。根据国务院《中国（上海）自由贸易试验区总体方案》（以下简称《总体方案》），加快金融制度创新部分的表述可以分为三个部分：第一，在风险可控前提下，可在自贸试验区内对人民币资本项目可兑换、金融市场利率市场化、人民币跨境使用等方面创造条件进行先行先试；第二，探索面向国际的外汇管理改革试点，建立与自贸试验区相适应的外汇管理体制，全面实现贸易投资便利化；第三，鼓励企业充分利用境内外两种资源、两个市场，实现跨境融资自由化。深化外债管理方式改革，促进跨境融资便利化。

因此，基于国务院发布的《总体方案》，自贸试验区制度创新的框架主要包括分账核算体系创新、跨境融资制度创新和外汇管理制度创新等三大部分（见图6-1）。

其中，分账核算管理体系是自贸试验区金融制度创新的核心，通过分账核算系统实现资金跨境流动的“一线审慎监管、二线有限渗透”，形成一套风险可控的金融审慎管理制度，在自贸试验区内对人民币资本项目可兑换、金融市场利率市场化、人民币跨境使用等方面进行先行先试，为全国金融体制改革提供经验支撑。跨境融资制度创新的目标是在风险可控的前提下，在自贸试验区内实现跨境融资的自由化和便利化，并最终形成可复制推广的制度经验，降低企业的融资成本。外汇管理制度创新的目标是探索面向国际的外汇管理改革试点，建立与自贸试验区相适应的外汇管理体制，全面实现贸易投资便利化。

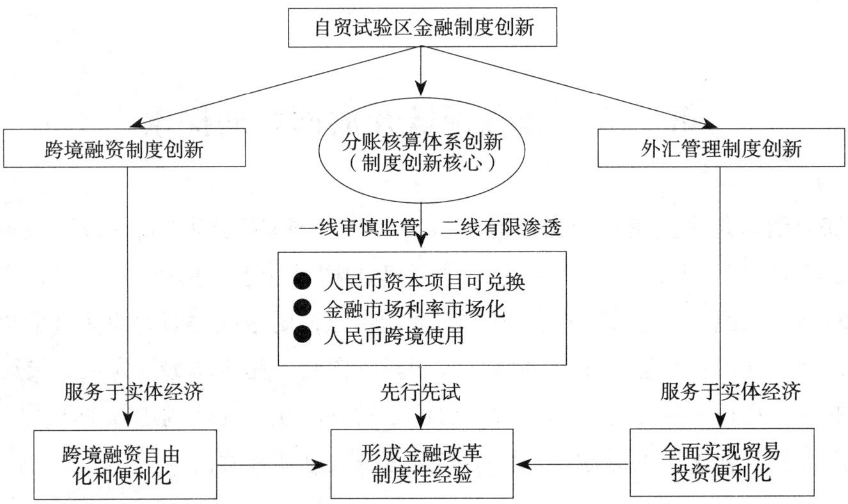

图 6-1　自贸试验区金融制度创新框架和实现路径

（一）分账核算体系制度创新

分账核算管理体系的设计框架和运行机制将直接决定自贸试验区制度创新的成效。与境内区外相比，自贸试验区分账核算管理体系在实施主体、实施载体、账户体系、运行特点、实施目标和风险控制等方面都存在显著的差异（见表 6-1）。从某种意义上看，自贸试验区分账核算管理体系是一种金融基础设施建设的创新。

表 6-1　自贸试验区分账核算体系与境内区外的比较

	自贸试验区内	境内区外
实施主体	自贸试验区内符合条件的上海金融机构	所有金融机构

（续表）

	自贸试验区内	境内区外
实施载体	分账核算体系（金融机构需要商业流程再造）	普通核算体系
账户体系	FTE 自由贸易账户	传统业务账户
运行特点	通过分账核算体系在将区内先行先试的金融创新与境内区外市场隔离，形成有限渗透	传统的业务运行方式
实施目标	风险可控前提下推动金融制度和金融服务创新	渐进推动金融开放
风险控制	风险审慎合格评估、监测预警和宏观调控	事前审核批准、逐笔监管等
监管模式	一线审慎监管，二线有限渗透	严格监管，不区分一二线
监管主体	中国人民银行	中国人民银行

资料来源:《中国人民银行上海总部关于印发〈中国（上海）自由贸易试验区分账核算业务实施细则（试行）〉和〈中国（上海）自由贸易试验区分账核算业务风险审慎管理细则（试行）〉的通知》（银总部发〔2014〕46号）。

1.分账核算管理体系基本框架和运行机制

从分账核算管理体系的基本框架来看，主要是通过金融机构的试验区分账核算单元内设立本外币自由贸易账户开展各项业务来实现的。从分账核算管理体系的运行机制看，基本上实现了资金跨境流动的“一线以审慎监管为主线，二线以有限渗透加严格管理为主线”的监管模式。“一线以审慎监管为主线”，即允许企业在金融机构的自贸试验区分账核算单元内设立 FTE 居民自由贸易账户，该账户可以与境外账户的资金实现自由划转（基于宏观审慎原则的前提下），如图 6-2 所示，图中用实体线条表示；“二线以有限渗透加严格管理为主线”，即 FTE 居民自由贸易账户与境内非自由贸易账户之间的资金流动实行有限渗透管理，以防范金融风险的跨界传递，图中用虚线表示。分账核算体系基本框架和运行机制已经形成一套通过分账核算体系实现境内外资金有限渗透的基本模式，分账核算体系可以形成资金跨境流动的防火墙，从而在推进金融开放和金融市场化过程中有效防范资金跨境流动的风险。

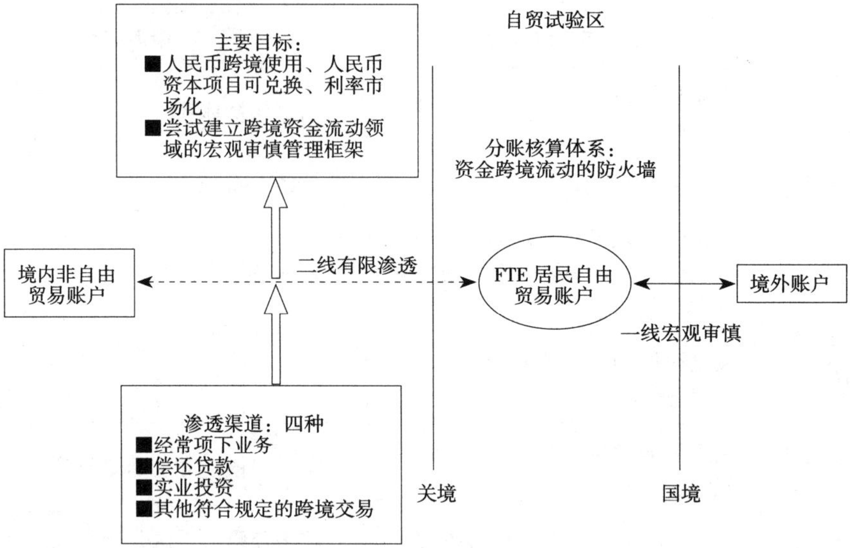

图 6-2　自贸试验区分账核算体系基本框架和运行机制

2. 分账核算体系下金融风险防控机制

出于金融审慎监管的考虑，有相关业务开展需求的上海市级金融机构需根据中国人民银行上海总部的要求，建立一套内部账务核算体系——自贸试验区分账核算单元（FTU），专门用于核算自贸试验区自由贸易账户以及投融资汇兑相关等业务。为便于隔离风险，分账核算单元系统与其他业务系统之间保持独立。

分账核算体系下的金融风险防控机制主要从风险审慎合格评估、风险监测预警和宏观审慎调控三个方面得以体现。风险审慎合格评估主要指由中国人民银行上海总部、金融专家和金融行业监管部门共同组成的专业委员会，对金融机构申请分账核算业务的风险审慎合格评估；风险监测预警是指中国人民银行上海总部对分账核算业务的事中监测和管理；宏观审慎调控主要指对中国人民银行上海总部根据自贸试验区自由贸易账户跨境及跨区资金流动情况相机抉择逆向调控（见表 6-2）。

表 6-2　自贸试验区分账核算体系的金融风险防控机制

内　容 目　标	风险审慎合格评估	风险监测预警	宏观审慎调控
主要描述	对金融机构的风险审慎合格评估	中国人民银行上海总部事中监测和管理	中国人民银行上海总部相机抉择逆向调控

（续表）

目标 \ 内容	风险审慎合格评估	风险监测预警	宏观审慎调控
监管手段	自评估和专业评估	现场和非现场监测	可变工具
具体方式或流程	拟申请分账核算业务的上海金融机构进行内部准备 金融机构按照试验区分账核算管理的审慎合格标准进行自评估 中国人民银行上海总部组织专业评估 评估合格后接入中国人民银行上海总部系统	非现场监测：通过系统采集业务数据，建立非现场监测指标体系；资金异常流动的监测预警；对资金异常流动的临时性管制措施 现场检测：持续性动态评估	由中国人民银行上海总部针对资本流动的方向和规模实施的逆转性调节工具 对商业银行的事后正向激励和反向约束

资料来源：根据以下文件整理，《中国人民银行关于金融支持中国（上海）自由贸易试验区建设的意见》（银发〔2013〕244 号）、《中国人民银行上海总部关于印发〈中国（上海）自由贸易试验区分账核算业务实施细则（试行）〉和〈中国（上海）自由贸易试验区分账核算业务风险审慎管理细则（试行）〉的通知》（银总部发〔2014〕46 号）。

总的来看，自贸试验区分账核算体系下金融风险防控机制已经构建了一套将区内业务与境内区外业务相互隔离的分账核算体系，系统能够正常运行；形成了一套比较科学、合理的风险评估、监测和调控机制；在运行制度上采用了风险审慎合格评估、风险监测分析与相机抉择下的跨境资金流动逆向调节机制，符合国际上对金融监管的趋势。

（二）跨境融资制度创新

国务院《总体方案》在金融制度创新部分中指出："鼓励企业充分利用境内外两种资源、两个市场，实现跨境融资自由化。深化外债管理方式改革，促进跨境融资便利化。"总体来看，与境内区外相比，自贸试验区的跨境融资制度创新推动了企业（尤其是内资企业）境外融资的自由化和便利化。同时，与现行国内其他几个区域跨境融资制度创新的比较来看，自贸试验区的跨境融资制度设计最接近市场化。这主要体现在以下几个方面：一是在境外融资额度上，自贸试验区的制度设计将其与实缴资本挂钩，同时实行内外资企业一致的原则，这符合公平竞争原则和国际通行惯例。二是境外融资额度公式中引入了实缴资本杠杆率和宏观审慎政策参数（根据银总部发〔2014〕22 号文：区内非银行金融机构 / 区内企业借用境外人民币资金的上限不得超过实缴资本 1.5/1 倍宏观审慎政策参数），便于人民银行根据全国信贷规模进行灵活调整，有利于金融风险的防范与控制。三是自贸试验区的制度创新是基于探索可复制可推广，待时机成熟后将向全国推广，因而对我国金融制度创新有更重要的试点意义（见表 6-3）。

表 6-3 自贸试验区与全国其他几个地区跨境融资试点的比较

内容 \ 区域	自贸试验区	苏州	深圳	霍尔果斯口岸
背景	探索我国金融制度创新	中国—新加坡金融合作试点	深港现代服务业合作区开发建设	推动中哈合作及人民币在中亚地区的国际化
启动时间	2014 年 3 月	2014 年 6 月	2012 年 12 月	2013 年 9 月
境外融资来源	没有限制	限定为新加坡银行机构	限定为香港经营人民币业务的银行	没有限制
境外融资额度	与实缴资本和宏观审慎政策参数挂钩	余额管理	余额管理	没有限制，不受国内外债指标限制
融资去向	区内和境外	苏州工业园区内	用于前海的建设与发展	用于边境合作中心内的项目建设、境外项目建设和与非居民的贸易
是否复制推广	成熟后推广	没有明确复制推广	没有明确复制推广	没有明确复制推广

资料来源：《中国人民银行上海总部关于支持中国（上海）自由贸易试验区扩大人民币跨境使用的通知》（银总部发〔2014〕22 号）、《苏州工业园区跨境人民币创新业务试点管理暂行办法》《关于印发〈前海跨境人民币贷款管理暂行办法〉的通知》（深人银发〔2012〕173 号）、《中哈霍尔果斯国际边境合作中心跨境人民币创新业务试点管理办法》（乌银发〔2013〕119 号）。

（三）外汇管理制度创新

国务院《总体方案》在“金融制度创新”部分中指出：“探索面向国际的外汇管理改革试点，建立与自由贸易试验区相适应的外汇管理体制，全面实现贸易投资便利化。”与境内区外相比，自贸试验区外汇管理制度创新主要体现在外汇资金池和放宽债权债务管理等方面（见表 6-4）。目前的外汇管理制度创新试点围绕企业需求，推动了企业在经常项下外汇收付业务的便利化，但是离全面实现贸易投资便利化还有较大的改善空间。

表 6-4　外汇管理制度创新的区内、区外比较

创新领域	境内区外	自贸试验区	《总体方案》要求
本外币资金池	成员公司账户单独管理	集中运营管理境内成员单位资金；经常项目下本外币资金集中收付汇和轧差结算	探索面向国际的外汇管理改革试点，建立与自由贸易试验区相适应的外汇管理体制，全面实现贸易投资便利化
放宽债权债务管理	债权债务管理需要严格的行政审批	取消对外担保和向境外支付担保费以及境外融资租赁债权审批	

资料来源：《国家外汇管理局上海市分局关于印发支持中国（上海）自由贸易试验区建设外汇管理实施细则的通知》（上海汇发〔2014〕26 号）。

二、金融自由化与金融服务贸易投资新规则

从金融发展的总体水平来看，我国与全球主要发达国家和地区的差距明显，要建设开放度最高的自由贸易试验区，需要对全球高标准自贸区关于金融服务规范的趋势进行分析，为自贸试验区的金融制度创新和金融服务开放提供方向。

美国、欧盟作为全球金融发展水平最高的经济体，在其大力推动的双边投资贸易协定中，也重点强调了金融服务部门的开放模式和路径。美韩自贸区协定和欧韩自贸区协定是两个具有典型代表意义的双边投资贸易协定，代表了全球高标准自贸区的发展趋势。鉴于金融服务业在国民经济中的重要性，美韩、欧韩自贸区协定都开辟专门章节对金融服务进行规范，此处主要从金融服务的界定和范围、跨境金融服务、新金融服务、数据处理和传输、审慎措施及审慎措施的认可等几个主要方面，对两大自贸区协定关于金融服务规范的趋势进行比较。

第一，金融服务的覆盖范围。美韩自贸区协定和欧韩自贸区协定对金融服务的覆盖范围都非常广，涵盖了原《服务贸易总协定》框架下的四种服务提供模式。相对来说，美韩自贸区协定使用了更为细致的表述，而欧韩自贸区协定的描述则更为笼统。美韩自贸区协定中，明确金融服务章节适用于缔约一方采取或维持的有下列有关的措施：① 缔约另一方的金融机构；② 缔约另一方的投资者和该等投资者在位于该缔约方领土内的金融机构中的投资；③ 金融服务的跨境贸易。欧韩自贸区协定中，将“金融服务”界定为：缔约一方的金融服务提供者所提供的具有金融性质的任何服务。

第二，跨境金融服务提供。随着 ICT 技术的迅速发展，金融服务的跨境提供在金融服务贸易中的重要性与日俱增。在美韩自贸区协定中，“跨境金融服务提供”包

括：从缔约一方领土内向缔约另一方领土内提供金融服务（类似于《服务贸易总协定》框架下的"跨境交付"）；由缔约一方的人在该缔约方领土内向缔约另一方的人提供金融服务（类似于"境外消费"）或者缔约一方的国民在缔约另一方领土内提供金融服务（类似于"自然人流动"）。欧韩自贸区协定中对"跨境金融服务提供"没有明确界定（见表 6-5）。

表 6-5　美韩、欧韩自贸区协定关于金融服务规范的比较

主要内容	美韩自贸区协定	欧韩自贸区协定
金融服务的覆盖范围	缔约另一方的金融机构 缔约另一方的投资者和该等投资者在位于该缔约方领土内的金融机构中的投资 金融服务的跨境贸易	缔约一方的金融服务提供者所提供的具有金融性质的任何服务
跨境金融服务提供	涵盖类似《服务贸易总协定》框架下的跨境交付、境外消费和自然人流动，但不包含商业存在	无明确界定
新金融服务提供	单列（第十三章第 6 条）	单列（第七章第 42 条）
数据处理与传输	允许数据处理和在线传输	允许数据处理和在线传输，同时强调应采用充分的保障措施来保护隐私权
审慎措施	保护投资人、存款人、保单持有人或金融业者对其负有信托责任之人的措施，确保金融体系的诚信与稳定的措施	因审慎起见而采取或维持保护投资人、存款人、保单持有人或金融机构或跨境金融服务提供者对其负有信托责任之人的措施，或确保金融体系诚信与稳定的措施
审慎措施的认可	可通过协调或其他方式实现的认可；可依据有关国家的协定或安排进行；亦可自动给予。	可自动给予；可通过协调或其他方式实现；可基于与非缔约方的协定或安排

资料来源：《美韩自贸区协定》《欧韩自贸区协定》。

第三，新金融服务提供。鉴于新金融商业模式的创新迅速发展，美韩 FTA 和欧韩 FTA 将新金融服务提供单独列出，但两者对于新金融服务的规范基本相同，即都强调两点：一是各缔约方应在不采取其他立法行为的情况下，允许缔约另一方的金融机构提供其在同类情况下允许本国的金融机构提供的新金融服务；二是缔约一方可确定新金融服务提供的制度形式与司法形式，并可要求提供该服务需经过授权；在要求授权的情况下，应在合理的期限内作出决定且仅可因审慎原因拒绝授权。由此可见，美韩自贸区协定和欧韩自贸区协定对于新金融服务的开放度总体比较高。

第四，数据处理与传输。随着 ICT 技术的日新月异，离岸金融服务外包业务规模日益加大，数据处理和传输对金融服务的跨境提供产生重要影响。美韩自贸区协定和欧韩自贸区协定都明确规定，各缔约方应允许缔约另一方的金融机构以电子形式或其他形式将信息传送到其领土内或其领土外，以在该机构的正常业务过程需要进行数据处理之时进行数据处理。不同的是，在此基础上，欧韩自贸区协定还附加了隐私保护条款，即各缔约方重申其保护个人根本权利与自由的承诺，并应采用充分的保障措施来保护隐私权，特别是在个人数据的传送方面尤应如此。

第五，审慎措施和审慎措施的认可。为了给金融开放提供更多安全保障，美韩自贸区协定和欧韩自贸区协定都明确了审慎措施条款和审慎措施的认可条款，且内容基本一致。审慎措施主要指保护投资人、存款人、保单持有人，或金融业者对其负有信托责任之人的措施以及确保金融体系的诚信与稳定的措施。审慎措施的认可，可以通过自动给予，或通过协调或其他方式实现，或基于与非缔约方的协定或安排实现。

三、自贸试验区金融自由化与金融服务贸易规则

金融服务开放和金融制度创新是自贸试验区建设的重中之重。未来的试点方向包括：结合全球主要自贸区的发展趋势在自贸试验区内进行试点；在监管模式上，借鉴迪拜 DIFC 的监管经验，在自贸试验区内设立独立运作的金融服务综合监管机构。此外，通过分账核算体系和自由贸易账户，实现自贸试验区金融创新和境内区外金融市场的空间联动。

（一）新金融和金融服务贸易

随着 ICT 技术的迅速发展，基于 ICT 技术产生的大量新金融服务提供已经成为全球主要自贸区协定中关于金融规范的重要条款之一。未来可以在自贸试验区进行新金融开放的试点，根据主要自贸区协定关于新金融条款的规范，一般可以确定新金融服务提供的制度形式与司法形式并可要求提供该服务需经过授权、要求授权的情况下，应在合理的期限内作出决定且仅可因审慎原因拒绝授权。

为此，要对自贸试验区新金融服务试点的半径和范围进行制度设计，且对审慎原因（如威胁金融体系稳定和国家安全等）的影响因素进行界定，对新金融试点可能带来的金融风险进行提前预测和有效防范。同时，ICT 技术也促进了跨境金融服务提供，

尤其是跨境交付形式金融服务的迅速发展。目前，一行三会关于自贸试验区的支持意见、通知或细则都是针对商业存在形式的服务提供，因此未来的试点范围要逐步涉及跨境交付形式的金融服务，这需要对当地化要求、市场准入的限制、数据隐私和保护的要求、知识产权侵犯、不确定性的法律责任、审查和符合海关要求等方面进行选择性试点。美国企业认为跨境在线业务运作障碍最大的来源地，如表 6-6 所示。

表 6-6 美国企业认为跨境在线业务运作障碍最大的来源地

障碍领域	大型企业	中小型企业
	障碍最大的三个国家（地区）	障碍最大的三个国家（地区）
本地化要求	中国、欧盟、巴西	加拿大、欧盟和中国
市场准入限制	中国、巴西、欧盟	中国、加拿大、墨西哥
数据隐私和数据保护要求	欧盟、中国、加拿大	加拿大、中国、欧盟
知识产权侵犯	中国、欧盟、俄罗斯	中国、加拿大、墨西哥
不确定性法律责任	中国、欧盟、巴西	中国、欧盟、加拿大
审查	中国、欧盟、俄罗斯	中国、加拿大、欧盟
符合海关要求	中国、欧盟、巴西	加拿大、墨西哥、欧盟

资料来源：美国国际贸易委员会（USITC）的企业调研报告。

（二）金融领域负面清单的试点

首先，建议在自贸试验区试点与美国 BIT 范本方向相同的金融领域负面清单管理制度。国际金融中心建设本身是上海的一个重要方向，而且上海也已经具有金融开放的经济基础，把金融服务部门从负面清单中单列出来，制定金融行业负面清单专章，从金融规范的更高标准和要求出发，将试点范围从市场准入阶段延伸到市场准入后阶段，为中美 BIT 谈判提供试点经验和实践基础。

其次，在外汇转移方面，建议在自贸试验区对部分外商投资企业试点经常项目和资本项目下自由转移制度，可以将试点企业的外汇转移业务统一纳入分账核算体系，进行宏观审慎监管。

最后，在是否适用特殊争端解决程序方面，目前对这方面进行试点的基础还不成熟（这是因为我国现行金融监管措施与国际标准不完全一致，一旦适用 P2G 国际仲裁，可能危及我国金融体系和金融安全），因此未来在自贸试验区的金融监管上要尽快与国际标准和惯例接轨，这些国际规则包括“巴塞尔委员会有效金融监理主要原则”“IAIS保险核心原则与方法”“IOSCO证券管理之目标及原则”等，待时机成熟后，再择机在自贸试验区进行适用特殊争端解决程序的试点。

（三）建立适合金融创新的监管机构

创建于2004年的迪拜金融自由贸易区（DIFC），致力于通过金融服务自由化推动迪拜国际金融中心建设，经过近十年的发展取得巨大的成功。根据英国《金融时报》FDI杂志对全球数百个自由贸易区的定量评价，阿联酋WFC的排名为全球第二位。在监管方面，DIFC的经验值得借鉴。DIFC的管理框架是，DIFC最高领导办公室下设三个独立运作的部门，分别是DIFC司法局、DIFC金融服务监管局和DIFC综合管理局。从经济活动的管理权限划分来看，DIFC将金融监管与其他业务监管分离，成立了专门的金融服务监管局（DFSA）。金融服务监管局的主要职责权限包括：制定金融监管框架、金融服务及相关活动的授权、许可和注册、监管DIFC内的金融服务和相关活动、市场行为的监管、调查和执行等。金融服务监管局的权限来自法律的授权，即2004年迪拜《监管法》（DIFC1号法律）。迪拜金融自由贸易区（DIFC）的管理框架，如表6-7所示。

表6-7 迪拜金融自由贸易区（DIFC）管理框架

迪拜金融自由贸易区（DIFC）最高领导办公室		
DIFC司法局	DIFC金融服务监管局（DFSA）	DIFC综合管理局
职责权限（独立运作）	职责权限（独立运作）	职责权限（独立运作）
管理和促进DIFC内商业和公众的公平 判决与DIFC有关的商业实体的索赔和争议 根据需要成立和运作审理委员会	制定金融监管框架 金融服务及相关活动的授权、许可和注册 监管DIFC内的金融服务和相关活动 市场行为的监管 调查和执行	制定DIFC内所有发展战略和政策（金融监管政策除外） 负责DIFC内公司注册设立 制定DIFC内非金融服务活动的法律 商业发展和营销等

资料来源：普华永道国际会计事务所。

从自贸试验区的金融监管来看，许多金融制度创新措施的实施需要多个部门来协同推进，以《关于金融支持中国（上海）自由贸易试验区建设的意见》（简称“央行30条”）为例，虽然该文件由中国人民银行一家监管机构发布，但是真正要推动文件中最重要的第三部分“探索投融资汇兑便利”，还需要中国证监会、中国银保监会、国家外汇管理局、国家发改委等多个部门的协同推进，否则单个部门根本无法完成，制度创新的实施效果将大打折扣。为此，我们建议借鉴阿联酋 DIFC 的监管经验，在自贸试验区内成立独立的金融服务监管机构，由中央银行、中国证监会、中国银保监会、国家外汇管理局等多个部门的派出机构一同组成，并通过法律授权的形式，给予该机构在自贸试验区内金融服务活动的许可、监管等权限，确保其独立运作，单一部门的金融监管模式必然会大幅提高自贸试验区金融制度创新和金融监管的力度。

（四）实现自贸试验区内外金融联动

自贸试验区分账核算体系的基本框架已经建成，而且企业通过自由贸易账户的业务开展也已经正常运行。未来的方向是，要把自贸试验区这套创新的金融基础设施更好地利用起来，将更多的金融创新业务通过自由贸易账户与境内区外金融市场的业务进行有机联动。一方面，要对下一步即将纳入自由贸易账户的跨境投融资汇兑业务进行压力测试，通过压力测试确定不同业务向境内区外普通银行结算账户渗透和延伸的力度和广度，真正发挥试验区金融制度创新的试点和示范效应；另一方面，在自贸试验区内国际版黄金合约和国内现货黄金市场联动的基础上，进一步在其他领域推动区内外的互动，尤其是要推动自贸试验区大宗商品现货交易与上海期货市场之间的联动，进一步拓展和强化自贸试验区的金融服务功能。

第二节　自贸区投资便利化改革实践

一、自贸区投资便利化的改革实践

（一）推行“证照分离”改革

一是开展行政许可事项分类管理试点。在全面推行“先照后证”商事登记制度基础上，制定《行政许可事项分类管理试点清单》，积极争取国家支持，在与企业经营活动密切相关的行政许可事项中，选择审批频次较高、改革后效果较明显的行政许可事项，试点采取取消审批、审批改备案、简化审批程序、提高审批的透明度和可预期性等方式，推行分类管理。

二是简化市场主体名称登记程序，支持自贸区试验区各片区工商管理机关用好国家市场监督管理总局授权的登记管辖权，允许住所（经营场所）在自贸实验区内的企业在所在片区工商登记机关登记注册。简化商事主体名称登记程序，除涉及前置许可事项或者企业名称核准与企业设立登记不在同一机关的情形外，商事主体名称不再实行预先核准，改为市场主体名称与设立登记同步办理。支持工商登记机关开放企业名称数据库，放宽市场主体名称限制，允许名称使用未列入国民经济行业分类目录，但能反映其行业特点的用语。

三是建立市场主体简易注销制度，允许未开业且无债权债务的市场主体在完成清税手续后采用简易注销程序，未开业或开业后无债权债务的个人独资企业办理注销登记时，可使用未开业或无债权债务情况说明进行清算；合伙企业无须办理清算人备案，只需在全体合伙人签署的注销登记申请书中载明清算人，同时提交全体合伙人签署的未开业且无债权债务情况说明，并承诺对企业债务承担无限连带责任即可办理注销。

四是推行登记注册和行政审批电子化。建立全程电子化商事登记系统，健全经营许可网上办事系统，实现从企业名称查询、注册登记、执照领取、经营许可申请等全流程网上办理，推行与纸质证照具有同等法律效力的电子营业执照和电子许可证，并为各种电子证照提供读取、识别服务。

（二）深化投资项目综合审批改革

一是建立“多规合一”规划管理体系，以国民经济和社会发展规划为依据，以主体功能区规划为基础，统筹城乡规划、土地利用总体规划、海洋主体功能区规划等空间性规划，推进“多规合一”和空间“一张图”管理，形成统一规范、衔接高效的空间规划体系。以规划的整合推进项目审批流程的进一步整合，简化审批环节，提高审批效率。

二是推行项目审批“一门式、一网式”服务。将投资项目审批流程分为立项、报建、施工、竣工验收四个阶段，对每一阶段审批事项的申请受理、征求意见、报请研究、公示批复等程序实行综合受理，由综合审批牵头单位统筹负责。推行投资项目审批“一门式、一网式”服务，对自贸试验区各片区区属权限内的审批事项实行内部流转、集中审批，建立前台综合受理、后台分类审批、统一窗口出件的服务模式，鼓励各片区设立投资项目审批有关的中介服务咨询和行政收费事项配套服务窗口。

三是推行项目审批标准化，推行投资项目审批标准化建设，实行集中办理、同步审批和公开承诺制，整合各部门项目审批系统，推动各系统的信息对接，逐步实现同一阶段各审批事项的网上并联审批和信息共享，探索建立投资项目全流程电子审批系统。加快投资项目在线审批监管平台建设，实行在线监测和向社会公开。

四是实行建设工程竣工联合验收。推动自贸试验区各片区成立由建设、规划、国土、环保、消防、气象、民防、安监等相关部门组成的联合验收工作组，负责对区内竣工建设项目进行联合验收并出具联合验收文件。

（三）优化投资环境

一是强化事中事后监管。建立自贸试验区企业信用信息系统，实现企业信用信息跨部门多领域综合管理运用。实行企业信用信息公示和信用评级制度，健全企业年度报告公示和经营异常名录制度，完善相应的激励、警示和惩戒制度，制定企业违法行为提示清单，为企业经营活动提供清晰的事前指导，指导企业开展合法经营。

二是健全综合行政执法体系。规范设置综合行政执法队伍，依法集中行使商务、国土资源、环境保护、知识产权等领域的执法权。建立透明的行政执法制度，实施综合行政执法随机抽取检查对象、随机选派执法检查人员的“双随机”抽查机制，梳理涉企行政处罚事项，细化行政处罚裁量标准并向社会公开，在严格执法的基础上，对违法行为轻微并及时纠正、且未造成危害后果的不予行政处罚，由执法部门通过教育、警告等方式责令企业自行纠正违法行为。建设自贸试验区综合执法信息平台，实现综合行政执法信息化管理。

三是减轻企业行政收费负担。组织开展涉企行政事业性收费清理，除法律法规和规章规定不能减免的之外，所有省级及省级以下行政事业性收费在自贸试验区一律免收。

四是完善配套法规政策。完善涉及投资管理体制改革的地方性法规和规范性文件，建立健全促进改革有关制度和工作机制，根据投资便利化改革后续市场监管情况，及时完善刑事司法与行政执法衔接机制。

五是提供全程导办服务。建立统一的导办服务队伍，为企业办理注册登记、行政许可事项、项目审批等提供业务咨询和全程无偿导办服务。

二、自贸试验区投资便利化改革存在的问题与不足

（一）投资引导同质化

目前，中国的自贸试验区已经进入3.0时代，一方面反映改革热情高涨，另一方面也说明有些地方想靠政策拉动经济的思维仍然没有转变。从自贸试验区可复制可推广的角度来看，容易让各个自贸试验区在制度创新的过程中产生投资引导的同质化，可能原因主要是地方政府无序竞争。自贸试验区投资管理制度创新主要涉及“准入”和“对外投资”两个约束机制，地方政府希望通过自贸试验区政策复制推广来降低本地的投资准入门槛和对外投资项目的核准难度，但目前来看，在一个自

贸试验区已经试验成功的项目或产品才能推广到其他自贸试验区或者自贸试验区以外的非自贸试验区，这就造成投资管理项目的地方同质化，不利于投资引导的市场属性发挥。

（二）人才供应不足与人才结构失衡

自贸试验区自成立以来，对人才的需求大大增加，特别是对专业人才和高端人才的需求量很大。以上海自贸试验区为例，目前人才需求位列前三的依次为金融人才、管理人才、IT 技术人才，而现有人才缺乏及人力成本持续走高，将成为自贸试验区企业投资所面临的重要考验。再如，福建自贸试验区福州片区，其涉及的规划建设、海洋科学、航运物流、财税金融、国际贸易、港口管理六类专业人才缺口比较大，对具备较高专业水准和国际化素质的人才更是求贤若渴。这充分表明，自贸试验区在投资便利化的进程中出现了人才结构不匹配的问题，这容易导致投资管理制度创新的后续力量不足。

（三）服务贸易投资后劲不足

调研发现，自贸试验区大部分区域都被放在了海关监管区，这就限制了自贸试验区投资贸易便利化改革，使它只能围着海关监管来做，而海关监管区只能监管货物贸易，不能监管服务贸易，因而自贸试验区的投资管理创新就容易出现“重货物贸易而轻服务贸易”的现象。事实上，从各个自贸试验区总体方案中可以看出，服务贸易自由化才是自贸试验区投资管理制度创新的根本，如《中国（广东）自由贸易试验区总体方案》指出要深入推进粤港澳服务贸易自由化，故将自贸试验区投资管理创新只限定在海关监管区的改革是有明显局限性的。

三、自贸试验区投资便利化下一步改革的重点方向

（一）为自贸试验区建设提供法制保障

1. 切实增强为自贸试验区建设提供司法保障的责任感和使命感

一是依法保障自贸试验区建设的制度创新。自贸试验区的建设肩负着为我国全面深化改革和扩大开放探索新途径、积累新经验的历史使命，也是对凡属重大改革都要于法有据的中央决策的积极尝试。各级人民法院应探索为自贸试验区提供司法保障的改革举措，同时要确保这些改革举措的探索在法律框架内进行，在准确适用法律的基础上，注重及时调整裁判尺度，积极支持政府职能转变，尊重合同当事人的意愿，维护交易安全。

二是积极参与自贸试验区的治理体系和治理能力现代化建设。在自贸试验区进行

的政府职能转变、投资领域开放、贸易发展方式转变、金融领域开放创新、完善法治保障等各项工作中，各级人民法院要结合自身的司法实践，积极配合各项改革措施的实施，主动完善工作机制，创新工作方法，为营造公正、公开、透明的法治环境和法治化、国际化、便利化的营商环境做出积极贡献。

2. 加强涉自贸试验区的民事审判工作，依法保护当事人的民事权益

一是加强劳动保护，正确处理用人单位与劳动者的劳动争议，促进自贸试验区内企业用工制度的健康发展。保护消费者权益，维护消费者个人信息的安全，严格对服务领域合同格式条款的审查，惩治利用虚假广告侵害消费者的行为。保护生态环境，积极审理有关机关和组织对损害社会公共利益或者具有重大风险的污染环境、破坏生态行为提起的诉讼。

二是正确处理在自贸试验区较为常见的“民宅商用”“一址多照”问题。正确理解和适用《中华人民共和国物权法》第七十七条规定的将住宅改变为经营性用房的限制条件，保障人民群众正常的生活秩序。对多个公司使用同一地址作为住所地登记的，在审理相关案件时要注意是否存在财产混同、人格混同等情况，依法维护债权人利益。

三是加强对自贸试验区内知识产权的司法保护，鼓励自主创新，提高侵权成本。完善有关加工贸易的司法政策，促进加工贸易的转型升级。准确区分正常的贴牌加工行为与加工方擅自加工、超范围超数量加工及销售产品的行为，妥善处理商标产品的平行进口问题，合理平衡消费者权益、商标权人利益和国家贸易政策之间的关系。鼓励以知识产权为标的的投资行为，推动商业模式创新，简化维权程序，提升维权质效。鼓励知识产权质押融资活动，促进知识产权的流转利用。

四是加强海事审判，规范航运市场建设，支持自贸试验区航运服务业开放、提升国际航运服务能级和增强国际航运服务功能。关注与船舶登记制度改革及其他与航运有关的新类型案件，研究新型海事法律关系的法律适用和专门管辖问题。及时通过典型案件的审理确认有关规则，引导行业行为，促进行业发展。

五是积极行使行政审判职能，支持和监督市场监管部门创新服务模式，依法行政。以审判活动促进和规范政府信息公开，通过外商投资项目备案的企业，其签订的合同违反自贸试验区行业准入要求，导致事实上或法律上不能履行，当事人请求继续履行的，人民法院不予支持。

3. 依法支持自贸试验区企业的创新做法，鼓励其探索新的经营模式

鼓励自贸试验区内融资租赁业的创新发展。积极支持自贸试验区内的融资租赁企业在核准的经营范围内依法开展融资业务。充分尊重中外当事人对融资租赁合同纠纷

有关管辖和法律适用的约定。正确认定融资租赁合同效力，不应仅以未履行相关程序等事由认定融资租赁合同无效。

支持自贸试验区发展跨境电子商务服务。合理认定消费者与跨境电商企业之间的合同性质。合同约定消费者个人承担关税和邮寄风险的，可认定消费者和跨境电商企业之间成立委托合同关系。电商企业批量进口、分批销售，消费者主张其与电商企业之间成立买卖合同关系的，人民法院应予以支持、电商企业以其提供的合同文本与消费者订立仲裁条款，应专门提示，消费者同意的，应认定双方达成了仲裁合意。

（二）率先推进贸易流通现代化与法治化营商环境双协同

1. 消除市场分割

清理和废除妨碍统一市场、公平竞争的各种规定及做法。禁止在市场经济活动中实行地区封锁，禁止行政机关滥用行政权力、排除竞争的行为。不得限制非本地注册企业开展业务，不得将企业注册地作为参与政府机关、事业单位、国有企业采购、招标等公开性竞争的条件和评分标准。打破行业垄断，禁止利用市场优势地位收取不合理费用或强制设置不合理的交易条件，规范零售商供应商交易关系。

2. 完善信息服务体系

强化大数据在政府内贸流通信息服务中的应用，采取政府采购、服务外包等方式，鼓励行业中介组织、科研院所、流通企业开展大数据的挖掘研发和推广应用，利用大数据加强市场运行监测与统计分析，提高信息服务水平。依托商务部监测系统，优化样本结构，拓宽信息采集渠道，重点关注节假日、异常气候期间市场运行态势，做好主要副食品市场运行监测分析。建立健全综合统计和部门统计协助机制，加快互联网经济运行监测服务平台建设，促进网络经营主体信息共享，不断提高市场调控和公共信息服务的预见性、针对性、有效性，做好政府决策信息支持。

3. 建设重要商品追溯体系

本着“政府扶持、企业建设”原则，积极引导企业开展追溯体系建设，以肉品、禽蛋、果蔬、中药材和酒类等产品以及经营以上产品相关的批发市场、物流、超市、连锁专卖店、农贸市场等为重点，支持企业建立质量安全可追溯体系，利用视频监控、二维码、互联网等现代信息技术对商务流通领域企业以及种植养殖、加工生产等企业的销售流通环节、各关键点进行信息收集记录，形成“来源可查、去向可查、责任可究”的信息链条，坚持“统一规划、统一标准、分级建设、属地管理”的原则，整合现有资源，建设并完善各类市场秩序追溯监管平台，加大商品追溯信息在事中事后监管、行业发展、信用体系建设等方面的应用力度，提升追溯体系综合服务功能。

4. 加快流通信用体系建设

积极运用大数据、云计算、物联网等信息化手段，依托全国企业信用信息公示系统，进一步推动和完善自贸试验区市场主体信用信息共享系统，形成自贸试验区统一的市场监管信息平台，建立行政管理信息共享机制，及时公开流通领域市场监管信息。全面落实国家发展改革委、工商总局等 38 个部门联合制定的《失信企业协同监管和联合惩戒合作备忘录》，加大对违法市场主体的行政处罚和信用约束力度，依法实施对被吊销营业执照、吊销注销撤销许可证、列入经营异常名录和黑名单等市场主体的惩戒措施，推动形成依法诚信经营的社会氛围。构建市场化的第三方信用评价机制，支持信用调查、信用评估、信用保险、商业保理等信用服务行业加快发展，创新信用产品和服务，鼓励征信机构开展专业化征信服务，建立健全失信联合惩戒和守信激励机制。鼓励行业协会商会建立健全会员企业信用档案，推动具有上下游产业关系的行业协会商会建立信用信息共享机制。

5. 加强流通标准化建设

推动标准与内贸流通产业政策、市场准入和监督监管相互衔接，强化标准的实施执行，促进内贸流通标准化和规范化发展。鼓励和支持商贸流通领域企业参与产品标准自我公开声明工作，建立“企业信用记录”。推进电子商务标准化建设，着重推动应用标准、流程标准和技术支持标准的制定，开展电子商务标准化建设示范工作。

（三）进一步扩大开放利用外资

1. 进一步扩大对外开放

一是以开放发展理念为指导，推动新一轮高水平对外开放，修订《外商投资产业指导目录》及相关政策法规，放宽服务业、制造业、采矿业等领域外资准入限制。支持外资参与创新驱动发展战略实施、制造业转型升级和海外人才在华创业发展。

二是服务业重点放宽银行类金融机构、债券公司、证券投资基金管理公司、期货公司、保险机构、保险中介机构外资准入限制，放开会计审计、建筑设计、评级服务等领域外资准入限制，推进电信、互联网、文化、教育、交通运输等领域有序开放。

三是制造业重点取消轨道交通设备制造、摩托车制造、燃料乙醇生产、油脂加工等领域外资准入限制，采矿业放宽油页岩、油砂、页岩气等非常规油气以及矿产资源领域外资准入限制。石油、天然气领域对外合作项目由审批制改为备案制。

四是外商投资企业和内资企业同等适用“中国制造 2025”战略政策措施。鼓励外商投资高端制造、智能制造、绿色制造等，还有工业设计和创意、工程咨询、现代物流、检验检测认证等生产性服务业，改造提升传统产业。

五是支持外资依法依规以特许经营方式参与基础设施建设，包括能源、交通、水利、环保、市政公用工程等。相关支持政策同等适用于外资特许经营项目建设运营。

六是支持内外资企业、科研机构开展研发合作，支持外商投资企业建设研发中心、企业技术中心，申报设立博士后科研工作站。根据对等原则，允许外商投资企业参与承担国家科技计划项目，外商投资企业同等适用研发费用加计扣除、高新技术企业、研发中心等优惠政策。

七是支持海外高层次人才在华创业发展。对持有外国人在华永久居留证的外籍高层次人才创办科技型企业，给予中国籍公民同等待遇。对外籍高层次人才及其外籍配偶、子女申请办理多次签证或者居留证件的，依法依规提供便利。

2. 进一步创造公平竞争环境

一是各部门制定外资政策，要按照《国务院关于在市场体系建设中建立公平竞争审查制度的意见》(国发〔2016〕34 号)规定进行公平竞争审查，原则上应公开征求意见，重要事项要报请国务院批准。各地区各部门要严格贯彻执行国家政策法规，确保政策法规执行的一致性，不得擅自增加对外商投资企业的限制。

二是除法律法规有明确规定或确需境外投资者提供信息外，有关部门要按照内外资企业统一标准、统一时限的原则，审核外商投资企业业务牌照和资质申请，促进内外资企业一视同仁、公平竞争。

三是促进内外资企业公平参与我国标准化工作。进一步深化标准化工作改革，提高标准制修订的透明度和开放度。推进标准制修订全过程信息公开，强化标准制修订过程中的信息共享和社会监督。

四是深化政府采购改革，坚持公开透明、公平竞争原则，依法依规对外商投资企业在我国境内生产的产品一视同仁、平等对待，促进内外资企业公平参与政府采购招投标。

五是依法依规严格保护外商投资企业知识产权，健全知识产权执法机制，加强知识产权执法、维权援助和仲裁调解工作，加强知识产权对外合作机制建设，推动相关国际组织在我国设立知识产权仲裁和调解分中心。

六是支持外商投资企业拓宽融资渠道。外商投资企业可以依法依规在主板、中小企业板、创业板上市，在新三板挂牌，发行企业债券、公司债券、可转换债券和运用非金融企业债务融资工具进行融资。

七是深化外商投资企业注册资本制度改革。除法律、行政法规另有规定外，取消外商投资公司的最低注册资本要求，落实内外资企业统一的注册资本制度。

3. 进一步加强吸引外资工作

一是各地区要按照创新、协调、绿色、开放、共享的发展理念，结合地方实际，积极开展投资促进活动。允许地方政府在法定权限范围内制定出台招商引资优惠政策，支持对就业、经济发展、技术创新贡献大的项目，降低企业投资和运营成本，依法保护外商投资企业及其投资者权益，营造良好的投资环境。

二是支持中西部地区、东北地区承接外资产业转移。修订《中西部地区外商投资优势产业目录》，扩大中西部地区、东北地区鼓励外商投资产业范围。对符合条件的西部地区鼓励类产业外商投资企业实行企业所得税优惠政策。向中西部地区、东北地区转移的外商投资企业，享受国家支持产业转移与加工贸易的资金、土地等优惠政策。对东部地区外商投资企业转移到中西部地区、东北地区的，人力资源社会保障部门要依申请及时办理社会保险异地转移接续。

三是支持外商投资项目用地。外商投资企业与内资企业同等适用相关用地政策。继续对集约用地的鼓励类外商投资工业项目优先供应土地，在确定土地出让底价时，可按不低于所在地土地等别相对应全国工业用地出让最低价标准的 70% 执行。

四是推进外资跨国公司本外币资金集中运营管理改革。积极吸引跨国公司在我国设立地区总部和采购中心、结算中心等功能性机构，允许外资跨国公司开展本外币资金集中运营，促进资金双向流动，提高资金使用效率和投资便利化水平。

五是完善外商投资企业外债管理制度。统一内外资企业外债管理，改进企业外汇管理，提高外商投资企业境外融资能力和便利度。

六是深化外商投资管理体制改革。推进对外商投资全面实施准入前国民待遇加负面清单管理模式，简化外商投资项目管理程序和外商投资企业设立、变更管理程序。推进审批环节并联办理，缩短海关登记、申领发票等环节办理时间。加大电子政务建设力度，推行一口受理、限时办结、进度可查询，提升外商投资管理信息化水平。推进自由贸易试验区建设，在更大范围推广复制经验。

第三节　自贸区内对外投资服务平台与海外投资平台的建立与发展

一、国际直接投资理论

20 世纪世界经济一体化进程中的生产一体化的迅猛和深入发展，将理论界的目光投向直接投资的理论研究。自 20 世纪 60 年代以来，国际直接投资理论有了很大的发展，从海默的“垄断优势论”到邓宁的“国际投资折中理论”，这些理论高度概括了当今国际直接投资活动，具有普遍的意义。然而，这些理论也有令人遗憾之处，它们都是以发达国家的对外投资活动为基础提出来的，其主流观点只适用于发达国家的行为。从 20 世纪 70 年代下半期开始，陆续出现了一些发展中国家的对外直接投资理论，这些研究成果从不同的角度阐述了对外直接投资产生的理论依据，其中不乏对我国有借鉴意义的内容。

（一）垄断优势论

1960 年，美国麻省理工学院教授海默在《一国企业的国际经营活动：对外直接投资研究》一文中首次提出了垄断优势论。海默等人研究了美国对外直接投资的部门构成，发现直接投资与工业部门结构有着密切关系。美国直接投资主要集中在资本密集程度高、技术先进、产品具有较少差别的几个部门，而这些部门都是垄断程度高的部门。由于不完全竞争的存在，美国公司在海外经营才有垄断优势。这些垄断优势主要包括 4 个方面：①市场垄断优势：产品性能差别、多国营销网络、操纵市场价格等；②生产垄断优势：技术专利和诀窍、资金和经营管理优势等；③规模经济优势：即通过水平式结合和垂直式结合在产、供、销方面获得更高的利润；④产品垄断优势：如品牌、商标、专利等和信息获得优势等。海默所提出的垄断优势论主要解释了拥有独占性技术优势的企业对外直接投资的原因，即为了获得垄断利润。它更多地适用于发达国家的企业行为，因为这些企业所具有的垄断优势主要是对知识资本的占有和使用。由于高技术、高知识含量产品的研发费用高昂，其生产的成本很高，因而发展中国家根本无法获得与发达国家抗衡的优势，也就几乎不存在依靠垄断优势来实现对外直接投资的可能。中国作为发展中国家，不具备独占性技术优势，也无法获得在市场、生产、规模经济和产品方面的垄断优势，事实上中国的对外直接投资不是依靠垄断优势来实现的，而更多的是依靠比较优势来实现的。

（二）产品生命周期理论

继海默之后，另一美国学者 R. 弗农于 20 世纪 60 年代创立了“产品生命周期理论”，该理论不仅解释了产品市场运动的普遍规律以及企业在出口和海外生产之间的抉择联系，而且解释了没有特殊优势的外国企业也可以对美国进行直接投资的现象。产品生命周期理论将产品分为三个阶段，即新产品阶段、产品成熟阶段和产品标准化阶段。在产品的第一阶段，因为产品的需求价格弹性很低，生产厂家在本国即可获得垄断优势利润；在第二阶段，由于技术模仿的可能性增加，价格成为厂家考虑的重要因素，因而为防止技术扩散，继续保持产品的垄断优势，厂家开始考虑向具有类似消费水平且劳动力生产水平相当的发达国家进行直接投资；在第三阶段，即标准化阶段，由于产品技术已经完全成熟，竞争者不断加入，产品的优势已经不在技术而在价格和成本，因此到发展中国家进行直接投资以获得低成本的区位优势。

“产品生命周期理论”虽然可以解释不具有垄断优势的国家也可以在美国等发达国家投资设厂的可能性，但在实践中，发展中国家不得不考虑在发达国家进行生产的成本问题。中国内地的对外投资虽然多集中在发达国家和地区，如中国的港澳地区（2117 家企业）、欧洲（1041 家企业）、北美（716 家企业）、大洋洲（251 家企业），占中国内地境外投资企业总数的 69%，但这些企业中以非生产性的贸易投资，或者是以资源开发和以研发为目的的占多数，而从事生产加工型的企业大多集中在发展中国家和地区。此外，中国对外直接投资的都属于标准化阶段的技术以及劳动密集型产业，因此用产品生命周期理论无法完全解释中国的对外直接投资行为，但是该理论所阐述的产品运动区域规律，即产品技术从发达国家向发展中国家进行阶梯式传递方式，对我们有重要的借鉴意义。由于各国处在不同的发展阶段，我们可以将即将淘汰的技术设备向处于下一层次的国家转移，以获得比较优势。例如，中国天津国际经济技术合作公司将天津市一套闲置多年的轧钢设备输出到尼日利亚建厂，当年即形成生产能力，产品投入市场。

（三）国际投资内部化理论

到 20 世纪 70 年代，英国学者巴克雷和卡森提出了国际投资内部化理论。该理论与垄断优势论的主要不同点在于，垄断优势论强调企业特有的技术优势，而内部化理论强调的是企业通过内部组织体系和信息传递网络，以较低成本在内部转移各种优势的能力。跨国公司为了谋求利润最大化，通过跨国直接投资的方式将外部市场转变为内部市场，使中间产品在公司内部自由流动而不是通过市场流通，即可以节省因外部交易产生的较高成本，使资源得到合理配置，又可以避免外部市场交易所造成的技术信息外溢和各种限制商品、技术进出口的贸易障碍。继巴克雷之后，国际直接投资在理论界出现了融合化的趋势，集大成者是英国教授邓宁。邓宁的“国际生产折中理论”将所有权优势、内部化优势和区位优势结合为一体，全面阐述了企业对外投资发生的理论依据。

内部化理论和国际生产折衷理论可以解释某些发展中国家的投资活动，如利用区位优势进行的以获取资源和研发优势为目的的直接投资。例如，中国的康佳、海信、创维集团等在美国的投资，就是为了利用当地技术资源优势来跟踪世界信息技术和数字技术的最新发展动态，以进行新产品的研发活动；中信和中国冶金进出口公司在澳大利亚开设的铝厂和合作经营的恰那铁矿、中国化工进出口总公司在美国开设的炼油厂等，都是以资源为目的的直接投资。

中国企业的海外直接投资由于规模小，子公司数量少，因而还无法从全球的角度考虑配置子公司以实现将外部市场内部化的目的。虽然中国企业的对外直接投资对于带动国内制成品和原材料的出口起了很大的作用，特别是机械、家用电器的对外直接投资对出口的带动作用更为显著，但是这种贸易和投资之间的联系与跨国公司将市场内部化后进行的企业内部交易之间还有很大的差距。

（四）边际产业扩张理论

20 世纪 70 年代后期到 80 年代中期，日本一桥大学教授小岛清从一个完全不同的角度，提出了新的国际投资理论“边际产业扩张理论”，也称“比较区位优势原理”。小岛清在详细分析了日本企业对外直接投资实践的基础上提出，对外直接投资应从本国已经处于比较劣势的产业或边际产业依次进行，对外直接投资与东道国的技术差距越小，技术就越容易被东道国所吸收和普及，因而就可以把东道国潜在的比较优势挖掘出来，使两国间的比较成本扩大，从而创造出新的比较成本格局。小岛清的理论建立在国际分工原则和比较成本原则上，较为合理地解释了不同发展水平国家，尤其是发展中国家的各种形式和目的的对外投资。尽管日本企业的海外投资是从在国内失去比较优势的产业开始的，这与中国的情况不尽相同，但是小岛清提出的国际分工和比较成本原则对我们有非常积极的借鉴意义。

（五）发展中国家的对外直接投资理论

20 世纪 70 年代到 80 年代，产生了一些有影响的发展中国家的对外直接投资理论，其中比较有代表性的是美国经济学家刘易思·维尔斯（Louis T. Wells）的小规模技术理论和投资诱发要素组合理论。刘易思的小规模技术理论包括三个内容：第一，为小市场需要服务的小规模生产技术。由于低收入国家制成品市场的普遍特征是需求量有限，发达国家所擅长的大规模生产技术无法从这种小市场需求中获得规模效益，而发展中国家擅长的小批量生产技术正好可以填补这一市场空缺。第二，民族产品的海外生产。这些投资主要服务于海外同一种族团体的需要，而这些民族产品的生产往往利用当地资源，在生产成本上占有优势。第三，低价产品营销策略。发展中国家的对外直接投资企业往往寻找低劳动成本的国家进行投资，并且采用低成本的市场营销战略，以更具竞争力的价格占领市场。

投资诱发要素组合理论的核心观点是，对外直接投资是在投资直接诱发要素和间接诱发要素的综合作用下发生的。直接诱发要素包括各类生产要素，如劳动力、资本、资源、技术、管理及信息知识等。间接诱发要素主要包括：第一，投资国政府鼓励性政策法规、对外合作协议和关系等；第二，东道国良好的投资环境和吸引外资的优惠政策等；第三，全球性的诱发因素，如区域经济一体化、国际金融市场利率和汇率波动等。该理论的独到之处是，不仅看到对外直接投资发生的诱因存在于投资国而且还存在于东道国，并且间接诱发要素包括政策法规、投资环境和宏观经济形势，从多角度比较全面地阐述了发展中国家对外直接投资的优势和投资发生的诱因，较好地解释了发展中国家的对外直接投资活动。

从上述各家理论来看，它们既有相互借鉴、融合的内涵也有独自的特点，不同之处的产生在于各国的情况不同，因此我们还需要具体分析中国企业的海外投资活动。

二、中国企业海外投资动因与现状的经济学分析

（一）市场实现问题

企业生产的产品最终需通过市场来实现其价值。当企业在国内有比较宽松的发展空间时，一般没有走国际化经营道路的强大动力。然而进入 20 世纪 90 年代后，我国产业发生了很大的变化，有些产业出现了供过于求的情况。根据《中国工业投资报告 1999》，我国自 20 世纪 90 年代初期开始出现纺织行业和家用电器行业的工业生产能力过剩问题。生产能力严重过剩在市场上的表现是残酷的价格竞争，而微薄的利润使这些企业必须开辟新的市场以满足现有的生产能力和进一步发展的需要。根据境外加工贸易研究课题组的报告，在被调查的企业中，为拓展海外市场和因为国内市场竞争压力大而选择境外加工贸易方式的企业占到总数的 61.6%，可见国内市场生存空间的挤压是企业“走出去”的内在需求和主要动力。

（二）国际贸易和国际直接投资的成本比较

一个企业在决定是否进行国际投资的时候，还要与进行国际贸易的成本进行比较，以确定哪一种国际经营方式更符合企业的利益。西尔施（Seev Hirsch）在《厂商的国际贸易和国际投资》一文中，从成本的角度建立了企业对出口贸易和对外投资的决策模型，以A国企业为例，企业对B国的出口或直接投资取决于以下条件：

如果Pa+M<Pb+K；且Pa+M<Pb+C，则选择向B国出口。

如果Pb+C<Pb+K；且Pb+C<Pa+M，则向B国直接投资。

在模型中，Pa、Pb为A国和B国的生产成本；K为企业专门知识，无形资产收益；M为出口销售成本超过国内销售成本的差额；C为管理和协调国外经营活动的额外成本。

模型的基本含义为，当企业的国内生产成本与出口销售成本之和小于国外生产成本与额外协调成本之和，并且小于国外生产成本与技术丧失成本之和时，企业将选择出口贸易的方式参与国际经营；当国外生产成本与额外协调成本之和小于国内生产成本与技术丧失成本之和时，企业选择对外投资的方式参与国际经营。

中国的家电、轻工和纺织服装行业历来是我国出口的主要支柱产业，这说明我国对外投资的行业同时也是对外贸易具有竞争力的行业。这种现象似乎造成出口与投资之间的相互竞争局面，因为在生产要素的国际移动与商品的国际贸易之间存在着互补和替代关系：当生产要素（商品）价格变动方向与商品贸易量（要素流动量）的变动方向相同时，两者之间存在着相互替代关系。显然这种关系会导致两者互相竞争挤占市场。然而，按照西尔施的模型从成本比较的角度进行分析之后可以看出，我国一些产业在国内的生产成本与出口销售成本之和正在不断增加。这两项成本不断增加的原因主要是由于我国的贸易结构与周边国家相类似，在人民币不断升值而周边国家在亚洲金融危机中货币大幅度贬值之后，我国同类产品的竞争力大大下降。同时我国主要的出口地区沿海省市的外贸比较利益变化很大，劳动力和资源优势在不断下降。例如，江苏省就是由于这种压力开始境外加工贸易最早的省份之一。南京金城集团在这种背景下开始在巴基斯坦设立摩托车生产装配线，并在投资成功的基础上又将装配线扩展到伊朗、孟加拉国、阿根廷、巴西、尼日利亚、越南和菲律宾，形成了相当大的规模并取得了良好的经济效益。

此外，产品输入国的贸易保护行为，各种有形和无形的贸易壁垒，也加大了产品输出的成本，如众多针对中国的反倾销措施和配额限制等。据统计，从1996年以来，国外对我国出口商品反倾销立案的总数为1 362起，有些出口商品已被迫退出国外市场。目前，发达国家以环保标准、质量标准、技术标准，特别是滥用反倾销等非关税壁垒限制我国出口商品的趋势增强。

与不断上升的国内生产成本和出口销售成本之和相对照的，是国外生产成本和额外协调成本之和以及技术丧失的成本。从我国所集中进行生产和贸易加工的国家和地区来看，96% 以上集中在亚、非、拉广大的发展中国家和地区，这使国外生产成本与国内相比不会产生很大的差距，而管理和协调国外经营活动所产生的额外成本，也由于绕开了各种壁垒和通过实行本土化而大大下降。事实上，我国在境外从事加工和生产项目的成本大多数都低于在国内生产的综合成本。对于家用电器等生产的一般技术，由于已经处于标准化阶段，技术丧失的成本也大大降低，况且采用直接投资的方式还可以有效地保持技术于企业内部。例如，南非的税率很高，依靠贸易形式很难进入其市场，而采用加工贸易方式生产电视机、VCD、洗衣机、灯泡、机床、汽车和服装等在南非市场上取得了很大的突破。上海企业在墨西哥投资建立的服装厂、纺织厂和缝纫机厂，可以按照原产地协议享受北美自由贸易协定的税收优惠。与家电和纺织服装形成对比的是自行车行业对外投资失败的经历。我国自行车的产量和出口量目前均居世界第一，但是几次海外投资的尝试都以亏本告终，根本原因就是国外生产成本与额外协调成本之和大于国内生产成本和出口销售成本之和，因此对自行车行业来说，在国内生产并出口会产生更好的经济效益。国内生产、国际贸易和对外直接投资之间的成本，比较合理地解释了我国企业直接投资的经济学动因。

除了以上所分析的原因外，中国政府推行的鼓励政策也起到了积极的推动作用。鉴于轻工、家电、纺织服装和机械电子等行业在我国的发展现状，政府通过政策措施积极鼓励它们走出国门进行境外投资，并且在银行贷款、利息补贴、优惠贷款、保险以及其他措施上给予相应的优惠。特别是自 2000 年“走出去”的号召提出以后，我国的对外投资作为国家战略的一部分又进入了一个新阶段。

三、对外投资合作综合服务平台以及海外投资平台的建立与发展

国内自贸试验区是中国对接高标准投资贸易协定的改革试验区，自贸区内的改革试验牵涉到未来中国签订的投资贸易规则所能达到的标准水平，从而间接影响中国对外直接投资将面对的国际规则体系。但本节不考虑这种间接影响，而是关注目前国内自贸试验区在对外投资管理制度上的改革和创新情况。

（一）国内自由贸易试验区和对外投资合作综合服务平台

中国建设开放经济新体制需要对外签订高标准的投资贸易协定，一方面可以促进

国内加快改革，完善国内营商环境，另一方面可以为中国企业国际拓展、国际化经营提供良好的国际制度环境。国内自由贸易试验区是推进开放型经济的“试验田”，因此从一开始，自贸试验区改革内容就包括了对外直接投资管理制度的改革和创新。

2013 年上海自由贸易试验改革总体方案中就明确指出，“构筑对外投资服务促进体系”是投资领域扩大开放的一项重要内容，主要包括四点：一是改革境外投资管理制度，提高境外投资便利化程度，推行境外投资管理备案制；二是创新投资服务促进机制，同时加强境外投资事中事后管理和服务，包括要形成多部门共享的监测平台，做好境外直接投资统计和年检工作；三是支持试验区内各类投资主体开展境外投资；四是鼓励发展境外股权投资，包括在试验区内设立境外股权投资的项目公司。

2015 年粤津闽三地自贸区总体方案中，关于对外投资的改革要求进一步具体化。广东自贸区总体方案中提出，要依托港澳地区在金融服务、信息咨询、国际贸易网络、风险管理等方面的优势，将自贸试验区建设成为内地企业和个人“走出去”的窗口和综合服务平台。广东自贸区重点突出与港澳地区的合作，提出在项目对接、投资拓展、信息交流、人才培训等方面加强与港澳地区合作，在境外基础设施建设和能源资源等方面加强合作，包括要探索境外产业投资有机结合港澳地区资本市场。

（二）国内自由贸易试验区海外投资平台发展现状

上海自贸试验区改革启动较早，相对于其他地区，境外直接投资相关制度改革和创新具有一定先行优势，目前取得了较为明显的成效，通过上海自贸区进行的境外直接投资规模增长迅速。据商务部门统计，2017 年地方企业非金融类对外投资流量为 852.3 亿美元，存量为 7 274.6 亿美元，虽然投资流量有所下降，但意味着我国的投资者更为理性，投资布局更为合理。其中，上海非金融类对外直接投资额位列全国第一，达到 123.55 亿美元。上海自贸区的对外投资额在 2017 年达到了上海市对外投资的 70% 左右。下面关于境外投资相关制度创新的内容介绍以上海自贸区为主，主要包括境外投资管理制度改革、自贸区境外投资服务促进平台、股权投资基金境外投资模式创新以及境内外融资便利化对境外投资的支持等方面。

1. 简化境外投资管理制度

商务部于 2014 年出台实施《境外投资管理办法》之前，上海自贸区已于 2013 年 9 月率先试点境外投资备案管理制度。境外投资一般项目备案程序简化为“一表申请，一口受理”，企业一般可在三个工作日内拿到备案证书。2014 年，国家发改委和商务部出台新的规定，境外投资管理备案制度已在全国实施。

2. 境外投资服务促进机制创新

上海自贸区在境外投资服务促进机制上，目前已推进实施的一项重要创新是打造“上海自贸区境外服务投资平台”。上海自贸区境外投资服务平台于 2014 年 9 月正式上线，平台域名为 www.shftz.cn，是上海自贸区管委会委托上海外高桥联合发展商务咨询有限公司开发（以下简称“外联发”）的网络信息平台。

上海自贸区境外服务投资平台目前包括了三方面功能：一是境外投资备案登记，该功能属于政府公共服务内容，政府以购买服务形式，通过平台向投资者提供投资备案公共服务。该部分功能设在服务平台的“备案直通道”栏下。二是境外投资相关信息的集合发布，包括境外投资相关政策法规、自贸区相关政策、境外投资相关新闻信息报道等综合咨询信息的发布，也包括境外投资的介绍、行业分析等信息。三是专业服务机构的服务整合。专业服务机构包括律师事务所、金融机构、保险机构、会计师事务所、投资促进机构以及其他一些协会或商务咨询机构，其中不少专业机构为海外专业机构，仅在上海设有代表处。这类机构通过境外投资服务平台发布其所在国的投资项目信息或招商信息，采用线上信息发布与线下洽谈相结合的方式提供境外投资信息和咨询服务。

上海自贸区境外服务投资平台自 2014 年上线以来至 2015 年 9 月，已聚集律师事务所、银行、会计师事务所等 30 余家专业性服务机构，与 12 家境外投资服务机构达成战略合作，累计办理境外投资项目 86 个，对外投资总额达 48.96 亿元。

上海自贸试验区境外投资促进体系的许多制度创新将主要通过该平台推进。例如境外投资涉及的事中事后管理、信息统计以及政府部门相关信息共享等，如 2015 年 9 月 20 日，上海自贸试验区以该平台为基础，设立了境外投资服务联盟，该联盟由外联发商务咨询、海际金控、长盈股权投资等六家单位发起成立，将推进境外投资项目库、资金库、信息库建设，实现政府、中介机构与企业的有效链接与信息共享。

3. 各类投资方对外投资的主体地位

自贸试验区要确立企业和个人对外投资主体地位，最受到关注的是个人对外投资的政策突破。截至 2015 年 9 月，个人对境外资本市场的投资要通过合格境内机构投资者和沪港通等特别渠道，个人对外直接投资受到个人外汇使用额度限制，并没有正式渠道。2015 年 10 月 21 日，国务院常务会议提出要研究启动合格个人投资者境外投资试点（QDII2）。虽然具体方案未公布，但业界普遍预期合格个人可投资的海外资产领域将包括证券投资、实业投资以及境外不动产投资。

4. 对外投资新模式的创新 —— 股权投资基金通过自贸区走出去

2013 年上海自贸试验区总体方案中就提出，要鼓励在区内设立专业从事境外股权投资的项目公司，支持投资者在区内设立境外股权投资母基金。实际运作中，上海自贸区股权投资基金境外投资活动相当活跃，占据相当大的比例。根据上海市商务委统计，2014 年，自贸试验区有 132 家企业境外投资备案，其中约 90 家为合伙制投资公司或资产管理公司。

弘毅创领（上海）股权投资基金案成为人民币基金通过自贸区出境的典型模式。2014 年 9 月，在上海自贸区运行一周年之际，上海自贸区发布 20 个制度创新案例，弘毅创领（上海）股权投资基金就是境外投资制度创新的典型案例。2013 年，上海自贸试验区设立之始，弘毅创领基金就在区内注册成立为人民币基金跨境投资平台，以聚力传媒（PPTV）项目为试点，走通私募股权（PE）投资基金的自贸区境外投资路径，该模式也成为 PE 通过自贸区投资海外的主要方式。

弘毅基金通过四个步骤完成了自贸区跨境投资的第一单：第一步，自贸区内设立基金管理公司；第二步，通过该公司设立基金公司弘毅创领；第三步，通过弘毅创领进行对外投资备案；第四步，换汇出境，完成投资。由于 PPTV 项目不属于敏感行业，可按照一般项目进行备案管理，弘毅从备案到换汇投资仅用了 5 个工作日。该模式大大简化了跨境投资流程，特别是在国际并购过程中，该模式能在不需要审批的情况下，报价直接参与竞标，避免因国内制度问题导致企业在国际并购中处于不利地位。

5. 其他相关制度创新对境外直接投资的影响

除境外投资管理制度、境外投资服务平台以及支持鼓励股权基金境外投资，自贸区其他方面的制度创新和先行先试也是企业选择通过自贸区进行境外投资的主要考虑因素，其中特别重要的是外汇管理和金融制度。例如，通过自贸区跨国公司外汇资金池试点，境内外资金的调配更加便利化；在自由贸易账户分账核算管理框架下，企业和各类金融机构可自主从境外融入低成本资金，目前已有多家银行通过自由贸易账户，为“走出去”企业海外分支机构的经营和并购等提供了融资服务。

按照 2013 年上海自贸试验区总体方案的要求，目前上海自贸区境外投资管理制度的改革还有不足之处：境外投资事中事后管理和服务、多部门共享的监测平台方面的改革还有待突破，境外股权投资和离岸业务的税收制度仍处于探索研究阶段。

第七章　中国自贸区建设的意义与对策探究

第一节　自贸区建设的重要意义

一、自贸区建设的重要作用

（一）承载了国家以开放促改革的重要使命

随着国内改革进入攻坚期，触及深层次矛盾和重大利益调整，进一步推进改革的难度加大，需要坚定信心，以更大的政治勇气和智慧、更有力的措施和政策推进改革。我国加入 WTO 的历史经验已经证明，在改革面临困难的时期，开放往往成为推动下一阶段改革的重要外部驱动力。当前，我国全面开放还面临诸多风险和压力，各方争议仍然较多，通过设立自贸试验区试点的方式开放，将其作为我国改革开放的试验田，以局部开放带动全国开放，以自主开放促进改革创新，正是党中央和国务院审时度势做出的一项重大战略决策。

上海自贸试验区设立之初，就开始积极探索以负面清单方式对外资准入进行管理，同期出台的 2013 版负面清单的开放水平较我国加入 WTO 承诺有较大提升。运行一年后，上海自贸试验区推出 2014 版负面清单，开放水平在 2013 版基础上有了进一步提高，并且在一年的实践后推动了国家外商投资管理体制的改革，达到了以开放促改革的目标。

2015 年 4 月，在上海自贸试验区负面清单的基础上，国家发布了统一适用于四个自贸试验区的负面清单，采取了发达国家通行的负面清单制作范式，进一步缩小了限制范围，提升了自贸试验区的开放度和透明度，体现了国家进一步扩大开放的决心和力度。

当前，三个新设立的自贸试验区，在某些领域的开放水平甚至超出2015版清单，表明了我国自主对外开放的步伐仍在不断加快。例如，广东自贸试验区在两个CEPA（《内地与香港关于建立更紧密经贸关系的安排》与《内地与澳门关于建立更紧密经贸关系的安排》）框架下，进一步取消或放宽对港澳投资者的资质要求、股比限制、经营范围等准入限制，重点在金融、商贸、科技等服务领域取得了突破。福建自贸试验区在《海峡两岸经济合作框架协议》（ECFA）框架下，进一步扩大通信、运输、旅游等领域的对台开放，降低台商投资的准入门槛，在一些领域放宽台资的股比限制，扩大台企业务的承揽范围，鼓励台胞到自贸试验区创业发展；台湾地区的自然人无须经过外资的备案就可以到区内注册个体工商户。这些新的进一步的开放举措，无疑将为国家推动新一轮改革提供更大的驱动力。

（二）体现了引领规则制定的战略思路

自金融危机爆发后，发达国家经济增长陷入停滞，以中国为代表的新兴市场经济体发展迅速，在世界经济中的地位不断上升。为了维持其在全球经济中的主导地位，美欧等发达国家积极谋划制定新的全球经贸规则。由于多边贸易体制停滞不前，美欧等积极推进跨太平洋伙伴关系协定（TPP）和跨大西洋贸易与投资伙伴关系协定（TTIP）谈判，通过推进连接太平洋与大西洋的自贸区建设来巩固新一轮国际经贸规则制定的主导权，推行符合其自身利益的新一代高标准与新规则。我国现阶段的自由贸易区发展水平较低，对外开放总体水平远远低于TPP和TTIP的新标准和新规则，在自贸区建设和国际经贸规则制定中面临被边缘化的风险和压力，顺应国际形势加快建设高标准自贸区网络迫在眉睫。

上海自贸试验区设计之初就是要面向这些国际高标准的贸易投资规则，积极开展探索与试验，逐步形成与国际投资贸易通行规则相衔接的基本制度框架。在过去的一年多时间里，上海自贸试验区在仲裁、知识产权等领域，围绕国际通行规则积极进行改革创新，就是这种与世界接轨思路的体现。当前，上海在进一步深化改革开放方案中，不仅体现了这种思路，提出的许多措施都围绕负面清单、信息公开与透明度、权益保护、公平竞争等国际规则制定，同时也在尝试建立符合我国发展利益的新规则体系。

新设立的广东、福建和天津自贸试验区在标准、规则领域也都向上海看齐，同时又各有特色，如广东在商事制度、标准等领域与港澳的接轨，福建在对台贸易投资与合作参与制定标准等领域与台湾的接轨，天津在行政管理、执法领域建立集中统一的综合管理、执法机构的规则探索，都体现了我国在规则制定领域积极探索尝试、争当引领者的战略思路。

（三）体现了服务国家战略的发展定位

上海自贸试验区作为第一块改革开放的试验田，在推进投资贸易便利化、货币兑换自由、监管高效便捷以及法治环境规范等方面，瞄准 TPP、TTIP 等高标准自由贸易协定提前做试验，在顶层设计上体现了服务国家战略、应对国际高标准自由贸易协定的发展定位。在进一步的改革开放方案中，上海自贸试验区更是明确提出了服务国家推动“一带一路”建设和长江经济带发展的目标。新设立的三个自贸试验区，也都承载了相应的对外、对内战略使命，如广东自贸试验区立足推动内地与港澳经济深度合作、共同打造粤港澳大湾区，福建自贸试验区立足于深化两岸经济合作，都是要服务于祖国统一大业和 21 世纪海上丝绸之路建设的需要。

从对内来看，三个新设自贸试验区也体现了服务于国家新的区域协调和经济转型发展战略的需要。例如，广东自贸试验区将通过加工贸易转型，带动泛珠三角区域和内地区域的产业升级；天津自贸试验区旨在通过发挥天津口岸作用、推动区域通关一体化、协同监管、分类监管与创新监管等措施，来促进京津冀协同发展；福建自贸试验区着力加强闽台产业对接、创新两岸服务业合作模式，以此来辐射带动海峡西岸经济发展；上海自贸试验区通过建设长三角区域国际贸易“单一窗口”来推动长江经济带的快速发展。

（四）体现了建设制度创新高地的发展思路

党的十八届三中全会首次明确提出要发挥市场的决定性作用，这就要求切实转变政府职能，加强建设服务型政府，构建完善的市场经济体制。在这个转变的过程中，核心是要处理好政府和市场的关系，要求政府不再以“政策优惠”为重点，而需要以“制度创新”为重点来优化市场环境。无论是上海自贸试验区，还是新设的广东、天津和福建自贸试验区，都改变了过去以政策优惠为核心诉求的思路，紧紧围绕制度创新做文章，争做制度创新的高地。2013 年以来，上海自贸试验区在投资管理、贸易便利化、金融创新、事中事后监管等领域积极进行制度创新与探索试验，总结形成了 21 项制度创新成果，并且在经过评估后成功地向全国推广复制。

广东、天津和福建自贸试验区虽然刚刚挂牌，但也在制度创新方面积极探索，如广东在建设国际化、市场化、法治化营商环境、国际贸易集成功能等领域，天津在建立综合统一的行政审批机构，实施“一颗印章管审批”等行政体制改革领域，福建在推进贸易发展方式转变等领域，都已经在试点一些独特的制度创新措施，将为今后国家转变政府职能、构建社会主义市场经济体制提供更多的可推广、可复制的经验。

（五）促成了深化新一轮改革开放的全国共识

自贸试验区的建设，不仅成为各级政府、企业、学者乃至国际社会高度关注的热点与焦点，而且引发了全社会对于改革开放、简政放权与制度创新的大讨论，对于推进新一轮改革开放的共识正在形成。虽然目前批准的自贸试验区只有四个，但从南到北、从东到西，几乎全国所有的省份都在积极申报自贸试验区。

在申报自贸试验区的过程中，经济落后的省份也在积极向上海、广东、福建等东部地区看齐，对比自身在体制机制、政策落实、思想观念等方面的差距，认真思考自身的优势与劣势，不断提出制度改革与地方发展的新思路。可以说，通过自贸试验区申报过程中的认真讨论与积极思考，各地都在凝聚形成新的共识，对于新时期深化改革开放的思路更加清晰，进一步大刀阔斧地主动推进改革创新的意愿更加强烈，信心更加坚定。

二、自贸区建设的重要意义

（一）推动扩大对外开放，更加积极主动地通过国际市场配置各种资源

环顾世界，中国的进一步对外开放有着现实的紧迫性。2001 年中国加入 WTO，十年后坐上了世界经济的第二把交椅。中国是经济全球化的最大受益者。事实证明，以积极稳妥的态度推动对外经济交流，引入资本、技术和管理等生产要素，为我所用，同时积极“走出去”，融入世界大潮，给中国带来挑战的同时，更多的是经济红利。很多专家认为，设立上海自贸区，意义不亚于当年设立深圳经济特区。当年深圳经济特区的建立，也是一种对外开放的探索。在特区内实行一些特殊的经济政策，利用好毗邻港澳和沿海的地理优势，大胆进取，在极短时间内创造了一个经济奇迹，本质就是充分利用好国内国外两种资源，将各种生产要素聚集到特区，充分利用好这些资源，有效地实现了预期经济目标，对全国的示范和带动作用怎么估计都不过分。如今建立自贸区，今后推广上海自贸区经验，应该不是在全国建立更多自贸区，而是要让中国走向自贸区那样开放，而政府又深谙管理之道，不因扩大开放而致使风险失控。

扩大开放是中国政府的目标，随着自贸区总体方案的披露，上海自贸区服务业的扩大开放措施也同时公布，涵盖六个领域。包括银行业、电信增值业务、演出经纪、教育机构等以往对外封闭的行业将向注册于自贸区内的企业开放，外资、民企有望迎来新的商机。开放的领域和幅度前所未有，如自贸区内所施行的行政措施细则显示，

金融服务开放的具体措施包括允许符合条件的外资金融机构设立外资银行、符合条件的民营资本与外资金融机构共同设立中外合资银行等。

（二）自贸区的成立乃是积极有效应对 TPP 的需要

最近几年，美国一方面建立跨大西洋自贸区，另一方面主导建立跨太平洋自贸区。中国如果不在更高层次上扩大开放，将有被边缘化的可能。建立跨太平洋自贸区的第一步就是签订 TPP，即跨太平洋伙伴关系协议（Trans -Pacific Partnership Agreement，TPP），该协议的谈判已经由美国在主导。这是一个史无前例的高标准高门槛的自贸协定。TPP 谈判已经对东亚区域经济一体化产生了较大影响，中日韩自由贸易协定的谈判速度明显慢了下来。舆论普遍认为美国此次主要是针对中国，意在削弱中国的区域经济影响力。中国如果不在更高层次上扩大开放，将有被边缘化的可能。

由于 TPP 协议将无一例外地涵盖所有产品和服务，包括劳工标准、环境标准等，这些都是在当今经济全球化和区域经济一体化过程中出现的新的谈判内容，中国在这些方面总体处于弱势，短期内开放几无可能，从长期来看，开放则是必然的，除非自我设限自我封闭，否则迟早要面临打开市场的时刻。为了有效应对 TPP，增强自身适应亚太区域经济一体化的能力，中国必须自身主动有为，创造有利的加入 TPP 的条件，做到未雨绸缪，有备无患。上海自贸区的成立，能够为应对将来的这种局面积累经验，创造开放的必要条件。

第二节　高开放度自贸区建设的方向与路径

一、开放度最高的自贸试验区的新内涵

我国自贸区建设要对标国际水准，在服务业扩大开放、投资贸易便利化、人民币资本项目可兑换等方面不断提高开放度和透明度。这就要求自贸试验区牢牢把握国际通行规则，加快形成与国际投资、贸易通行规则相衔接的基本制度体系和监管模式。开放度最高的内涵可以从以下几个方面理解。

（一）服务业最开放，并创造新一轮开放红利

上海自贸试验区开放试验已经结出果实，如将负面清单从最初的 190 条减少到 139 条，再减少到 122 条，90% 以上的外资企业通过备案设立，改变“逐案审批 +

产业指导目录”的传统方式，试行“法无禁止即可为”。在贸易便利化方面，有“先入区、后报关”“单一窗口”等60多项创新举措。金融方面推出一系列措施，在资本项目可兑换、人民币跨境使用、利率市场化、外汇管理4个方面先行先试，要成为开放度最高的自由贸易试验区，就得进一步开放和放开，按国际通行规则放活、放到位。我国在多双边、自由贸易区、投资协定谈判中的敏感内容，尤其是服务业开放的相关内容，都可以先拿到上海自贸试验区进行压力测试，守住底线红线，把握开放力度、速度和可承受程度，形成经验后再复制推广到全国。

（二）金融制度最创新，形成金融支撑实体经济新格局

2013年“一行三会”发布了关于支持上海自贸试验区金融创新的51条，有力推动了自贸试验区金融创新。最近“一行三会”和中央有关部门正在进一步研究自贸试验区金融创新、加快上海国际金融中心建设的若干意见。这都是对上海自贸试验区金融制度改革开放创新的重大支持。从未来看，要建设开放度最高的自由贸易区，金融支撑必不可少，要基本形成金融创新的制度框架，推动实体经济发展；本外币一体化的自由贸易账户体系基本确立并流畅运作，推动人民币资本项目可兑换先行先试，方便企业和个人开展境内外投融资活动；金融中心的功能得到进一步的集聚，金融风险的防范进一步加强，抗风险能力进一步提升。

（三）贸易投资最便利，增强经济内在发展动力

处理好政府与市场的关系是经济体制改革的核心问题。在这方面，自贸试验区的定位十分明确：制度创新是核心，对照国际贸易投资规则的新特点新趋势，形成最便利的贸易投资环境，探索全面深化改革新途径、深度扩大开放新经验。未来，自贸试验区将在“以负面清单为核心的外资管理制度创新，以便利化为重点的贸易监管制度创新”等改革创新举措的基础上，进一步将简政放权作为关键环节，加快放开、放手、放活，加快转变政府职能，给市场让出空间，形成国际化、市场化、法治化营商环境，激发大众创业、万众创新热情，走出一条以制度创新推动投资贸易便利化的新路。

（四）监管最规范，打造法治中国建设先行区

上海自贸试验区始终坚持在法治轨道上推进改革开放，重大举措有法可依，是法治中国建设的先行区。要做中国开放度最高的自由贸易试验区，监管并非越多越好、越严越好，关键是把握好“度”，监管应伴随改革而创新，做到开放有“底”，监管有“度”，越位的要放、错位的要正、缺位的要补，事中事后监管就属于补的领域。应加强对市场主体“宽进”后的过程监督和后续管理，打造“放得开、管得住”的监

管格局；加强社会信用体系、信息共享、综合执法、企业年报公示、经营异常名录、社会监督、反垄断、安全审查等基础监管制度建设，为全面推进政府职能转变积累经验，为高水平开放打下扎实的基础。

（五）企业体验度最高，成为各类企业和人才最满意最集聚的开放区域

为了方便企业、释放企业活力，上海自贸试验区实行“综合执法”“单一窗口”，领证照时间由 29 天缩短为最快 4 天等一系列政策，取得了良好成效。未来的目标设定则更为关键，需要以企业为导向，关注各类企业在成长壮大过程中的需求。企业活才是真的活，企业方便才是真的方便。要提供更优的公共产品，更好为企业和居民服务；要建立诚信体系、规范市场秩序，保障公平竞争，减少逆向选择；要创新更好的人才制度，致力于形成正向激励。造就更佳的体验环境，形成更好的营商氛围，打造企业、人才集聚的开放载体。

二、积极应对全球投资贸易新规则

要建设开放度最高的自由贸易试验区，就必须了解全球投资贸易规则的新规则、新趋势、新特点。进入 21 世纪以来，特别是全球金融危机后，全球经济治理格局逐渐发生新的变化，世界经济重心加速向亚太转移，新兴经济体加快崛起。全球投资贸易体系正经历自 1994 年乌拉圭回合谈判以来最大的一轮重构，由美国等发达国家主导的跨太平洋伙伴关系协议（TPP）、跨大西洋贸易与投资伙伴协议（TTIP）谈判不断推进，力求构建新的全球投资贸易规则，核心是推行更高标准的贸易、投资自由化。

这些外部环境和游戏规则的变化，给中国扩大对外开放既带来新的机遇，也提出更高要求。面对形势发展，中国要以更加积极主动的开放战略，通过多个自贸试验区建设，加快构建符合国际投资贸易通行规则的制度框架，为我国参与国际经济合作与竞争积累经验，为全面融入经济全球化奠定坚实基础，从而以对外开放的主动赢得经济发展的主动、国际竞争的主动。

（一）把握全球投资贸易规则发展的新特点

跨区域合作渐次增多。最近 20 年来的区域化浪潮达到了前所未有的高度，并且呈现出一些质的变化。不仅使区域性成员之间有了更多此类安排，互补型贸易伙伴之间、经济发展阶段相似的国家之间、出于政治结盟考虑的国家之间，也都开始尝试并且有效结成了许多贸易投资协定。

针对投资准入和管理的服务贸易议题全面启动。最近 20 年的贸易协定谈判已经

不限于关税和边境便利化等问题，服务贸易成为主角，其实关键点就是投资准入和管理问题，许多贸易协定实际上是综合性的贸易投资安排，包括竞争中立、知识产权、劳工标准、环境标准等新议题都纳入多边或双边谈判框架中。

国际贸易投资谈判成果更趋规则化以便于执行。包括所有 WTO 成员方在内的各个国家，都参加了或正在致力于达成各种区域性和跨区域的贸易投资协定。单个国家参加的区域性或跨区域的安排数量多、范围广、程度不一，并且存在很多交叉重叠。它们共同的趋势是，自由化程度和纪律严厉度高于现行多边贸易协定，而且日益规则化，以便于各国进行管理和执行。

各国表现出强烈的参与热情。一方面，发展中国家对跨区域多边合作的主动兴趣前所未有。一些新兴市场经济体崭露头角，包括东盟 10+3、金砖国家等合作都有建立新领导核心的决心。另一方面，美国等发达国家仍然占据谈判的核心地位。由于多哈回合谈判发达国家与发展中国家的普遍对立，发达国家另辟 TISA、TTIP 等诸边谈判，希望继续证明其在全球经济治理中的主导地位。

（二）把握全球投资贸易规则发展新趋势

不同于 WTO 等只限于边境开放和管理问题，TPP、TISA、TTIP 等形成更高标准的投资贸易开放规则，其协调和承诺的内容已深入到一国国内经济管理层面，即从“关境上”转向深入“关境内”。

不同于 WTO 与传统的区域性协定一般仍着眼于关税减让与外资准入问题，新一代国际贸易投资规则将议题范围扩大到竞争中立、环境、劳工、知识产权等过去被认为敏感的议题。

以 WTO 为代表的谈判机制强调一国一票与一揽子协定，导致谈判过程漫长，而且存在发达国家抱怨“搭便车”和发展中国家不满利益分配不均的分歧，新一代国际贸易投资规则基本消除了“搭便车”问题，每个成员都必须做出实质性承诺。

现存多边体系是以比较优势理论为依据，以国民待遇和最惠国待遇为依托，而新一代贸易投资规则是以西方市场理论和竞争经济学为依据，强调公平竞争与权益保护。

三、建设开放度最高的自贸试验区的方向路径

加快推进开放度最高的上海自贸试验区建设的总体思路：一是应充分发挥自贸试验区建设的先行先试优势，加强对当前国际贸易投资最新规则跟踪分析和前瞻研究，积极参与国家 BIT、TPP、TISA 的谈判进程，建立与“国家战略谈判”和“国际投

资贸易规则”的“双联动”机制，推动自贸试验区在更高层次开放中与国际贸易投资规则结合更紧密、试验更有针对性。二是积极争取更多“压力测试”放在自贸试验区完成，以更好发挥自贸试验区在全国改革开放大局中的试验田作用。一些在全国推广但条件暂不成熟的改革事项，如金融领域的开放等，可先放在自贸试验区内进行压力测试，形成管用、有效的成果，防范可能产生的系统性风险。三是提前研究扩大开放的最新议题，如竞争中立、环境标准、世界贸易组织《政府采购协定》，做好理论准备和实践准备。

加快推进开放度最高的上海自贸试验区建设的具体路径主要有以下几点。

（一）完善以负面清单管理为核心的投资管理制度

要进一步缩减负面清单。通过对照国际通行规则，张弛有度地为负面清单“瘦身”。比如，在制造业领域应进一步解除钢铁、化工、汽车等一般制造业的外资准入限制，包括放宽外资在政策资本、股权比例、经营范围方面的限制等。要完善内外资一致的市场准入制度。一方面，对于国内企业，应让民营企业与国有企业在市场准入、融资、经营许可等方面享受同等待遇。另一方面，对外资企业，应避免在负面清单之外的行业另行设置行业准入审批。

要推行负面清单变动程序的透明化。接轨国际，发挥社会组织的推动作用，增加涉及负面清单的法律法规修改过程透明度。要尽快同步开放行业市场准入与行业许可。尽快清理出未列入负面清单但仍旧需要行业主管部门前置准入审批的行业，协调国务院相关部委取消前置审批。

（二）完善以贸易便利化为重点的贸易监管制度

要加快实行便捷的海关通关模式。在保证货物安全的条件下，最大限度简化通关程序，实行快捷通关制度。要加强风险管理。以实现贸易便利化与实行有效监管为目标，把风险管理作为贸易监管的重要环节，形成“一个系统、一套指标、一项机制”的风险管理体系框架。

要进一步探索“境内关外”的管理模式。深化国际贸易“单一窗口”和货物状态分类监管试点，拓展洋山海运和机场空运国际中转集拼业务。要加快推动上海自贸试验区贸易便利化创新措施在长三角区域的复制推广。加快推动长三角通关一体化平台建设，提高自贸试验区服务长三角办理通关业务的便利化服务水平。

（三）继续推进以资本项目可兑换和金融服务业开放为目标的金融制度创新

依托自贸账户体系创新功能、创新业务。争取合格个人投资者境外投资、资产证券化跨境转让、境外发债主体发行大额可转让存单等创新业务的试点，充分发挥上海自贸试验区先行先试的作用。推动重点功能性平台尽快落地。推进建立保险交易所，推动国际能源交易中心的原油期货上市交易，推动上海股权托管交易中的“科创板”建设。用好自贸试验区平台，积极推动人民币国际化。鼓励在沪企业做大跨境人民币投融资规模；继续扩大外资企业人民币投融资业务规模；推进资本项目下跨境人民币业务创新；加强人民币跨境投融资风险监管，健全本外币一体化的国际收支监测体系。积极争取外债宏观审慎管理改革。

支持注册在自贸试验区内的中外资企业、非银行金融机构以及其他经济组织按规定从境外融入资金。推动统一的内外资企业外债政策，进一步建立健全外债宏观审慎管理制度，促进对外融资便利化。加强金融创新，拓宽再融资渠道，为实体经济服务。在法律法规和有关监管规定许可的前提下，支持保险公司投资创业风险投资企业，允许证券公司开展创业风险投资业务，允许创业风险投资企业在法律法规规定的范围内通过债权融资方式增强投资能力。

（四）完善自贸试验区制度创新的法制保障

加快构筑反映自贸试验区改革成果的法律基础。应将行之有效的制度创新成果，以立法形式纳入自贸试验区的法律框架。例如，借鉴 WTO《贸易便利化协议》，建立上海自贸试验区的执法和行政行为标准，完善区内行政执法程序；出台相关的法律法规，对上海自贸试验区管委会的性质、定位、功能、机构设置、权限、职责等予以明确，规范其日常管理运作。完善公众参与法规规章机制。探索委托第三方起草法规规章草案，提高自贸试验区制度性和程序性法律法规建设中的公众参与度。

建立国际性法律服务体系。完善国际法律查明机制，探索为自贸试验区法院商事审判活动提供境外法律查明服务。加强境内外法律服务业合作，研究制定支持自贸试验区法律服务业集聚发展的专项政策，吸引境内外知名法律服务机构进驻。建立符合国际惯例的纠纷仲裁和调解机制。依托自贸试验区仲裁中心，积极探索资本市场专业调解、商事仲裁、行业自律、行政监管“四位一体”的纠纷解决新模式。针对自贸试验区金融和高科技产业的需要，建立自贸试验区金融仲裁、高科技和知识产权仲裁等专业化平台。

上海建设开放度最高的自由贸易试验区，任重而道远，必须以更大的决心和勇气，以更广的视野和思路，开拓进取，攻坚克难，实现既定目标。

第三节　自贸区建设发展的思考与建议

一、推进我国自贸区建设的主要策略

加快实施自贸区战略是我国改善外部环境、全面提升开放型经济水平和培育国际竞争新优势的重要举措。我国的自贸区战略虽然取得了一些实际成果，但从自贸区伙伴数量、贸易覆盖率以及自由化标准等方面来看，与世界上主要经济体以及周边国家的实际进展相比仍然存在很大差距，难以适应区域经济一体化形势变化的需要。原因除了国际政治经济格局错综复杂、部分贸易伙伴担心我国商品冲击其国内产业而采取谨慎态度等外部因素的影响之外，与国内部分行业对市场开放心存疑虑，缺乏系统性战略规划，有效政策协调和涉外谈判能力不足等问题不无关系。针对这些问题、制约因素和我国未来参与相关自贸区谈判中可能面临的难点问题，建议采取以下策略，并进一步加强战略实施的基础性工作。

（一）深化改革，为高水平自贸区战略提供制度与政策保障

面对区域经济一体化趋势明显加快、贸易和投资自由化标准不断提高的新形势，我国应从以开放促改革、促发展的战略高度，进一步深化涉外经济体制改革和创新，全面提升对外开放水平，为推进高水平自贸区战略提供有效的制度和政策保障。建议按照国际上开放型市场经济体制的高标准和高要求，谋划我国政府职能调整、服务业市场开放和投资准入管理等方面的改革措施，充分利用中国（上海）自由贸易试验区的先行先试功能，力争在中美和中欧投资协定谈判方面取得重大突破，为参与高水平区域贸易自由化积累经验，做好制度安排和政策准备。国内相关部门应充分认识到提升开放质量和水平对于培育我国国际竞争新优势、促进经济社会长期持续健康发展、增强我国全球影响力的重要性和紧迫性，逐步对制约我国参与多边和区域自由化安排的相关政策、法规进行必要的修改与完善，以更加积极主动的开放姿态迎接新一轮贸易投资自由化挑战。

（二）逐步提高自贸区谈判的自由化标准

TPP 加速推进后，追求具有较高水平的自由化标准，成为当前双边和区域多边贸易安排建设中出现的新趋势、新特点。日本、韩国、澳大利亚、新西兰等我国的现有谈判对象以及加拿大、欧盟、美国等潜在的谈判对象，对于自贸协定普遍具有较高

的贸易和投资自由化要求。在这一背景下，我国的自贸区战略能否取得实质性进展，在很大程度上取决于中方承诺的自由化标准。鉴于我国已经在推进双边贸易自由化方面积累了一定的经验，开始具有较强的贸易自由化应对能力，为了更好适应贸易安排高标准、广覆盖的趋势和我国对外开放的新要求，可以中日韩自贸区和RCEP谈判为契机，适度提高市场开放的标准，向其他谈判方作出相应的承诺，并提出我方关于各方开放市场和投资准入的要求。

（三）增强谈判策略的针对性和务实性

自贸区谈判策略研究缺乏系统性和针对性，对利益相关方的关注和分析不够全面、深入，这是我国自贸区谈判中存在的主要问题之一。为制定行之有效的谈判预案，首先应当密切关注国际贸易投资自由化发展的新趋势、新特点，深入分析重点国家的对华政策、自贸区战略走向和主要关切以及重大区域或双边谈判的实际进展，为确定我国自贸区谈判的总体布局和优先顺序提供依据。在此基础上，应兼顾灵活性与现实性的原则，对不同谈判对象采取有所区别的谈判策略：对经济规模较小、发展水平落后、产业结构单一、市场开放不会带来产业冲击的国家，可以“多予少取”为基本原则，加快建立双边自贸安排，进一步巩固政治与经济关系；对于经济规模较大、产业竞争力强的国家，则应在充分研究、论证、内部协调的基础上，制定详细的谈判策略，以“适度积极与灵活现实”相结合的原则，在保证总体利益的前提下进行取舍和利益平衡。

（四）重视自贸区谈判的“新议题”

近年来，区域和双边FTA涉及的自由化内涵逐步由传统的货物贸易向服务贸易、投资、经济合作以及更广泛的领域扩展，程度不断加深，将涉及成员国经济管理政策的所谓“边界后议题”或“新议题”纳入谈判内容，已成为贸易投资自由化和区域一体化的重要趋势。这些“新议题”普遍涉及国家经济制度和更为广泛的开放领域，建议以积极、审慎的态度对待这些“新议题”，尽快由主管部委组织开展利弊分析和研判，在研究制定应对策略的基础上，尽快对外明确谈判立场。对待具体议题，可以采取分类处理的办法。一是随着近些年我国区域贸易安排涉及的领域不断拓展，特别是新一轮改革开放的推进，对符合我国改革中长期目标的议题，应加快推进国内相关领域的改革，适度放开对外谈判的限制，如在知识产权保护、环境保护、竞争政策和投资管理体制开放等议题上，增强与伙伴国的沟通与合作，甚至在我国已签署FTA协议从未涉及的政府采购议题上，亦可考虑根据国内现有制度条件和已有多双边谈判中的出价表达进一步的积极开放意向。二是对与我国基本体制制度有所冲突、短期内确将造成严重不利影响的议题，在具体 FTA 协定的谈判中不必预先设定条件，将其排除在外，而是根据对方的具体要价进行深入分析研究。例如，在环保标准提升等问题上，可以要求转让技术为筹码进行谈判要价；由于劳工自由结社和数据跨境自由流动等涉及意识形态和社会制度，而国有企业议题涉及我国经济制度，面临诸多短期内难以解决的困难，可在坚持我方应有立场的同时，提议以各做表述的方式体现各方关注，既照顾对方的关切，又在符合我国改革开放总体进程的基础上力争对我国有利的结果。

（五）制定科学、可行的原产地规则

由于许多国家普遍存在来自其他国家的直接投资企业，如何防止这些非成员国产品和服务“搭便车”将成为对谈判方原产地和当地服务商规则确定的难点。一方面，应做好甄别工作和制定预案，在货物贸易领域，对于非成员国企业具有很强竞争优势的投资产业领域可建议制定较严格的原产地标准，其他适度放开。在服务业领域，非成员国企业投资集中的产业，也应建立高于其他服务业的当地商业存在标准，对于其他大多数服务部门，建议参照内地与港澳之间已签 CEPA 协议中的界定方法。另一方面，我国的部分谈判对象在已签 FTA 或投资协定中普遍给予对方投资企业准入前国民待遇，我国现有吸收外资政策和已签 FTA 中的惯常做法与其存在较大差距。投资准入前国民待遇问题预计将成为双边磋商中的难点，由于涉及相关问题的法律法规修改很难在近期内完成，因此在联合研究及其谈判中仍应以坚持我方惯例和立场为主，但可通过提供改革时间表的方式予以回应。原产地规则的确定还要充分考虑到企业申请证书的便捷性，有利于提升自贸协定的利用水平。

（六）保持对敏感产业的密切关注和灵活处理态度

如何处理敏感产业的市场开放问题是自贸区谈判的难点之一。随着我国经济实力的不断提升，各产业的国际竞争力和比较优势也在发生相应的变化，针对不同谈判对手的竞争优势也有所差异，可能受到的冲击程度不尽相同。因此，应加强自贸区的产业影响研究与分析，密切关注产业发展潜力、贸易结构、竞争力和开放度的动态变化，充分运用 CGE 模型等科学手段对自贸区的分产业影响进行模拟，作为判断敏感产业的参考依据之一，特别是要摸清谈判对手在以往自贸协定中的特殊安排和要价，确定我方需要重点关注的部门和敏感产品，为制定科学、合理和有效的谈判策略、解决关键难点，提供决策依据和解决思路。我国与日本、韩国、加拿大、欧盟、澳大利亚、美国等经济体的谈判面临较为相似的敏感议题。在货物贸易领域，我国在部分农产品、化工、机械装备等资源性和资本密集型产业领域将受到一定程度的冲击，而纺织服装等劳动密集型产品往往成为对方特别关注的敏感产品。一般情况下，上述产品占双方贸易额比重较大，不可能都进行例外处理，可考虑采取区别对待和较长过渡期的办法予以解决，并可参照NAFTA的做法，对双方特别关注的产业在双边协议中以专门的章节或附件进行探讨。在服务贸易领域，多数发达国家和一些工业化国家具有较强竞争力，也是这些国家较为关切的部分，我方可参考一些较高自由化水平的自贸区案例，选择一些涉及重大国计民生和公益性服务业列为敏感领域，其他领域适度提高对自贸区伙伴的市场准入开放水平。对于知识产权、政府采购、国内竞争政策、投资促进等相关问题，可根据国内现有制度条件表达积极意向，但对于劳工和环保标准等条款，可以要求开放劳务市场和转让减排技术为筹码，坚持我方应有的立场。

（七）切实完善敏感产业过渡期安排和生效后补偿工作预案

在制造业领域，可根据敏感产品的受冲击程度和产业发展潜力予以区别对待，采取关税减让例外和较长过渡期的办法予以妥善解决。同时，借鉴国际经验，研究制定包括补偿对象、区域的确定、补偿力度和方式等内容的产业冲击补偿工作预案。在服务业领域，由于发达经济体在服务贸易领域具有较大竞争优势，要求我国开放服务业市场的意愿强烈。商业服务、电信服务、旅游和运输服务等我国市场开放程度较低、竞争力相对较弱的部门，有可能成为未来我国与发达国家开展自贸区谈判的关键内容。我方应予以高度重视，在部分特殊经济区域进行先行先试、积累经验的基础上，逐步提升开放水平，促进我国服务业的较快发展和产业结构升级，满足国内消费者日益上升的服务消费需求。

（八）强化自贸区谈判的统筹决策与内部协调

近年来，日韩等经济体在推进自贸区战略方面取得重大进展，其成功经验之一就是根据形势发展的需要，迅速建立统筹协调的综合协调机制，加强谈判组织建设和人员投入。我国开展的一些自贸区谈判之所以久拖不决，关键原因是我方内部成员间缺乏共识、意见分歧明显且难以协调和统筹决策。今后，应借鉴这些国家的经验，加强涉外谈判的能力建设。建议成立国务院直接领导的自贸区战略部际会议机制，提升综合协调能力和政策实施方案的权威性；进一步强化涉外谈判队伍建设，较大幅度增加谈判人员编制和经费投入；积极发挥相关领域专家作用，吸收各类专业人士定期或不定期参与相关谈判的预案研究和政策咨询。

（九）着力发挥贸易投资便利化的基础作用

在实现进一步贸易投资自由化的条件尚未完全具备时，通过制度性经济合作提高贸易便利化水平，是发挥成员比较优势和经济合作潜力的必备条件，也会对双边贸易和相互投资产生显著的推动作用。贸易和投资便利化作为加强双边和区域经济合作的一个重要基础和良好切入点，也是自贸协定的重要组成部分之一，可为企业带来实实在在的便利和商业利益，对于确保自由化措施的有效实施同样具有十分重要的作用。

（十）全面加强自贸区战略实施的基础性工作

首先，要深化自贸区战略问题的深入研究和讨论。随着自贸区建设的不断拓展，我国将需要深入研究和探讨更多敏感性、技术性问题，对于谈判的态度和认识有必要经常进行交流和沟通，对于许多问题的判断和决策也应当广泛听取相关部门、专家学者和企业界的意见与建议。因此，在政府的谈判机制之外，有必要建立一个邀请政府官员、学者和企业及其利益相关方代表共同参加、具有广泛代表性的“官产学联合研究”机制，其作用是研究和讨论重要问题，反映各界看法和向政府部门提出政策建议，为自贸区战略实施提供参考，确保决策的科学、合理、客观和可行性。其次，要做好配套工作，提高社会共识。应认真落实已签自贸协定，健全补偿机制，为可能受到冲击的弱势产业提供必要支持，最大限度降低市场开放和结构调整的成本。加强和完善自贸区战略配套措施及其机制建设，广泛宣传和扩大自贸区政策利用效果和积极意义，提高企业积极性和社会关注程度，营造良好的自贸区战略推进环境和社会共识。最后应增加院校相关专业设置和对外谈判人员教育培训投入，加大经济外交人才培养工作。

二、推进自贸区建设政策建议

（一）需要对自贸试验区建设加强总体规划与顶层设计

建设自贸试验区是党和国家领导人在新时期提出的一项国家战略，是我国经济发展进入新常态的形势下，为全面深化改革、扩大开放、探索新途径、积累新经验而采取的重大举措。虽然目前上海自贸试验区的进一步深化改革方案和广东、福建和天津三个自贸试验区的总体方案已经得到国家批准，党和国家领导人也多次就自贸试验区的建设做出指示，但是国家层面并没有出台专门的总体规划。这不仅使外界对于自贸试验区的理解存在许多误区，也导致了地方政府在申请和推进自贸试验区建设时缺乏明确的方向与指引，在一定程度上形成了一窝蜂与一哄而上的乱象。

自贸试验区作为新时期提出的一项重要战略举措，不是一个临时性的试验区域，而是一个中长期的制度安排，不是一个传统的工业园区、海关特殊监管区或经济特区，而是以探索改革开放、服务国家总体战略为目标的试验区，因此国家需要在现有自贸试验区建设的基础上加强总体规划与顶层设计，进一步明晰其功能定位、发展路径、发展目标、发展思路以及申报条件、建设要求、机构设置等，尤其是需要厘清外界和各部门存在理解分歧的地方，以消除各部门在理解和执行相关政策时的不确定性和不一致性，使各部门能在自贸区的推进工作中站在同一轨道，形成更大的合力与推动力。

（二）需要进一步完善自贸试验区的战略布局

我国的改革开放始于东部沿海地区，此次自贸试验区也发端于沿海，以上海自贸试验区为起点，延伸至东部沿海的广东、天津与福建，在沿海地区完成战略布局。沿海的上海自贸试验区扩容与天津等三个新获批自贸试验区，形成互有连通、各有侧重、功能完备的自贸试验区网络，切实发挥引领作用，辐射带动全国，将为构建开放型经济新体制发挥积极作用。下一步，在沿海布局试点的基础上，可以考虑在内陆沿边地区选择一些省份进行自贸试验区的试点，使改革开放的号角在内陆边远地区吹响，与沿海自贸试验区形成互补试验，共同推动构建国家开放型经济新体制的宏伟蓝图。

同时，我们还可以针对局部领域试验推动建设一系列特色型试验区。例如，针对跨境经济合作推动跨境经济合作区的建设、针对跨境电子商务推动跨境电子商务综合试验区的建设、针对旅游领域合作推动旅游开放合作先行试验区的建设、针对环境保护领域推动生态环境保护试验区建设等，通过更加多元化、个性化的平台，进一步提升开放型经济水平，加速国家开放型经济新体制的构建。

（三）需要充分授权，允许自贸试验区大胆进行制度创新

上海自贸试验区的运营已经有两年多的时间，在争取制度创新和先行先试方面却面临诸多困难，大部分开放措施都因与现有管理体制或法律条文相冲突而需要与相关部门逐一沟通，对内协调沟通难度不亚于对外谈判，导致最终形成的开放措施不仅与设计者的初衷相距甚远，也远低于外界的期望值。与对外签署自由贸易协定形成的开放措施不同，自贸试验区具有可收可控的特点，开放主动权把握在我们手上，如果出现问题，可以随时暂停或调整改进，而后者一旦协议生效，需要经过与自贸伙伴国进行再次协商谈判方可调整。

当前正是国际经贸规则重新形成的关键时期，各国博弈异常激烈，TPP 谈判即将结束，一旦协议签署实施，其规则标准所涵盖的理念将在全球形成示范效应。下一代贸易协定涉及的许多开放措施对于我们而言是全新的理念，在许多领域能否开放、如何开放、开放多少，我们完全没有现成经验可以照搬，因此迫切需要加快自贸试验区的改革试验步伐，需要各部门突破条条框框和固有的权责划分，给予充分授权，允

许自贸试验区面向新规则实施更加大胆的开放措施，提出更有特色、更有针对性的建设方案，主动帮助协调解决其在推进过程中遇到的各种困难与问题。

（四）需要自上而下、统筹协调自贸试验区经验的推广复制工作

2014 年 10 月以来，在上海自贸试验区试点经验的基础上，国家全面启动面向全国的推广复制工作。2015 年 1 月，国务院专门下发《中国（上海）自由贸易试验区可复制改革试点经验的通知》，并且明确了任务时间节点。目前，各地政府对于推广复制这些经验的积极性很高，但是在推广复制的实践过程中也面临不少现实困难，亟须自上而下予以统筹推进。比如，“单一窗口”的推进涉及口岸众多管理部门，需要依托电子口岸建设新的软件系统与平台，并且要求各部门实现数据与信息共享，单靠地方政府之力与中央统一管理下的各口岸联检部门协调推进难度很大。

上海自贸试验区试点之初，是由国家口岸管理办公室牵头，成立了口岸各执法单位为成员的“单一窗口”试点工作组来统筹协调相关工作。当前，也需要工作组在全国推广复制的层面继续发挥作用，将国家层面的顶层设计与地方的实践有机结合起来，出台统一的实施方案，自上而下进行全国推广复制，降低各地自行重复开发电子口岸平台的成本和协调口岸各管理部门的难度，提高“单一窗口”在全国的建设效率和兼容性。

（五）需要将“自由测试”与“压力测试”有机结合

随着天津、广东、福建设立自贸试验区被批复，更多的地区重新燃起了申报自贸试验区的热情。在申报方案中，各地虽然都提出面向高标准规则进行制度创新与政策设计，但是在实际操作中，各地希望突破的政策：一是于“我”有利的政策，如负面清单管理、放宽或放开外资行业准入等；二是推动容易的政策，如贸易投资便利化政策等，从某种意义上说是一种“自由测试”。对于推动阻力大的硬骨头则是需要捆住手脚的“压力测试”，如清理不符措施，建立更加严格、“有牙齿”的环境、知识产权执法体系，实施更加合规的贸易、产业补贴与竞争政策，自主提高地方政府和国有企业透明度等。这些政策执行后可能会在短期内影响地方的经济增长，因此地方政府推动的积极性并不高，大部分仅停留在“喊口号”阶段。

但是，设立自贸试验区的本意并不在于试验于“我”有利的规则，对于这些规则大可推而广之，不必要在试验区形成“政策洼地”，真正迫切需要试验的是这些未来可能会捆住我们手脚的规则。因此，需要将“自由测试”与“压力测试”有机结合，建议将知识产权、环境、透明度等高标准规则与自贸试验区的申报工作绑定，使其成为方案内容的标准要件，并在后续的建设内容中作为必备项目予以定期评估。

（六）需要建立自贸试验区与国际经贸协定谈判的双向联动与规则转化机制

当前，不仅自由贸易协定和美国、欧盟等推动的投资协定谈判涉及经贸规则条款，而且多边层面和诸边层面的政府采购协定、服务贸易协议等谈判也一直是规则博弈的传统平台。可探讨建立自贸试验区与国际经贸协定谈判的双向联动机制，充分发挥自贸试验区作为“试验田”的重要作用，加强区域全面经济伙伴协定（RCEP）、中国—东盟自贸区升级版、中韩自贸区第二阶段谈判、中美和中欧投资协定谈判以及我国加入政府采购协定和服务贸易协议的谈判与自贸试验区的协同互动与信息交换。

我们可考虑把国际经贸协定谈判中拿捏不准、存在争议的谈判难点、焦点问题，如敏感行业市场准入以及新规则和高标准等，或是我国谋划的新议题，如价值链、电子商务、园区、产业合作等，放在自贸试验区进行局部试点，积极进行压力测试和效果评估，逐步形成可复制、可推广的开放措施和政策监管方案，为自由贸易区和双边投资协定谈判提供谈判出要价参考和理论实践支撑。在这个过程中要做好“两个转化”的工作，既要重视将现行 TPP、TTIP 以及我国自由贸易区谈判中的国际经贸规则转化为自贸试验区中可对应的政策实施方案，同时自贸试验区取得试点经验后，也要重视将其政策实施方案主动向上转化为我国可在对外谈判中打出去的国际经贸规则。

（七）需要加强自贸试验区的智力支持与人才培养

自贸试验区虽然吸取借鉴了发达国家自由贸易园区建设的经验，但仍是我国在新时期提出的一个创新举措。随着广东、福建、天津等更多自贸试验区的相继启动，对于自贸试验区的管理水平和研究工作都需要进一步提高和加强。上海自贸试验区的建设经验已经表明，随着政府由事前审批转向事中事后监管，对于政府管理水平提出了更高的要求，在这个过程中，迫切需要加强对政府管理人员的培训，帮助其转变思维定式，改变以往的工作模式与工作方法，不断提高行政管理能力。

自贸试验区作为一个新事物，在推进过程中不可避免会产生许多新问题，尤其是具体的政策设计层面，管理部门往往没有现成的经验可以照搬，需要与专业的研究机构紧密合作、共同研究来提出具体方案。当前，各地都建立了自贸试验区研究院来为其自贸试验区的推进工作提供咨询服务和智力支持，从国家层面来说，也应对这些研究资源进行整合，使之形成合力，更好地服务于国家总体战略的需求。

参考文献

[1] 徐忠 . 新世纪中国金融改革与发展丛书 —— 区域金融改革探索与实践 [M]. 北京：中国金融出版社，2018.

[2] 杜玉琼 . 中国自贸区及“一带一路”法律问题研究 [M]. 成都：电子科技大学出版社，2017.

[3] 王力，黄育华 . 中国自贸区发展报告 2017 [M]. 北京：社会科学文献出版社，2017.

[4] 孙元欣 . 自贸区研究系列 —— 中国自由贸易试验区发展研究报告 [M]. 上海：格致出版社，2016.

[5] 王开，靳玉英 . 区域贸易协定发展历程、形成机制及其贸易效应研究 [M]. 上海：上海人民出版社，2016.

[6] 裴长洪 . 中国（上海）自由贸易试验区试验思路研究 [M]. 北京：社会科学文献出版社，2015.

[7] 刘一展 . 自贸区负面清单管理模式与政府治理能力现代化 [J]. 国际经济合作，2018（04）:45-50.

[8] 富华荣 . 关于自由贸易区价值的浅析 [J]. 现代经济信息，2018（13）:150.

[9] 孙婵，肖湘 . 负面清单制度的国际经验及其对上海自贸区的启示 [J]. 重庆社会科学，2014（05）:33-43.

[10] 赵蓓文，陈煜明 . 中国对外投资新战略与开放经济发展新格局 [J]. 金融市场研究，2015（06）:73-83.

[11] 魏晓雁，郑晓妹，吴大器 . 上海自贸区负面清单管理模式探析 [J]. 华东经济管理，2016, 30（05）:33-37.

[12] 林建勇，洪俊杰，杨超 . 国际贸易投资规则重塑下中国面临的挑战与应对 —— 基于 TPP 与中韩自贸协定视角 [J]. 管理现代化，2016, 36（05）:85-87.

[13] 刘凤燕 .“一带一路”发展战略下对外贸易面临的挑战及对策 [J]. 中国国际财经 (中英文), 2018 (06) :7-8.

[14] 白彦锋，胡金辉 . 负面清单与我国行政审批制度改革问题研究 [J]. 湖南财政经济学院学报，2014, 30 (06) :143-149.

[15] 赵晋平 . 加快推进我国自贸区战略的思考与建议 [J]. 南开学报 (哲学社会科学版), 2015 (03) :129-137.

[16] 周杰，李金叶 . 低碳经济对国际贸易规则重构的影响与中国面临的挑战 [J]. 对外经贸实务，2015 (10) :45-48.

[17] 袁波，李光辉 . 新时期自由贸易试验区建设的重要作用与对策研究 [J]. 国际贸易，2015 (10) :15-18.

[18] 吴凌畅 . 上海自贸区税收法律制度创新的理论研究与路径构建 [D]. 上海：华东政法大学，2016.

[19] 朱劲松 . 我国自贸区负面清单制度研究 [D]. 重庆：四川外国语大学，2018.

[20] 倪冰校 . 我国自贸区行政管理体制创新研究 [D]. 重庆：中共重庆市委党校，2017.

[21] 潘婧 . 基于负面清单的外商投资管理模式分析 [D]. 南京：南京大学，2014.

[22] 陈志阳 . 中国自由贸易区战略研究 [D]. 武汉：武汉大学，2015.

[23] 欧阳彬 . 负面清单模式的现状与完善研究 [D]. 厦门：厦门大学，2017.

[24] 安瑞 . 上海自贸区建立对资本要素流动的影响研究 [D]. 上海：上海工程技术大学，2016.